Originally published in English under the title :
ANTI-TECH REVOLUTION: WHY AND HOW
  by THEODORE JOHN KACZYNSKI
Published by WILD FREEDOM PUBLISHING, LLC
    2812 S. Heather Gardens Way, #A Aurora, CO 80014-6611 USA.

Used and translated by BIGONG, a division of Daejanggan Publisher Group.
Korean Edition Copyright © 2022, BIGONG Publisher, Nonsan, South Korea

반기술 혁명

지은이	시어도어 존 카진스키
역자	한아람
초판발행	2022년 6월 7일

펴낸이	배용하
책임편집	배용하
등록	제2021-000004호
펴낸곳	도서출판 비공
	https://bigong.org	페이스북:평화책마을비공
등록한곳	충남 논산시 매죽헌로 1176번길 8-54
편집부	전화 041-742-1424 전송 0303-0959-1424

분류	역사	사회과학	반기술
ISBN	979-11-976109-5-0 03300

값 20,000원

반기술 혁명

왜? 어떻게?

시어도어 존 카진스키 지음

한아람 옮김

ANTI-TECH REVOLUTION:
WHY AND HOW

THEODORE JOHN KACZYNSKI

차례

모든 것을 잃는다고 해도
자유로운 아담과 이브로 남을 수 있다면…

- 토마스 제퍼슨 -

1793년 1월, 토마스 제퍼슨이 윌리엄 쇼트 William Short에게 보낸
편지. David McCullough, John Adams, Simon & Schuster, New
York, 2002, p. 438.

제1판 서문

I

오늘날 많은 사람이 현대 사회가 어떤 형태로든 재앙을 향해 가고 있다고 보며 기술이야말로 우리를 옭아매는 주요 위협이라고 보고 있다.[1] 이 사람들은 대부분 두 부류로 나뉜다.

첫 번째 부류의 사람들은 기술이 인간 사회와 지구에 저지르는 파괴 행위를 보고 겁에 질리지만, 기술 체제에 맞서는 것은 불가능하다고 생각하고 어떠한 행동도 하지 않는 사람들이다. 그들은 자끄 엘륄의 『기술 사회』Technological Society 같은 반기술 서적들을 읽는다. 기술에 대한 두려움을 정교한 언어로 풀어낸 사람을 찾았기 때문에 그들의 기분이 나아지는 것 같지만, 그 효과는 곧 사라지고 기술 세계가 다시 그들을 불편하게 한다. 그래서 그들은 이반 일리치Ivan Illich, 커크패트릭 세일Kirkpatrick Sale, 다니엘 퀸Daniel Quinn이나 내가 쓴 『산업사회와 그 미래』Industrial society and its future 같은 새로운 반기술 서적을 찾는다. 이 순환이 계속해서 반복된다. 다시 말하자면, 이들에게 반기술 문헌들은 기술로 인한 고통을 완화해주지만, 행동을 이끌어내지는 않는 일종의 치료법에 불과하다.

두 번째 부류의 사람들은 현대 기술을 두려워하며, 기술 체제에 맞서 실제로 싸우고 싶어 하지만, 무엇을 해야 할지에 대한 실용적 감각이 없는 사람들이다. 이들 중 일부는 순수한 전술적 차원에서 탁월한 실용적 감각을 갖고 있다. 예를 들면 그들은 잔혹한 환경파괴 행위에 맞서 시위를 조직하는 방법을 대단히 잘 알고 있을 수도 있다. 하지만 대전략² 차원에서 이들은 전혀 감을 못 잡는다. 이들 대부분은 기술 체제가 존재하는 이상 환경파괴는 절대 멈추지 않으리라는 사실을 알고 있을 것이다. 그러나 그들은 막연하게 자신들의 행동이 기술 문제 전체를 해결하기를 바라며 지엽적 악행을 계속해서 공격하는 것 이외에 더 나은 전략이 있는지 모른다. 오히려 그들의 행동은 사람들의 초점을 악의 근원인 기술 체제 그 자체로부터 멀어지게 하고, 대신에 기술 체제가 존재하는 한 절대 해결할 수 없는 지엽적인 문제들에 주목하게 하기 때문에 역효과를 낳는다.

이 책의 목적은 사람들에게 우리 사회에 다가오고 있는 재앙을 막으려면 무엇을 해야 할지 실용적으로, 대전략*적으로 생각하는 방법을 보여주는 것이다.

과거의 경험에 비춰보면, 이 책을 보통 속도로 그저 한두 번 정도 읽는다면, 대부분 사람들-심지어 탁월한 지능을 가지고 있는 사람들조차-은 가장 중요한 핵심들을 놓치리라 확신한다. 이 책은 편하게 읽을 책이 아니다. 이 책은 공학 교과서를 공부하는 것과 동일한 노력을 기울여 공부해야 할 책이다. 물론 이 책과 공학 교과서에는 차이점이 있다. 공학 교과서는 기계적으로 따르기만 하면 똑같은 결과를 주는 정교한 규칙들을 알려주지만, 사회과학에서 그러한 정교하고 확실한 규칙을 내놓는 것은

---

* (편집자주) grand strategy. 국가의 모든 자원, 또는 국가의 공동체를 조직화하고 총괄하여 전쟁의 정치적 목표를 달성하는 것으로, 그 목표란 근본적 정책에 의하여 정해진다.
대전략은 전통적인 전략의 개념을 다음의 세 가지 측면으로 확장한다.
1) 전략을 군사적 의미를 넘어 외교, 재정, 경제, 정보 등의 의미로 확장한다.
2) 외력 뿐 아니라 내력에 대한 분석을 더하여 다양한 무력 수단과 그 무력 수단의 행사에 필요한 내부적 장치를 고려의 대상으로 확장한다.
3) 전시 뿐만 아니라 평화시 역시 전략의 고려 대상으로 확장한다. (위키백과)

불가능하다. 그러므로 이 책에 담긴 아이디어들은 기계적으로, 융통성 없게 적용되어서는 안 되며, 신중하고 창의적으로 적용되어야 한다. 광범위한 역사 지식과 사회 역학에 대한 이해가 있다면 이 책에서 제안한 아이디어들을 현실에 적용하는 데 큰 도움이 될 것이다.

II

이 책은 가장 중요한 부분이기는 하지만, 앞으로 내가 출판하고자 하는 글들 일부에 불과하다. 다른 원고들도 앞으로 출판되기를 바란다. 기술 발전과 환경파괴 속도가 그 어느 때보다도 빠르게 가속되고 있으며, 하루라도 빨리 행동을 조직해야 하기 때문에 나는 이 책을 최대한 빨리 출판하고 싶어서 안달해왔다. 게다가 나는 72살이므로 의학적 불행이 생긴다면 언제든 떠날 수 있다. 그래서 내가 아직 할 수 있을 때 가장 중요한 부분을 출판하고 싶었다.

지금 출판하는 책과 미완성 원고들의 수준은 내가 옛날에 쓴 『산업사회와 그 미래』와 *Technological Slavery*를 뛰어넘는다. 이것은 지난 35년간의 집중적인 생각과 목적성 있는 독서의 최종 결과를 담고 있다. 이 원고의 근거들은 주로 그동안의 독서, 특히 1998년 연방교도소 수감 시점부터 시작한 독서에 기반한다. 그러나 2011년 당시, 반드시 채워야 할 중요한 틈새들이 남아있었다. 오직 교도소 바깥의 여러 사람이 나를 너그럽게 도와주었기 때문에 그 틈새들을 채울 수 있었다. 그들은 내가 요청한 정보들을 찾아주었으며, 그들에게 부탁한 거의 모든 질문, 가끔 대단히 어려운 질문들에 답해주었다.

누구보다도 수잔 게일Susan Gale에게 감사를 표한다. 그녀는 이 프로젝트 가장 많이 이바지 한 사람이다. 그녀는 핵심 연구자였다. 그 누구보다도 많은 성과를 얻었고, 가장 많은 문제를 해결했다. 그녀는 다른 연구자들의 작업을 유능하게 엮어냈으며, 이 책의 원고를 타자했다. 이 프로젝트에서 수잔 다음으로 중요한 사람은 줄리 얼트 박사Dr. Julie Ault이다. 줄리는 내 원고들을 읽고 논증의 취약점을 상세하게 지적해주었다. 나와 그녀가 만족할 만큼 철저하게 수정하지는 못했지만, 최대한 수정하려고 노력했다. 게다가 줄리는 원고 작업에 관한 귀중한 조언을 해주었다.[3] 하지만 가장 중요한 것은 줄리 얼트 같은 무게감 있는 지식인이 내 편이라는 사실이 나를 격려해주었다는 것이다.

수잔 이외에도 여러 사람이 장기간에 걸쳐 중요한 이바지를 했다. 브랜든 맨웰Brandon Manwell, 데보라Deborah, 고메즈G.G. Gómez, 발레리Valerie v.E., 패트릭Patrick S., 익명을 요청한 한 명. 특히 익명을 요청한 한 명은 중요한 경제적 지원을 해주었으며, 다른 면에서도 도와주었다. 앞서 언급한 사람들은 이 프로젝트에 핵심적으로 이바지 할 사람들이다. 하지만 그 보다 덜 이바지한 다른 9명의 사람에게도 감사를 표한다. 블레이크 잰슨Blake Janssen, 존Jon H., 필립Philip R.은 각자 나를 위해 여러 정보를 찾아주었다. 리디아 에클레스Lydia Eccles, 데이비드 스커비나 박사Dr. David Skrbina, Isumatag가명, Último Reducto가명는 유용한 정보들과 기사들을 보내주었다. 리디아는 그 외에 다른 도움도 주었다. 그리고 스커비나 박사의 조교는 제3장과 부록3의 초고를 타자했다. 법률적인 측면에서 나를 무료로 도와준 두 명의 변호사에게 감사드린다. 낸시 플린트Nancy J. Flint는 저작권을 등록해주었으며, 에드워드 래미Edward T. Ramey는 관료주의적 장애물들을 제거해주었다.

모두에게 감사드린다!!

III

많은 사람이 나를 도와줬음에도 불구하고, 나는 출처가 의심스러운 정보들을 사용할 수밖에 없었다. 예를 들면 언론 보도무책임한 경우가 너무나 많다!와 백과사전 항목들이다. 백과사전은 간결함을 위해 특정 주제에 대해 개략적인 설명만을 하는 경우가 많다. 이 책에 결함이있다면 위에서 언급된 누구의 책임도 아니다. 나는 2011년이 되어서야 상당한 시간과 노력을 들여 나를 도와줄 의사가 있는 사람들을 만날 수 있었다. 그들 모두 나를 도우면서 동시에 생업에 종사해야 했다.

만약 내가 그들에게 출처가 의심스러운 모든 정보에 대해 권위 있는 출처를 찾아달라고 부탁했다면, 이 책이 완성되는 데 몇 년은 더 걸렸을 것이다. 내가 사용한 출처가 의심스러운 정보들이 이 책에서 내가 제시한 주장이나 결론을 심각하게 해치지는 않으리라고 믿는다. 내가 인용한 정보 중 몇몇이 거짓이거나, 부정확하거나, 오해의 소지가 있다고 밝혀진다고 하더라도, 여전히 이 책의 기본 구조는 건실할 것이다.

IV

참고문헌에 대해서. 각 장과 부록에 붙어있는 후주에서 나는 일반적으로 저자의 성과 페이지로 출처를 표기했다. 독자는 저자의 전체 이름, 인용된 책이나 기사의 제목, 출판일, 그 외의 정보를 책 마지막에 있는 참고문헌에서 찾을 수 있다. 무명의 저자에 의한 출처가 인용되었을 때는, 독자는 몇몇 경우에 참고문헌 다음에 있는 추가 자료에서 정보를 찾을 수 있을 것이다.

    미주에서 두 개의 축약어가 반복적으로 쓰였다. "ISAIF"는 산업사회와 그 미래, 특히 나의 책 『기술의 노예』*Technological Slavery*, Feral House, 2010의 36~120쪽에 실린 유일하게 정확하게 출판된 영어판을 의미한다. "NEB"는 브리태니커백과사전*The New Encyclopaedia Britannica*, 제5판을 의미한다. 제5판은 반복적으로 여러 차례 개정되었다. 그래서 "NEB"는 어떤 버전의 개정판에서 인용되었는지 표시하기 위해 괄호 안에 연도를 적었다. 예를 들어 "NEB 2003"는 2003년에 출판된 브리태니커백과사전을 의미한다.

테드 카진스키

2014년 5월

미주

1. 나는 미국뿐만 아니라, 전 세계 곳곳에 있는 그런 사람들에게서 많은 편지를 받는다.
2. "전술", "전략", "대전략"은 군사 용어에서 유래했다. 전술은 특정 전투에서 승리하기 위한 즉각적인 목적에 쓰이는 기법이다. 전략은 광범위한 이슈와 긴 시간을 다루며, 하나의 전투 혹은 연속된 전투들에서 승리하기 위한 사전 준비를 포함한다. 대전략은 국가의 전쟁 목표를 달성하기 위한 모든 과정을 다룬다. 이는 철저하게 군사적인 측면 뿐만 아니라, 정치적, 심리적, 경제적 요소들도 다룬다. NEB (2003), Vol. 29, "War, Theory and Conduct of," p. 647 참고. 여기서 사용한 "전술", "전략", "대전략"이라는 용어들은 전쟁이나 군사와는 아무런 상관이 없으며, 비유적인 의미로 쓰였다.
3. 몇 가지 이유로 원고를 빠르게 준비하기 위해 줄리 얼트가 해준 몇몇 조언을 무시했다. 당연히 이 책에서 결함이 발견된다고 하더라도 그것은 줄리의 책임이 아니다.

제2판 서문

I

반기술 혁명 제2판은 제1판의 형식을 그대로 따른다. 하지만 몇몇 주장에 대해서 더 권위 있는 출처를 인용했고, 몇 가지 잘못된 사실관계를 바로잡는 방식으로 조금이나마 개선되었으며, 내가 어느 정도 중요하다고 생각한 네 가지 부분이 개선되었다.

1. 제1장 파트3은 히틀러와 스탈린 같은 혁명적 독재자들의 권력이 실제로는 절대적이지 않았다고 주장하고 있다. 제1판에서 적어도 히틀러에 대해서는 취약한 주장이었으나 지금은 대단히 견고한 주장이 되었다.

2. 제3장 파트2의 초기 기독교에 관한 논의는 불충분한 정보에 기반해 있었기에 취약했다. 그 후로 나는 초기 기독교에 관한 훌륭한 책 두 권을 읽을 수 있었으며 그에 맞춰 논의를 강화했다.

3. 제3장 파트3에서 혁명 운동은 부적합한 인원을 제외하기 위해 노력해야 한다는 규칙4에 대한 논의는 제1판에서 취약했지만, 지금은 견고해졌다.

4. 마찬가지로 제3장 파트3에서, 나는 멕시코 정치에 대한 논의를 갱신2018년 7월했다. 그 외에도 자잘한 부분들을 갱신했지만, 책 전체를 갱신하려는 체계적인 노력을 하지는 않았다. 그러한 작업을 하려면 엄청난 노력을 해야 할 것이다. 무엇보다도, 이 책은 최신 동향 보고서가 아니다. 이 책의 목표는 일반적 원칙들을 설명하는 것이고, 대부분의 낡은 사실도 새

로운 사실만큼 유용하다.

II

제1판 서문 파트2에서 나는 이렇게 적었다. "이 책은 가장 중요한 부분이기는 하지만, 앞으로 내가 출판하고자 하는 글들 일부에 불과하다." 나는 나머지 글들을 『기술의 노예』 제2권에 넣기로 했다. 내 나이와 열악한 작업환경을 고려했을 때, 내가 살아있는 동안 제2권을 완성할 수 있을지는 의문이다.

이 책은 현대 기술을 제거할 필요성에 집중하는 반면, 기술 체제에 대항하는 긍정적 가치는 거의 다루지 않기 때문에 어떤 사람들에게는 이 책이 허무주의적으로 보일 수도 있다. 그러나 나는 다른 곳에서 야생의 자연과 자연 친화적 삶의 긍정적 가치에 대해 적었다.[1] 그리고 내가 살아있는 동안 『기술의 노예』 제2권을 완성할 수 있다면 "야생이란 존재하는가? 자연의 균형이란 존재하는가?"라는 글을 포함할 예정이다. 이 글은 반기술 운동을 둘러싸고 있는 듯한 허무주의적 분위기를 없애기에 충분할 것이다.

III

제1판 서문 파트3에서 언급했던 출처가 의심스러운 정보예를 들면 언론 보도에 관한 내용은 제2판에서도 동일하게 적용된다. 그리고 제3장 후주 102에서 지적했듯이, 어떤 경우에는 간결성을 위해 어쩔 수 없이 역사적 사건들을 지나칠 정도로 단순화해야 했다. 이러한 이유로 이 책은 자료집으로 사용하기에는 적절하지 않다. 높은 신뢰도와 정확한 사실관계가 필요한 독자들은 내가 인용한 출처들을 찾아보고, 평가하고, 필요에 따라 추가 연구를 해야 할 것이다.

내가 참고한 저서들을 읽어 본 독자들은 내가 왜 어떤 경우에는 특정 책을 인용하면서, 내 주장을 뒷받침해줄 수 있는 그 책의 다른 부분은 인용하지 않았는지 의아할 수도 있다. 내 집필 환경은 열악하다. 이 감옥에서는 감방 안에 많은 책을 둘 수 없으므로 나는 책을 읽고, 공책에 기록하고, 바깥의 친구들에게 보내지만, 공책에 기록할 때 미래에 어떤 정보가 필요한지 완벽하게 예측할 수 없다. 그래서 몇 년 뒤에 필요한 정보를 기록하지 못하는 경우가 많다. 교도소 도서관에서도 비슷한 문제가 발생하는데, 읽고 있던 책이 훼손되었거나, 다른 수감자가 훔쳤거나, 닳아 없어졌거나 하는 이유로 사라지는 경우가 많다.

IV

교도소 바깥에 있는 사람들의 도움이 없었다면 반기술 혁명 제2판을 준비하지 못했을 것이다. 누구보다도 수잔 게일Susan Gale이 내 집필 작업에서 가장 중요했다. 그녀는 가장 중요한 연구자이고, 다른 연구자들의 작업을 엮어냈으며, 이 책의 원고를 입력했고 그 외에도 수많은 방식으로 나를 도와주었다.

연구를 도와준 다른 사람들은 트레시 맥나마라Traci J. Macnamara, 엘리자베스 토비에르Elizabeth Tobier, T.F., N.P.가 있다. 특히 엘리자베스는 아낌없이 자비를 들여 책을 주문해 주었다. 수시 마이스터Dr. Susie Meister 박사, L.R.F., T.F., C.H., S.T. 역시 책을 주문해 주었다. 리디아 에클레스Lydia Eccles와 마누엘 몬테이로Manuel Monteiro는 간행물이나 인터넷으로부터 중요한 기사들을 보내주었다. 패트릭Patrick S.은 경제적으로 중요한 도움을 주었다. 나는 이 사람들로부터 고마움을 빚지고 있다. 특히 마누엘이 『반기술 혁명』Anti-Tech Revolution 제1판의 유럽 출판을 주선해준 것에 대해 감사하고 싶다.

V

제1판 서문의 참고문헌에 관한 내용은 제2판에도 동일하게 적용된다. "Kaczynski, *Letter to David Skrbina* (+ date)", "Kaczynski, '*The System's Neatest Trick*'" 같은 출처들은 내 책 『기술의 노예』를 뜻한다는 점만을 추가하겠다.

테드 카진스키

2018년 10월

미주

1. ISAIF, 183-84, 197-99 참고. Kaczynski, *Letters to David Skrbina*: Aug. 29, 2004; Sept. 18, 2004, point (ii); Oct. 12, 2004, Part II; Nov. 23, 2004, Parts III.D&E. In the 2010 Feral House edition of Kaczynski, the *Blackfoot Valley Dispatch* interviews, pp. 394-407.

제1장

사회 발전은 결코 인간의 합리적 통제 대상이 될 수 없다

"선을 계획하면 악이 방해한다. 선은 비효과적이지만, 악은 효과적이고 완강하다."

– 디에고 우르타도 데 멘도사Diego Hurtado de Mendoza, 1503~15751

"과거와 현재에 대한 지식이 쌓일수록, 역사가 인간의 계획을 얼마나 손쉽게 따돌리는지 감탄하게 된다."

– 타키투스Tacitus 2

I

실증적 데이터가 충분하다면 인간의 개입에 사회가 어떻게 반응할지 단기적으로 예측하고, 그 결과를 어느 정도 통제할 수도 있다. 예를 들어 경제학자들은 현대 산업사회가 금리변동에 어떻게 반응할지 예측할 수 있다. 금리 조정으로 인플레이션과 실업률 같은 변수들을 통제할 수 있으나3 금리 조정으로 발생할 간접적 결과를 예측하기는 어려우며 그 예측은 대부분 추측에 불과하다. 누구도 경제 정책의 결과를 확실히 예측할 수 없으므로 미국 정부의 경제 정책은 언제나 뜨거운 논란 대상이 된다.

실증적 데이터가 부족한 경우에는 인위적 개입으로 인한 장기적 결과를 예측하기는 더욱 어려우므로 사회 발전을 성공적으로 통제하기 어렵다. 사실 사회를 통제하기 위한 인위적 개입들은 실패하는 경우가 대부분이다.

• 기원전 2세기 초반, 로마는 사회적 타락을 막으려고 과도한 소비를 금지하는 사치 금지법을 통과시켰으나 의도했던 효과를 얻지 못했으며 로마인들은 계속해서 타락해갔다.[4] 기원전 1세기 초반, 로마가 정치적으로 불안정해지자 루시우스 코넬리우스 술라Lucius Cornelius Sulla는 자신의 군대를 이용해 수도를 점령하고, 반대파들을 처형하고, 안정적인 정부를 복구하고자 개혁 정책들을 펼쳤다. 하지만 술라가 "합법적인 정부를 수호"하던 사람들을 죽이고, "귀족정을 꽃피우게 했던 공공 봉사 정신과는 정반대 성향"의 무책임한 사람들로 원로원을 채워 넣었기 때문에[5] 상황은 오히려 악화되었다. 로마의 정치 체제는 계속해서 망가져 갔으며, 기원전 1세기 중반에 이르러 로마의 공화정 전통은 사실상 무너졌다.

• 9세기, 이탈리아 왕들은 소작농 착취를 금지하는 법률들을 만들었지만 "이런 법률들은 무의미했으며 귀족 지주들의 정치권력은 계속해서 강해졌다."[6]

• 시몬 볼리바르Simón Bolívar는 스페인령 아메리카 식민지들의 독립 혁명을 이끌었던 정치지도자였다. 볼리바르는 스페인령 아메리카에 안정적이고 "문명화"된 정부가 건설되기를 기대했지만, 이 목표를 제대로 이루지 못했고, 1830년 죽기 직전 절망과 함께 이렇게 적었다. "혁명을 위해 봉사하는 것은 바다에 쟁기질하는 것과 같다." 볼리바르는 스페인령 아메리카가 "형편없는 독재자들의 손아귀에 들어갈 것이며… 갖가지 범죄에 집어삼켜질 것이므로 유럽인들은 굳이 우리를 정복하려 들지 않을 것이다.…"[7]라고 예측했다. 볼리바르가 이 글을 쓸 때 감정적으로 흥

분한 상태였음을 고려하더라도, 이 예측은 그의 사후 150년간 적중했지만, 볼리바르의 예측은 너무 늦었으며, 구체적이지 않은 일반론적인 예측이었다.

- 19세기 후반의 미국은…

자선가들과 주택 개혁가들의 후원을 받는 노동자-주택 계획을 시행했는데, 이 계획의 목표는 노동자들의 삶의 질을 높이면서 동시에 매년 5%의 이익도 얻을 수 있음을 증명하는 것이었다.

개혁가들은 이러한 주택이 주택 소유주들 사이의 경쟁 덕에 새로운 표준이 될 것이라고 기대했으나… 불행하게도 수많은 도시 노동자들이 오직 수익을 얻을 목적으로 공동주택에 몰려드는 바람에 실패했다.[8]

지난 수 세기 동안 인간의 사회 발전 통제력이 향상된 것으로 보이지는 않는다. 1950년대 이후의 사회 통제 시도들이 표면적으로는 옛날보다 더 정교해진 것 같지만 그렇다고 더 성공적인 것 같지는 않다.

- 1960년대 중반, 린든 존슨 대통령은 마약 남용, 빈민가 같은 미국의 사회 문제들을 해결하고자 사회 개혁 정책들을 펼쳤으나 별로 효과적이지 못했던 것으로 밝혀졌다. 어떤 실망한 개혁가는 다음과 같이 말했다.

우리는 한때 빈민들이 빈민가에서 벗어나면 아빠는 마약을 끊고, 엄마는 바람피우지 않고, 아이는 칼을 들고 다니지 않을 것으로 생각했다. 그래서 그들에게 현대적인 주방과 휴양시설이 딸린 멋진 최신 아파트를 주었지

만, 전부 무의미했다.[9]

이 시기의 개혁 정책들이 모두 실패하지는 않았지만, 대부분의 정책이 실패로 끝났으며, 이 사례들은 사회 개혁가들이 인간 사회의 특성을 제대로 이해하지 못하고 있다는 사실을 잘 보여준다. 설령 어느 정도 성공했더라도 운이 잘 따랐을 뿐일 것이다.[10]

• 인터넷을 통해 등장한 "진정으로 상호연결된 세계"는 "문화를 초월한 협력과 전 세계적 진보"로 이어질 것이라고 여겨졌다. "사회들이 더 자유롭게 소통하면서… 공감능력이 향상될 것이고, 진실을 찾기 더 쉬워질 것이며, 갈등 원인은 사라질 것이다. 즉, SNS의 시대는 평화와 공감의 시대가 될 것이다."[11]

실제 결과는 영 딴판이다. 인터넷은 "탈진실" 사회를 만들었고, 체계적인 거짓말에서 벗어나거나 객관적 진실을 찾기는 더욱 힘들어졌다.[12] 인터넷은 테러리스트들에게 더 큰 힘을 주었고, 무책임한 국가 지도자들이 의도적으로 사회 갈등을 조장하기가 더욱 쉬워졌다.[13]

이런 사례들은 얼마든지 찾을 수 있다. 물론 사회 발전을 통제하려는 인위적 개입을 통해 단기적 목표를 이루어낸 사례도 많이 찾을 수 있지만, 그 장기적 결과는 대부분 개혁가, 혁명가들이 기대했던 결과가 아니다.[14]

• 기원전 6세기, 아테네 정치가 솔론Solon은 귀족들의 부와 특권을 보존하면서 동시에 아티카의 농노제hektemorage를 폐지하는 개혁책을 내놓았다. 이 부분에서 솔론의 개혁은 성공했지만, 솔론이 절대 용납하지 않았을 의도하지 않은 결과가 발생했다. "농노" 해방은 노동력 부족으로

이어졌고 아테네인들은 아티카 외부에서 수많은 노예를 사거나 납치해 왔으며 아테네는 노예제 사회가 되었다. 솔론의 개혁은 또 다른 의도하지 않은 결과를 가져왔는데, 솔론의 개혁으로 인해 아테네는 기원전 6세기 대부분을 페이시스트라토스Peisistratos의 대중주의 독재 치하에서 보내게 되었다.[15]

• 유럽 역사상 가장 유능한 정치가 중 한 명이었던 오토 폰 비스마르크Otto von Bismarck는 눈부신 업적들을 이루었다. 그 업적들은 다음과 같다.

- 1867~1871년에 독일을 통일시켰다.
- 1870~71년 프랑스-프로이센 전쟁에 개입했지만, 이후 평화를 끌어 낸 덕분에 유럽 지도자들의 존경을 얻게 되었다.
- 성공적으로 독일을 산업화했다.
- 덕분에 중산층의 지지를 통해 군주가 되었다.
- 비록 일시적이었지만, 비스마르크는 독일의 민주화를 막는다는 가장 중요한 목표를 달성했다.
- 비스마르크는 1890년 강제로 사임 당했지만, 비스마르크가 세운 독일의 정치 체제는 독일이 제1차 세계대전에서 패배한 1918년까지 유지되었다.[16]

비스마르크는 생전에 눈부신 성공을 거두었음에도 자신이 패배자라고 생각했으며 1898년에 절망 속에서 죽었다.[17] 비스마르크는 독일이 그의 의지와는 다르게 서서히 민주화되고 있다는 사실에 분노했는데, 그가 죽은 후에 독일에서 무슨 일이 벌어질지 알았다면 훨씬 격분했을 것이다.

비스마르크가 1890년까지 집권하지 않았더라면 독일 역사가 어떻게 됐을지는 추측의 영역이지만, 그가 독일을 원하는 방향으로 이끌지 못했다는 것은 분명하다. 비스마르크가 1914~1918년의 끔찍한 전쟁과 독일의 패배, 그리고 무엇보다도, 아돌프 히틀러가 집권하는 모습을 보았다면 공포에 질렸을 것이다.

• 미국에서 개혁가들의 광기는 1919년 알코올 음료의 제작, 판매, 운송을 금지하는 수정조항 "금주법" 제정으로 이어졌다. 금주법 덕분에 미국의 1인당 알코올 소비량이 60%~70%가량 감소했으며, 알코올로 인한 질병과 사망이 감소했으며, 술집들이 사라졌으므로 금주법은 성공적이었다. 그러나 금주법이 범죄조직들에 불법 주류를 생산하고 밀수해서 엄청난 이익을 얻을 기회를 준 덕분에 범죄조직들이 폭발적으로 성장했으며, 게다가 금주법은 정부 기관들과 시민들 양측을 전부 부패하게 했다. 얼마 안 가 금주법이 심각한 실수라는 사실이 모두에게 명백해졌으며 1933년 추가 수정조항을 통해 무효가 되었다.[18]

• 20세기 후반, 소위 "녹색 혁명"의 목적은 제3세계에 최신 농업 기술을 소개해 수확량을 증진해 기아를 완화하는 것이었고, 실제로 수확량이 늘어났다. 그러나 "'녹색 혁명'은 국가 차원에서의 식량 생산량을 기준으로 보면 성공이었지만, 공동체와 개인들에게는 재앙이었다.…"[19] 녹색 혁명은 세계 곳곳에 재앙을 일으켰는데, 예를 들어 인도와 파키스탄에 걸쳐있는 편자브Punjab 지역에서 진행된 녹색 혁명 때문에 "수천 헥타르의 비옥한 땅"이 황무지가 되었으며, 지하수는 고갈됐으며, 식수는 농약과 비료로 오염되었고, 수많은 사람이 암에 걸렸으며, 수많은 사람이 자살을 선택했다. "녹색 혁명 때문에 우리는 망했습니다." 자네일 싱Jarnail

Singh이 말했다.⋯ "녹색 혁명은 우리의 땅, 환경, 지하수를 망가뜨렸습니다. 우리는 해마다 축제를 열고는 했었지만, 지금은 병원 신세를 지고 있습니다."[20]

녹색 혁명은 자연환경을 철저하게 파괴했을 뿐만 아니라 경제적으로도, 의학적으로도 부정적 결과를 가져왔다.[21]

• 1953년, 미국 아이젠하워 대통령은 국제기구를 통해 전 세계에 원자력에 관련 지식과 물자를 나누어 주는 것을 목표로 하는 "평화를 위한 원자력Atoms for Peace" 정책을 추진했다. 1957년, 평화적 원자력 에너지 사용을 증진하기 위해 국제원자력에너지기구International Atomic Energy Agency 가 설립되었고, 1968년 UN총회는 "핵확산 방지" 조약에 서명해 핵무기를 개발하지 않겠다고 약속한 국가들에 원자력 기술을 전수해주는 것을 승인했다.[22] 이 정책 관계자들이 역사를 조금이라도 공부해봤다면, 국가들은 대개 조약이 자신에게 단기적으로 이익이 될 때만 조약을 지키며 그마저도 금방 어긴다는 사실을 알 수 있었을 것이다. 그러나 이 정책을 추진한 사람들은 국가들이 원자력 기술을 전수받으면 너무나도 고마운 나머지 원자력 기술을 평화적 용도로만 사용할 것이며, 역사적으로 파괴적인 무기 개발의 원동력이었던 권력에의 욕망과 치열한 경쟁을 영원히 중단할 것으로 생각했던 것 같다.

이 발상은 최초의 원자폭탄을 발명한 로버트 오펜하이머Robert Oppenheimer와 닐스 보어Niels Bohr 같은 과학자들이 떠올린 것 같다.[23] 대부분의 응용과학자가 인간사에 대해 징그러울 정도로 순진하다는 점을 고려하면 오펜하이머와 보어가 이토록 순진한 발상을 했다는 사실은 놀랍지 않지만, 노련한 정치인들이 이런 순진한 발상에 호응했다는 것은 놀랍다. 물론 정치인들이 스스로 믿지 않는 것조차도 선전으로써 사용하는 경우가 많다는 점을 고려하면 어느 정도 이해할 수 있다.

"평화를 위한 원자력" 계획은 처음에는 의도한 대로 잘 기능하는 것처럼 보였다. 140여 개 국가들이 1968년에 비핵 확산 조약에 서명했고, 그 외 국가들도 이후에 서명했다.24 그렇게 원자력 기술은 전 세계에 퍼졌고, 여러 국가가 1970년대 초반 미국에서 원자력 기술을 전수했으며 그 중에는 이란도 있었다.25 원자력 기술을 전수한 국가들은 한동안 핵무기 개발 시도를 하지 않았지만, 물론 그 후에 무슨 일이 벌어졌는지 우리 모두 알고 있다. "고집 센 정치인들과 헨리 키신저 같은 외교관들이… 핵확산 속도가 너무나 빠르게 '변곡점'을 향해가고 있으며, 일단 변곡점에 도달하면 핵확산을 통제하는 것은 불가능하다고 주장하기 시작했다." 소위 "핵억지력을 추종하던 화려한 경력의 냉전 시대 미국 안보 베테랑들"은 이제 와서 핵무기가 "용납할 수 없는 위험 요소"라고 주장하고 있다.26 그리고 원자력 에너지의 평화로운(?) 사용 때문에 발생한 방사성 폐기물들이 제대로 처리되고 있지 않다는 불편한 진실이 있다.27

"평화를 위한 원자력"은 사회 발전을 통제하는 인간의 능력이 진보하지 못했을 뿐만 아니라, 실제로는 퇴보했음을 보여준다. 솔론이나 비스마르크는 "평화를 위한 원자력" 같은 멍청한 정책을 지지하지 않았을 것이다.

II

사회 발전을 통제하는 인간의 능력이 진보하지 못한 이유는 몇 가지 사실로 설명할 수 있다. 사회 발전을 통제하려면 인간의 개입에 사회가 어떻게 반응할지 예측할 수 있어야 하는데 그 예측이 대단히 불확실하다는 사실은 널리 알려져 있다. 인간 사회는 복잡한 체계이며, 특히 기술적으로 진보한 인간 사회는 더욱 복잡한 체계이고, 아무리 다양한 지식과 진보한 기술을 갖고 있다 하더라도 복잡계Complex System의 행동을 예측하기는 언제나 어렵다.

> 기술을 설계하고 사용할 때, 의도하지 않은 결과가 발생한다는 점은 대단히 잘 알려진 문제이다.··· 의도하지 않은 결과가 발생하는 이유는 명확해 보인다. 체계의 부품들은 복잡하게 상호연결되어 있다. 그러한 체계에 어떤 변화를 주게 되면, 예측하기 어려운 방향으로 흘러가 버린다. 특히 인간 행동이 관련되어 있을 때 더욱 그렇다.[28]

현대 인간 사회 같은 복잡계의 행동을 예측하고 통제하기는 대단히 어렵다는 사실은 경제학을 통해 확인할 수 있다. 현대 사회의 경제는 너무나도 복잡해서 경제를 최대한 효율성을 내게끔 합리적으로 설계하는 것은 불가능하다는 주장이 널리 설득력을 얻고 있다.[29] 오직 미국 경제만을 고려해도 물가를 계산하기 위해서는 적어도 6×10^{13}개의 연립방정식을 계산할 수 있어야 한다.자그마치 60조에 해당한다! 이 방정식은 경제와 지속해서 상호작용하는 무수한 심리적, 사회적, 정치적 변수들을 제외하고 오직 물가형성과 관련된 경제적 변수만을 적용해 얻은 것이다.[30]

설령 이 연립방정식을 계산할만한 충분한 계산력이 존재하며 이를 통해 사회의 움직임을 예측할 수 있다는 대단히 비현실적인 가정을 하더라도 믿을 만한 예측을 얻으려면 대단히 정확한 데이터가 필요하므로 계산이 불가능할 것이다.[31] 기상학자 에드워드 로렌츠Edward Lorenz는 데이터에 아주 약간의 오차만 있어도 복잡계의 예측이 완전히 빗나간다는 사실에 주목했다. 1972년 미국 과학부흥협회American Association for the Advancement of Science에서 이 사실을 소개한 로렌츠의 강의 제목이 "예측 가능성: 브라질에 사는 나비의 날갯짓이 텍사스에 토네이도를 일으키는가?"였기 때문에 "나비 효과"라고 알려졌다.[32] 로렌츠의 연구를 계기로 "혼돈 이론"[33*]이 등장했으며 나비효과는 혼돈 운동Chaotic Behavior의 사례이다.

복잡계만 혼돈 운동을 보이는 것이 아니며, 대단히 단순한 체계도 혼돈 운동을 보일 수 있다.[34] 브리태니커 백과사전은 순수 수학의 사례를 보여준다. A와 x_0를 $0 < A < 4$와 $0 < x_0 < 1$ 사이의 임의의 두 숫자로 두고, $x_{n+1} = A x_n (1 - x_n)$을 사용해 수열을 만들어보자. A에 3.7을 넣으면 수열은 혼동 운동을 보인다. 선형적으로 증가하는 수열을 대략적으로나마 예측하려면 x_0에 필요한 데이터의 정확도가 기하급수적으로 높아진다. 즉, 수열의 n번째 항을 예측하려면 x_0 값의 오차범위가 10^{-kn} 을 넘어서서는 안 된다.k는 상수[35] 정확히 예측하려면 기하급수적으로 정확한 데이터가 필요하며 이는 혼돈계Chaotic System의 보편적 특징이다.

혼돈계는 초기 데이터의 정확도를 높일수록 예측가능성의 지평선은 조금씩 멀어져간다는 보편적 특성을 갖고 있다. 쉽게 말하자면, 예측가능성의 지평선은 넘을 수 없는 장벽이다. 혼돈계에 해당하는 비선형적인 체계들이 대단히 많다는 사실을 고려하면, 예측은 언제나 예측가능성의 지평

---

* 번역자 주: 카오스 이론, 또는 복잡계 이론으로도 알려져 있다.

선 내부의 좁은 범위에 머물게 될 것이다. 완전한 이해는… 언제나 잠정적이며, 예측과 실제가 크게 빗나갈 때마다 새로운 관측과 실험을 해야 한다.[36]

하이젠베르크의 불확정성 원리가 물리 현상의 예측에 필요한 데이터의 정확도에 절대적 한계를 두고 있다는 점에 주목할 필요가 있다. 원자보다 작은 아원자 입자와 관련된 사건을 정확히 예측하는 것은 불가능하다는 하이젠베르크의 불확정성 원리는 물리법칙에서 수학적으로 유추되었다. 물리법칙 상 입자의 움직임을 예측하는 것은 불가능하며, 거시체계의 행동 예측에 아원자 수준으로 정확한 데이터가 필요하다면 유의미한 예측을 얻는 것은 불가능하다. 즉, 물리적 혼돈계에는 절대 뛰어넘을 수 없는 예측가능성의 지평선이 있다.

물론 인간 사회가 모든 측면에서 혼돈 운동을 보이는 것은 아니다. 수백 년~수천 년에 걸쳐 실증적으로 관측 가능한 역사적 추이가 있지만, 현대 기술 사회가 혼돈 이론에서 완전히 자유롭다고 보기는 어렵다. 현대 사회는 어떤 측면에서는 혼돈 운동을 보일 수밖에 없으며, 예측할 수 없다고 여겨도 좋을 것이다.

그러나 예측이 전혀 불가능한 것은 아니다. 일기예보에 대해 브리태니커는 다음과 같이 적었다.

대기의 움직임이 … 혼돈 상태라는 것은 확실하며, 정확한 기상예측은 불가능하다고 보아야 한다. 물론 매년 반복되는 기온, 강수 순환처럼 혼돈계의 영향에서 벗어난 기후적 특성들이 있고 그 외의 대규모 과정들을 장

기적으로 예측하는 것도 가능하지만 예측의 정확도를 높일 수록, 더 빠르게 그 신빙성을 잃을 것이다.[37]

인간 사회는 날씨보다 훨씬 더 복잡하지만, 위의 설명은 인간 사회에도 동일하게 적용된다. 앞서 금리, 인플레이션, 실업률에 대해 설명한 바, 어떤 상황에서는 믿을만한 단기적 예측을 얻을 수 있으며 구체적이지 않은 장기적 예측도 가능하다. 위에서 스페인령 아메리카가 안정적이고 "문명화"된 정부를 세우는 데 실패하리라는 볼리바르의 예측이 맞아 떨어졌음을 언급했다. 이 사례에서 무언가가 실패하리라는 예측이 무언가가 성공하리라는 예측보다 훨씬 적중률이 높다는 것을 알 수 있다.[38] 하지만 믿을만한 구체적, 장기적 예측이 가능한 경우는 거의 없다.

물론 예외 사례도 있다. 무어의 법칙은 계산력 향상에 대해 구체적으로 예측했으며, 2012년 현재 기준으로 50년째 깨지지 않고 있다.[39] 하지만 무어의 법칙은 사회 이해로부터 비롯된 추론이 아니라, 실증적으로 관측된 추세에 대한 단순한 서술에 불과하며, 이 법칙이 언제 깨질지는 아무도 모른다. 무어의 법칙을 통해 많은 기술 분야에서 예측 가능한 결과를 얻을 수도 있고, 세부 기술 분야들의 진보를 예측할 수도 있을 것이다. 그러나 이 모든 기술들의 총합이 사회 전체와 어떻게 상호작용할지는 아무도 정확하게 예측할 수 없다. 무어의 법칙처럼 실증적인 예측들은 유용하게 쓰일 수도 있겠지만, 우리 사회의 발전을 이해하려는 노력은 브리태니커 백과사전의 표현을 빌리자면 "언제나 잠정적이며, 예측과 실제가 크게 빗나갈 때마다 새로운 관측과 실험을 해야 한다."

하지만 누군가 이 주장에 반박할 수도 있으니, 인간 사회는 혼돈계가 아니라고 가정해보자. 모종의 대규모 연립방정식의 해를 찾아낼 수만 있다면, 사회 발전을 예측하는 게 원칙적으로는 가능하며, 필요한 데이터들을 매우 정확하게 얻을 수 있다고 가정해보자. 물론 아무도 지금의 계산력으로 그 연립방정식을 풀 수 있으리라 생각하지 않을 것이다. 그래도 레이 커즈와일Ray Kurzweil40*의 예측대로 미래 인류가 기술 진보를 통해 지금은 상상조차 할 수 없는 강력한 계산력을 얻게 되었다고 가정해보자. 그리고 그 계산력을 이용해 대단히 복잡한 현재 사회를 계산할 수 있으며, 사회 발전을 장기적으로 예측할 수 있다고 가정하자. 그러나 미래 사회는 현재 사회보다 훨씬 복잡할 것이기 때문에 미래 사회는 여전히 자신의 발전을 예측할 수 없다. 계산 장치 역시 사회에 속해 있기에 사회 복잡도는 계산력과 함께 성장할 것이다.

사실 자기 행동을 예측하는 체계라는 개념 자체가 논리적 역설이다. 이는 러셀의 역설41과 "이 문장은 거짓이다"처럼 자기 지시적 명제에서 비롯되는 역설과 유사한데, 체계가 자신 행동을 예측하면, 그 예측 자체가 체계의 행동을 바꿀 것이며, 바뀐 행동이 예측을 빗나가게 할 것이다. 물론 모든 자기 지시적 명제들이 역설적이지는 않다. 예를 들어 "이 문장은 한국어로 적혀있다" 같은 명제는 논리적으로 완벽하다. 마찬가지로 체계가 자신에 대해 내린 대부분의 예측은 논리적 역설을 일으키지 않을 것이며 오히려 그 예측으로 인해 예측이 실현될 수도 있다.42 하지만 사회

---

* 번역자 주: 레이 커즈와일은 미국인 발명가, 미래학자, 특이점주의자이다. 기술 발전 속도가 기하급수적으로 가속된다는 수확 가속의 법칙을 제안했으며, 이 법칙에 기반한 기술적 특이점에 대한 예측으로 널리 알려져있다. 기술적 특이점이 오면 수명을 무한히 연장할 수 있다고 믿고 있으며, 기술적 특이점이 도달할 때까지 살고자 건강을 지키는 데 엄청난 노력을 하는 것으로 유명하다

의 자기 예측이 언제나 참일 것이라고 기대하기는 힘들다.

그리고 사회가 자신의 미래를 예측하려면 자신을 완벽하게 이해해야 하는 것으로 보인다. 이 지점에서도 역설이 발생하지만, 이에 대한 논의는 여기서 끝내겠다. 이 정도면 체계가 자신을 완벽하게 이해하거나, 자신의 미래를 예측하는 것이 어렵다는 사실이 독자들에게 충분히 전달되었으리라 믿는다.

따라서 인류가 역사를 통해 얻은 경험과 인간 사회의 복잡성, 혼돈 이론, 논리적 역설들을 고려하면 인간 사회는 절대 자기 행동을 정확하게 예측할 수 없으므로 어떤 형태의 사회도 자신의 미래를 장기적으로 계획할 수 없다.

이 결론은 특이하지도 않고, 놀랍지도 않고, 새롭지도 않다. 지식인들은 옛날부터 인간 사회가 자신의 미래를 계획할 수 없다는 사실을 알고 있었다. 서스턴Robert W. Thurston은 이렇게 적었다. "어떤 정부도 국가를 물리적으로 완벽하게 관리할 수 없었으며… 중앙 정부가 내린 결정에 따르는 부작용들을 완벽하게 예측할 수 없었다."[43]*

헨리 키신저는 이렇게 말했다. "역사는 실패한 노력과, 실현되지 않은 열망과, 실현되었으나 기대했던 것과는 달랐던 소망들의 이야기이다."[44]

노버트 엘리어스Norbert Elias는 이렇게 적었다. "전체로서의 실제 역사의 경로는… 누구의 의도도, 계획도 아니다.[45]… 문명은… 맹목적인 움직

---

* 번역자 주: 로버트 W. 서스턴은 미국인 역사학자이자 작가이며, 마이애미 대학교의 명예교수이다.

임이며, 관계망의 역학의 자율성에 따라 움직인다."46 *

III

예상되는 반론은 다음과 같다. 설령 사회의 행동이 장기적으로 예측 불가능하다고 하더라도, 어쩌면 반복적인 단기적 개입을 통해 사회를 합리적으로 조종할 수도 있다. 이는 운전자 없이 거친 비탈길을 내려가는 자동차에 비유할 수 있다. 이 자동차의 경로를 예측하는 것은 불가능하지만, 이 자동차에 운전자가 타고 있다면 운전자는 심한 요철을 피할 수 있을 것이며 자동차가 부드러운 길을 따라 내려가도록 할 수 있을 것이다. 운이 좋다면 자동차를 원하는 장소와 가까운 곳으로 내려가도록 할 수 있을지도 모른다. 운전자는 그저 매순간 운전대를 오른쪽으로 돌릴지, 왼쪽으로 돌릴지만 적당히 결정하면 된다. 자동차가 엉뚱한 방향으로 가고 있으면, 반대편으로 돌리면 된다.

어쩌면 전체 사회에도 동일한 방법을 쓸 수 있을 것이다. 정교한 이론과 실증적 데이터를 통해 그럭저럭 믿을만한 단기적 일기예보를 얻을 수 있는 것처럼, 사회에 대해서도 그럭저럭 믿을만한 단기적 예측을 얻을 수 있다. 그렇다면 의도적 개입을 통해 부정적 결과는 피하고, 긍정적 결과를 얻는 방식으로 사회를 성공적으로 조종할 수도 있다. 의도적 개입이 항상 성공하지는 않겠지만 다음의 개입을 통해 이전의 실패를 수정하면 된다. 어쩌면 이런 방법으로 이상 사회와 비슷한 사회를 만드는 데 성공할 수도 있다.

---

* 번역자 주: 노버트 엘리어스는 1897년생 유대계 독일인 사회학자이며, 훗날 나치의 박해를 피해 영국으로 망명했다. 문명화/비문명화 과정 이론으로 널리 알려졌다.

하지만 이런 제안 역시 근본적인 어려움에 부딪히게 된다. 첫 번째 문제는 "무엇이 좋은 결과이고 무엇이 나쁜 결과인지 누가 정하는가?", "우리가 장기적으로 추구해야 할 '이상'이 무엇인지 누가 정하는가?"라는 질문에 인류가 보편적 합의를 얻은 적은 단 한 번도 없었다. 1890년 프리드리히 엥겔스Friedrich Engels는 다음과 같이 적었다.

역사의 최종 결과는 언제나 수많은 의지들의 투쟁 결과로서 결정된다. 각각의 의지는 삶을 결정하는 수많은 조건을 통해 형성된다. 세상에는 무수히 많은 힘이 교차하고 평행하며 여기서 역사적 사건이 태어난다. 다른 측면에서 보면, 전체로서는 무의식적이고 누구의 의지도 따르지 않는 하나의 힘으로 볼 수 있다. 각각의 개인은 다른 모든 이들의 의지에 반해 움직이며, 그 결과 누구도 원하지 않았던 것이 등장한다.[47]

노버트 엘리어스는 맑스주의자가 아니었지만, 엥겔스와 대단히 유사한 주장을 했다.

서로 협력하거나 반목하는 무수히 많은 개인들의 이익과 의도가 엮어진 결과, 누구도 계획하지도, 의도하지도 않은 무언가가 나타난다. 그럼에도 불구하고, 그것은 모두의 의도와 행동으로부터 나타난 것이다.[48]

심지어 모두가 특정 정책에 동의해도 "공유지의 문제" 때문에 정책을 효과적으로 실행하지 못할 수도 있다. "공유지의 문제"는 모두가 따르면 모두가 이익을 볼 수 있지만, 각각의 개인에게 있어서는 따르지 않는 게 이익일 때 벌어진다.[49] 예를 들어 현대 사회에서는 모두가 세금을 내면 모두가 이익을 볼 수 있으나 개인에게는 세금을 내지 않는 것이 이익이다. 그래서 사람들이 세금을 자진해서 내거나 초과해서 내는 사례를 찾기 힘든 것이다.

예상되는 반론은, 바로 그런 문제를 해결하기 위해 정치 체제가 존재한다는 것이다. 사회를 통제하기 위한 구체적인 결정들은 수많은 의지들의 투쟁 결과로 나오는 것이 아니라, 선거 등의 방법을 통해 공적으로 권력을 부여받은 소수의 정치지도자들이 개인들에게 전체의 복지를 위한 행동을 강제하는 법률을 제정하는 방식으로 내려진다. 소수의 정치지도자들에게 권력을 위임하는 방식으로 공유지의 문제를 해결할 수 있으며, 정치지도자들의 숫자가 많지 않기 때문에 지도자들 사이의 의견 차이는 손쉽게 해결할 수 있으므로 사회 발전을 충분히 합리적으로 조종할 수 있다.

현실의 경험에 따르면 정치지도자들의 숫자가 6명만 넘어도 지도자들 사이의 의견 차이를 해결하기는 불가능에 가까우므로 사회를 일관적으로 통치하는 것도 불가능하다. 설령 고위 지도자들이 내부 갈등을 겪지 않는다고 가정해도 지도자들이 가진 실제 권력은 공식적으로 부여된 권력보다 훨씬 약하므로 소수의 지도자에게 권력을 집중시키는 방법으로도 사회 발전을 합리적으로 통제할 수 없다.

1996년~1998년, 필자가 새크라멘토 주 교도소에 수감되었을 때 교도소장 댄 루이스Dan Lewis 중위와 흥미로운 대화를 나눴다. 1996년 12월 31일, 루이스는 하급자들을 통제하는 게 어렵다고 하소연했다. 그는 공적인 권력을 부여받았다 하더라도, 조직을 움직이기 위해 그 권력을 행사할 때 문제가 발생한다고 말했다. 지도자가 하급자들이 싫어하는 결정을 내리면 하급자들의 저항이 너무나 심해서 조직이 마비된다는 것이다.[50]

지도자의 권력이 제한되는 상황은 교도소장들만 겪는 것이 아니다. 율리우스 카이사르Julius Caesar는 이렇게 말했다고 알려졌다. "지위가 높아질수록, 행동의 자유는 줄어든다."[51] 17세기의 영국인 작가는 이렇게 썼다. "고위직에 있는 사람들은 모두의 하인이다. 그는 국가의 하인이며, 명성의 하인이며, 직무의 하인이다. 그래서 그들은 인간관계에 대해서도, 행동에 대해서도, 시간에 대해서도 어떠한 자유도 누릴 수 없다."[52] 미국 대통령 에이브러햄 링컨은 이렇게 적었다. "솔직히 고백하자면, 내가 사건을 통제한 것이 아니라, 사건이 나를 통제했다."[53]

넬슨 만델라Nelson Mandela는 남아프리카 공화국의 대통령 F.W. 데 클레르크F.W.de Klerk에게 왜 부패 경찰들이 휘두르는 폭력을 막지 않느냐고 물었다. 데 클레르크는 대답했다. "만델라 씨, 당신이 저와 함께 일한다면, 제 권력이 당신이 생각한 것만큼 강하지 않다는 것을 알게 될 것이오."[54] 이 발언은 데 클레르크가 자신이 충분히 막을 수 있는 폭력을 방관하면서 내놓은 변명이었을 수도 있지만, 만델라는 그 자신이 대통령이 되었을 때 "즉시 깨달았다. 데 클레르크가 경고했던 것처럼, 대통령의 권력은 겉으로 보이는 것보다 약했다. 만델라는 동료들과 관료들을 끈기 있게 설득해야만 정부를 운영할 수 있었다.…"[55]

동일한 맥락에서 미국 대통령들을 철저히 연구한 역사가 클린턴 로지터Clinton Rossiter는 미국 대통령의 권력이 대단히 제한적이라고 말했다. 미국 대통령의 권력은 여론과 의회뿐만 아니라, 이론상으로는 대통령의 통제에 있는 행정부 내부에서 발생하는 각료들 사이의 갈등으로 인해 제한된다.[56] 로지터는 트루먼 대통령과 아이젠하워 대통령이 자신의 기분에 따라 얼마든지 해고할 수 있는 참모들을 설득하기 위해 겪었던 어려움들을 사례로 들었다.[57] 미국 대통령 중 가장 강한 권력을 갖고 있던 프랭클린 D. 루즈벨트Franklin D. Roosevelt는 이렇게 불평했다.

재무부는 너무나 방만하고 관습에 젖어있어서, 재무부를 움직여 내가 원하는 결과를 얻는 것은 거의 불가능하다는 사실을 깨달았다… 하지만 재무부는 국무부에 비하면 양반이다. 무엇 하나라도 바꾸기 위해서는 외교 전문가들을 하나하나 설득해야 한다. 하지만 재무부와 국무부를 다 합쳐도 해군에 비하면 양반이다. 제독들을 상대하는 것이 이토록 힘들다는 것을 미리 알았어야 했다. 해군을 바꾸는 것은 마치 깃털 침대에 주먹을 휘두르는 것과 같다. 왼쪽 주먹과 오른쪽 주먹을 번갈아 가며 지쳐 쓰러질 때까지 휘둘러도, 그 빌어먹을 침대가 조금도 바뀌지 않았다는 사실을 깨닫게 된다.[58]

루즈벨트의 후임자, 해리 S. 트루먼Harry S. Truman은 이렇게 말했다.

사람들은 대통령의 권력이 얼마나 강한지, 최고 통수권자가 얼마나 강하고 무엇을 할 수 있는지에 대해 떠든다. 경험자로서 말해주겠다. 미국 헌법과 미국 의회가 제정한 법률에 따라 대통령은 강한 권력을 가질 수도 있다. 하지만 대통령의 핵심 권력은 사람들을 모아두고 원래 설득하지 않았어도 해야 했을 일을 하게끔 설득하는 것이다. 나는 대부분 시간을 그렇게 보낸다. 그게 바로 대통령의 권력이다.[59]

그러므로 소수의 지도자에게 공적인 권력을 집중시키는 방법으로는 엥겔스가 말한 "수많은 의지들의 투쟁" 문제를 해결할 할 수 없다. 어떤 사람들은 이론상 절대 권력을 지닌 절대권력자들의 권력도 실제로는 제한적이라는 사실을 알려주면 놀라기도 한다.

• 기원전 200년부터 기원후 1911년까지 모든 중국 왕조들은 "국가의 유일한 입법가이자, 절대적인 행정가이자, 최상위 법관인 황제의 치하에 있었다. 황제의 명령은 말 그대로 법률 그 자체였으며 황제는 자신이 만든 법률로부터 자유로웠다."[60] 이론상 황제는 "유교적 규범과 엘리트 사대부들의 가르침"을 따라야 했지만[61] 이를 집행할 구체적인 법률이나 강제력이 없었기 때문에 용감한 신하들이 목숨을 걸고 조언을 하는 것 외에는 황제를 제약할 방법이 없었다. 신하들이 조언을 하는 경우에도 "황제가 마음을 바꾸지 않으면, 그렇게 해야 했다."[62]

그러므로 중요한 것은 황제가 맞닥뜨리는 현실적 제약이다. "거대한 정부조직의 지도자로서… 황제는… 정부의 반복적인 업무들을 대신해주는 사람들에게 권력을 위임할 수밖에 없었다.… 이전 왕조에서 물려받은 조직이 황제가 권력을 위임할 수 있는 유일한 기관이었다.… 이전 왕조와는 다른 시도를 하려고 해도, 중국 바깥에는 참고할만한 사례가 없었다."[63] 당연하게도 황제가 실제로 쓸 수 있는 권력은 그 시점에 정부를 관리하는 사람들의 능력에 달려있었다.[64] 하지만 언제나 그 권력은 황제의 말이 곧 법이라는 사실에서 느껴지는 권력보다 훨씬 약했다.

송나라 황제 신종神宗은 전제군주의 권력이 실제로는 강하지 않다는 것을 보여주는 사례이다. 1069년 지혜로운 정치 전략가 왕안석王安石을 알아본 신종은 왕안석을 부재상으로 임명하고 왕안석에게 그의 계획을 황제의 이름으로 집행할 전권을 위임했다.[65] 왕안석의 개혁은 철저한 조사에 기반한 것이었지만, 왕안석과 황제 둘 다 새로운 정책으로 인해 이익을 위협받게 된 사람들의 격렬한 저항을 고려하지 못했다.[66] "개혁으로 인해 발생한 파벌 싸움은 순식간에 큰 피해를 가져왔다."[67] 왕안석에 대한 반대가 너무나 극심해서 왕안석은 1076년 영구 사임했다. 1085년 신종이 사망한 이후 8년 만에 대부분의 개혁안은 철회되거나 철저하게 수정되었다.[68] 두 명의 후임 황제들, 철종哲宗, 재위 1093년~1100년과 휘종徽宗, 재위 1100년~1126년의 치하에서 몇몇 개혁안들이 복구되었으나 "왕안석의 협력자들은 사라졌고, 그의 정책들은 정쟁의 수단으로 전락했다."[69] "비록 휘종 치하에서 몇몇 개혁안들이 복구되었지만, 왕실의 분위기는 그다지 열정적이지 않았으며,"[70] 왕실은 "천박한 정치행태"를 보였다.[71] "고위 관리들은 부패하기 시작했다." 그리고 관리들의 탐욕으로 인해 "궁지에 내몰린 민중이 반란을 일으켰다.[72] 1126년~1127년 북송 왕조 붕괴는 개혁의 숨통을 끊었다.[73]

• 노버트 엘리어스는 "절대왕정" 시대 유럽의 "절대" 군주들이 그다지 절대적이지 않았다는 것을 분명하게 한다.[74] "절대" 군주의 전형 프랑스 왕 루이14세는 마음만 먹으면 누구든 처형할 수 있었을 것이다. 하지만 그는 결코 권력을 자유롭게 쓸 수 없었다.

> 루이 14세가 갖고 있던 인간관계망은 루이 14세가 존중할 수밖에 없는 고유의 운동량과 무게중심을 갖고 있었다. 사람들과 집단들 사이에서 균형을 유지해가며 전체를 조종하기 위해서는 엄청난 노력과 자기 통제력이 필요했다.[75]

엘리어스는 루이 14세가 자신의 왕국을 아주 좁은 한계 내에서만 "조종"할 수 있었으리라고 덧붙였다. 그리고 "가장 절대적인 정부조차도 사회 발전의 역학 앞에서는 무력하다.…"라고 적었다.[76]

• 이론적으로 절대 황제였던 요제프 2세는 오스트리아를 1780년부터 1790년까지 다스렸다. 그리고 근대화 같은 "진보"적인 개혁 정책들을 추진했다. 하지만,

> "1787년 무렵, 요제프와 그의 정부에 대한 저항이 격렬해졌다. …저항은 오스트리아령 네덜란드까지 번졌다. … 1789년… 터키와의 전쟁으로 인해 요제프의 외교정책에 대한 대중의 반감이 폭발했다. 오스트리아령 네덜란드인들은 반란을 일으켰고, 갈리시아의 어려움은 커져만 갔다. … 이러한 어려움들 때문에, 요제프는 그가 추진했던 개혁의 대부분을 철회할 수밖에 없었다.… 요제프 2세는 짧은 시간에 너무 많은 것을 시도했고 큰 상심 속에서 죽었다."[77]

여기서 요제프 2세의 개혁은 그 시대 유럽의 강한 근대화 흐름을 따라 오스트리아의 근대화를 가속하려는 시도였음에도 불구하고 실패했다는 점을 특히 주목할 필요가 있다.

나치와 볼셰비키의 혁명적 특성으로 인해 합법적 군주들의 권력을 제한하던 공식적/비공식적 전통 사회 구조와 관례적 제약들이 사라졌기 때문에 히틀러와 스탈린 같은 20세기의 혁명가 출신 독재자들은 전통적인 "절대" 군주보다 더 강한 권력을 갖고 있었을 것이다.[78] 그러나 혁명적 독재자들의 권력조차도 실제로는 전혀 절대적이지 않았다.

• 1931년~1941년 소비에트 연방에서 노동자들을 제도적으로 통제하려는 스탈린 정권의 힘보다 노동자들의 요구가 더 강했기 때문에[79] 스탈린 정권은 노동자들을 통제할 수 없었다. 당연히 스탈린 정권은 정부의 필요에 따라 머물러줄 안정적인 인력을 원했지만, 노동자들은 "계속해서 직장을 바꾸었다."[80] 노동자들은 법률을 회피하거나 아예 무시했으며 법률은 "노동자들의 움직임을 전혀 늦추지 못했다."[81]

더 중요한 것은 1930년대 중반부터 후반의 공포는 스탈린이 자신의 통치에 대한 저항을 효과적으로 분쇄하기 위해 계획한 것이 아니었다는 것이다. 실제 상황은 겁에 질린 독재자의 통제를 순식간에 벗어나기 시작했다. "스탈린은 당과 국가를 굴복시킬 계획을 꾸미는 냉철한 전략가가 아니었다. 그는 그저 그때그때 벌어지는 일에 대응했을 뿐이다. … 스탈린과 그의 조력자들은 공포 분위기를 조성하기는 했지만, 공포정치 기간에 그들이 계획하지도 않았고 예상하지도 못했던 사건들이 일어날 때마다 임기응변했던 것으로 보인다.… 광풍은 유럽의 마녀사냥을 연상케 했다.… 숙청으로 인해 더 많은 간첩과 트로츠키주의자들이 발견될수록, 스탈린의 근심은 깊어진 것으로 보인다. 마침내 스탈린은 거의 무차별적인 숙청을 감행하기 시작했다. 1937년과 1938년의 상황은… 통제 불가능했다.… 경찰은 사건을 조작하고 스탈린의 지시 없이 사람들을 고문했으며, 스스로 또 하나의 권력이 되었다.… 공포로 인해 사람들은 책임을 내팽개쳤고, 사회 기능이 망가졌다. 상부의 의지와는 별개로 상황은 또다시 통제를 벗어났다.… 스탈린은 사건이 터질 때마다 과잉 대응했다. 그는 거짓말과 불충분한 정보의 산더미에 앉아있었다.… 이제 스탈린이 공포를 계획하지 않았다는 증거는 충분하다."[82]

이 시기의 공포로 인한 결과 중 하나는 소련의 육군, 해군의 유능한 고위 장교들이 거의 전부 제거되었으며 스탈린의 군대가 불구가 되었다는 것이다.[83] 이는 1941년 독일의 침공에 소련이 무너진 부분적 원인이다.

• 1930년대 히틀러 정권이 앞으로의 전쟁에 대비해 독일을 재무장시키고 있을 때, 노동계층의 저항이 너무나 심해서 "군비생산으로 인해 민간생산이 심각하게 침해되었음에도 불구하고, 여전히 정부는 충분한 물자를 얻을 수 없었다."[84] 1936년, "뮌스터Münster에서 벌어진 일종의 민중봉기"로 인해 나치는 학교 건물에서 없앴던 십자가들을 다시 되돌려놔야 했으며 그 외에도 교회가 저항할지도 모른다는 두려움으로 인해 나치 정권은 몇몇 정책들을 완화해야만 했다.[85] 제3 제국의 내부 역학을 연구해보면 나치의 정책들이 대중의 압박으로 인해 제한되었던 많은 사례가 나오리라는 점에는 의심의 여지가 없다.

울람Adam Ulam은 히틀러가 원래 결정했던 독일 육군 사령관 후보가 "그 사람은 나치에 적합하지 않다"는 장교들의 반발을 샀던 점을 지적했다.* 그리고 울람은 히틀러가 독일군 수뇌부에 가졌던 통제력이 스탈린이 소련군 수뇌부에 가졌던 통제력보다 훨씬 약했으리라고 말한다.[86] 하지만 히틀러는 스탈린처럼 철저한 숙청을 통해 자신에게 반대하는 장교들을 전부 제거할 수도 있었으며 실제로 히틀러는 휘하 장성들 사이에 심각한 불화가 있다는 것을 잘 알고 있었다.[87] 그럼에도 불구하고, 1944년 7월 20일의 암살 시도가 있기 전까지 그는 독일군을 상대로 한 대규모 숙

---

* 번역자 주: 아담 울람은 폴란드계 미국인 정치학자이자 역사학자이다. 소비에트 연방에 대한 연구로 유명하다.

청을 감행하지 않았다.[88] 왜 안 했을까?

이 질문에 대한 대답을 통해 "절대" 권력자의 선택지가 얼마나 제한되는지 보여줄 수 있다. 히틀러나 스탈린 같은 위치에 있는 독재자는 본질적으로 오직 두 개의 선택지만 갖고 있다. 그는 스탈린처럼 휘하 장교들을 상대로 철저한 숙청을 감행할 수 있다. 그 경우에는 유능한 지휘관들이 제거되어 군대가 불구가 될 것이다. 또는 히틀러처럼 휘하 장교들을 그대로 내버려 둘 수 있다. 그 경우에는 장성들에 의해 쫓겨날 위험을 감수해야 한다. 히틀러는 군사적 정벌을 감행하고자 했기 때문에 유능한 군대가 필요했으므로 많은 부하들이 자신에게 반발하고 있으며 심지어 그중 일부는 그를 쫓아낼 궁리까지 하고 있다는 사실을 알고 있었음에도 불구하고 유능한 장교들을 데리고 있겠다는 도박을 한 것이다. 연합군에게 패배할 때까지 권력을 쥐고 있었다는 점에서 히틀러는 도박에서 이겼지만, 그것은 오직 엄청난 행운이 연달아서 따라주었기에 가능했다. 로스펠Hans Rothfels[89]은 히틀러가 얼마나 운이 좋았는지 감탄했다. 1938년부터 1944년 7월 20일까지, 총통 휘하의 장교들은 몇 번이고 그를 암살하거나 쿠데타를 일으켜 쫓아낼 시도를 했다. 하지만 히틀러는 언제나 최후의 순간에 살아남았다.[90]

울람의 의견에 따르면 스탈린에게도 "엄청난 행운"이 따라주었다.[91]

부하들의 저항과 권력층의 내부 갈등을 제외해도 순전히 기술적 요인들로 인해 문서상으로는 절대 권력을 가진 지도자의 선택지조차도 제한된다.

• 프랭크 노리스Frank Norris의 명작 소설 『문어The Octopus』에는 철도 건설로 생계가 망가진 밀 농부 프레슬리Presley가 주인공으로 등장한다.

프레슬리는 무자비한 기업가인 철도 회장 쉘그림Shelgrim과 마주했지만, 프레슬리의 비난에 쉘그림은 이렇게 대답한다. "젊은이, 네가 밀과 철도에 대해 말할 때 너는 사람이 아니라 힘을 상대하고 있는 거야. 전체 사업에서 사람의 역할은 중요하지 않아… 사람을 비난할 게 아니라 상황을 비난해."

"하지만- 하지만," 프레슬리가 말을 더듬었다. "당신이 책임자잖아요. 당신이 철도를 통제하잖아요."

"… 철도를 통제한다라!… 네가 원한다면 파산해줄 수도 있지. 하지만 일단 철도 사업을 시작한 이상, 내가 할 수 있는 건 없어. 난 아무것도 통제할 수 없어."92

『문어』는 소설이지만 노리스가 살았던 19세기 말과 20세기 초 미국의 경제 현실을 실감이 나게 묘사한다. 그 당시 "철도 노동력과 물자의 가격"이 상승했고 "이미 경제적으로 궁핍하던 많은 미국 철도회사들은 이윤감소를 감당할 수 없었다." 미국 철도 위원회는 "공정하고 '과학적인' 이율을 찾다가… '과학적인' 이율 같은 건 존재하지 않는다는 사실을 발견했다." 그들은 공공의 이익 또는 '비정치적' 이율을 정의하는 것이 대단히 어렵다는 것을 발견했다. 이율을 설정한다는 것은 경제적 우선순위를 부여하는 것을 의미했다. 운송업자와 소비자 중 누군가는 손해를 입어야만 했다.93 모두를 "공평"하고 인간적으로 다루어주는 이율을 설정했다면 쉘그림의 철도회사는 분명히 파산했을 것이다.

기업체들의 무자비한 행동은 의도적인 탐욕보다는 경제적 현실로 인해 발생한다는 것은 사실로 보인다.

• 1830년대, 미국의 산업혁명 초기, 매사추세츠의 직물 업계는 직원

들을 자애롭게 다루었다. 오늘날 그런 기업들은 분명히 "가족주의"적이라는 비난받겠지만 당시 기준으로 높은 수준의 근무환경과 주거환경을 누릴 수 있었기에 물질적 측면에서 그 노동자들은 행운아였다. 하지만 1840년대에 들어와 노동자들의 근무환경은 악화되기 시작했는데, 임금은 낮아졌으며, 노동시간은 길어졌고, 노동자들이 지켜야할 의무사항이 많아졌다. 이는 고용주의 탐욕 때문이 아니라, 경제적 경쟁으로 인한 시장 환경의 변화 때문이었다.[94] "산업이 점차 전국으로 뻗어나가자… 제조업들 사이의 경쟁으로 인해 가격과 임금이 더 이상 지역환경에 의해 결정되지 않기 시작했다. 가격과 임금은 고용주나 노동자들이 전혀 통제할 수 없는 경제 변화에 따라 요동쳤다."[95]

• 아담 데이빗슨Adam Davidson의 최근2012년 기사는 미국의 실업 문제의 원인을 논하고 있다. 그가 개인적으로 조사한 회사를 예로 들며, 데이빗슨은 이렇게 적었다. " 스탠다드 모터 프로덕츠Standard Motor Products사의 주주들에게 가격을 덜 인하하고, 살짝 적은 이익을 감수하고, 비숙련 노동자들을 돕고, 미국의 실업 문제 해결을 조금이라도 도와달라고 하고 싶은 마음이 드는 것은 사실이다." 그리고 데이빗슨은 스탠다드 모터 프로덕츠 같은 회사들이 가격을 인하하지 않고, 필요할 때마다 인간 노동자를 기계로 대체하지 않으면 왜 경쟁에서 살아남을 수 없는지 설명한다.[96] 여기서 다시 한번 "기업가는… 그저 그가 통제할 수 없는 경제적 힘과 발전의 대리인일 뿐이다."[97]라는 사실을 확인할 수 있다.

마지막 두 개의 사례에서 지도자들의 선택지는 기술적 요인 뿐만 아니라, 조직 외부에서의 경쟁에 의해서도 제한되는 것이다. 설령 외부 경쟁과 체제 내부의 "수많은 의지들의 투쟁"을 제외하더라도 기술적 요인 그 자체가 지도자들의 선택지를 크게 제한하며 독재자들조차도 이 한계로부터 자유로울 수 없다.

• 필자는 브리태니커 백과사전의 스페인 항목에서 이러한 서술을 찾았다. "스페인 내전 후 30년 동안, 프랑코 정권은… 전국적인 경제적 자립 정책을 펼쳤으나… 스페인의 경제적 자립 정책은 실패했다. 1950년대 후반 스페인은 경제 붕괴에 내몰렸다."[98] 20년에 걸친 스페인 경제사를 고작 한 문단의 서술에 의지할 수는 없었으므로 필자는 스페인인 동료에게 부탁해 이 주제에 관련된 역사책들을 구할 수 있었다.[99] 요약을 위해 어쩔 수 없었겠지만 브리태니커 백과사전의 설명은 지나치게 단순해서 심각한 오해를 일으킬 수준이었던 것으로 밝혀졌다. 무엇보다도 스페인의 경제적 자립 정책이 어디까지 자발적이었고, 어디까지 강제적이었는지 불확실하다. 제2차세계대전 이후 서구 민주주의 국가들이 프랑코 권위주의 정권을 적대했기 때문이다. 경제학에 대한 전문지식이 없는 우리로서는 이 부분을 이해할 수 없었지만 한 가지 사실은 분명했다. 외부 경쟁과 내부갈등을 제외해도, 권위주의 정권조차도 경제적 현실 앞에서는 선택지가 별로 없다는 것이다. 경제는 명령을 듣지 않기에 독재자는 장군이 군대에 명령하는 방식으로 경제를 운영할 수 없다.[100] 즉, 프란시스코 프랑코 같은 강력한 독재자조차도, 이념적 열정조차도 경제 법칙을 거스를 수는 없다.

• 1956~1959년 쿠바 혁명 이후, 미국 언론의 프로파간다는 피델 카스트로Fidel Castro가 권력욕에 미친 사람인 것처럼 묘사했지만 사실 카스트로는 평범한 인도주의적, 민주적 목표를 달성하고자 했다.[101] 일단 바티스타 정부를 무너뜨리자, 카스트로는 그의 카리스마를 통해 얻은 막강

한 권력에도 불구하고[102] 그가 가진 선택지가 많지 않다는 사실을 깨닫게 되었다. 카스트로는 민주주의와 사회변혁 둘 중 하나를 택할 수밖에 없었으며 둘 다 선택하는 것은 불가능했다. 카스트로의 본래 목표는 사회변혁이었으므로 카스트로는 민주주의를 포기하고 독재자가 되었으며 스탈린주의적, 군사주의적 통치를 감행했다.[103]

쿠바 혁명가들의 이념적 열정에는 의심의 여지가 없으며,[104] 카스트로의 카리스마는 그 어떤 독재자보다도 강력했다.[105] 그럼에도 불구하고, 카스트로 정권은 쿠바 사회의 발전을 통제할 수 없었다. 카스트로는 쿠바 행정기관들의 관료주의적 경향을 막지 못했다는 점을 인정했다.[106] 카스트로 정권은 이념적으로 인종차별에 강하게 반발했지만 "정부와 당의 주요 직위에 흑인과 혼혈 쿠바인들을 배치하려는 시도"는 카스트로 스스로가 인정했듯이 별로 효과적이지 않았다.[107] 사실 인종차별을 없애려는 쿠바의 노력은 미국에 비해 딱히 성공적인 것 같지도 않다.[108] 쿠바 경제의 설탕 의존도를 낮추고 쿠바를 산업화하려는 카스트로 정권의 시도는 거의 아무런 성과도 이루지 못했다.[109] 경제적으로 생존하기 위해 카스트로 정권은 "사회주의"를 즉시 실현하겠다는 목표를 포기할 수밖에 없었다. 경제적 현실 때문에 어쩔 수 없이 이념적으로 고통스러운 타협을 할 수밖에 없었으나[110] 이런 타협에도 불구하고 쿠바는 경제적으로 사실상 파산했다.[111]

쿠바의 경제적 실패의 한 원인은 미국의 통상금지령이며 미국의 기업들은 쿠바와 거래할 수 없었다. 하지만 이 요소는 결정적이지 않았으며, 카스트로 추종자들이 생각하는 것 만큼 중요하지도 않았다. 쿠바는 미국이 아니어도 다른 경제적 주요 국가들과 무역할 수 있었으며, 해외 미국 기업들의 자회사들을 통해 미국과 간접적으로 무역할 수 있었다.[112] 미국의 통상금지령보다는 쿠바의 지나친 설탕 의존도와 설탕 산업을 효율적으로 운영하지 못한 쿠바 스스로의 무능함이 훨씬 중요했다.[113] 쿠바의 경제적 실패의 또 다른 요인은 쿠바 사회의 내부 갈등, 즉 엥겔스가 말한 "수많은 의지들의 투쟁"이었다. 쿠바 사회에는 무단결근, 태업이 만연했다.[114] 쿠바인들의 "개인주의적" 성향으로 인해 범죄율이 높아졌으며[115] 쿠바 권력자들 사이에 내부 갈등까지 발생했다.[116] 하지만 쿠바가 실패한 가장 결정적 원인은 카스트로 정권이 경제성장에 필요한 기술적 요구사항들을 거부했기 때문이다. 쿠바 정권은 최소한의 생존에 필요한 부분에 대해서만 사회주의적 이념을 포기했으며, 쿠바를 빠르게 성장시킬 수도 있었던 자유시장과 자본주의적 요소들을 거부했다. 이는 순수한 사회주의 경제 체제가 전 세계적으로 실패했다는 사실을 통해 확인할 수 있다.[117]

IV.

이 장의 파트3 앞부분에서 제안된 방식으로 사회를 "조종"하는게 불가능할 수밖에 없는 대단히 중요한 또 하나의 이유가 있다. 모든 대규모 복잡 사회의 내부 발전은 "자연선택"을 따른다. 이 부분은 제2장에서 자세히 다룰 것이며 여기서는 최대한 요약해서 설명하겠다.

생물학적 진화와 유사한 과정을 통해 모든 대규모 복잡 사회 내부에는 기업, 정당, 사회운동, 관료조직 같은 자기보존적, 자기재생산적 체제들이 등장해 생존을 위해 투쟁하고 증식한다. 생존하기 위해서는 힘이 필요하므로 이 체제들은 힘을 향해 경쟁한다.

유기 생명체들은 자연선택을 통해 진화하고 마침내 생존이 가능한 모든 지역에 침투하며 어떤 수단으로 이들을 억압해도 유기 생명체들은 어떻게든 살아남을 방법을 찾아낸다. 모든 대규모 복잡 사회들은 이와 유사한 과정을 통해 자기증식 체제들을 만들어낼 것이며, 이들은 모든 지역에 침투하고 자신을 억압하려는 시도들을 회피할 것이다. 이 자기증식 체제들은 사회를 통제하고자 하는 정부나 다른 조직의 목표에는 신경쓰지 않고 자신만의 힘을 추구할 것이다. 우리는 이 자기증식 체제들은 통제불가능한 힘이며 장기적으로 사회를 합리적으로 통제하려는 모든 시도들을 무의미하게 만들 것이라고 주장한다. 지금 이 주장을 확실히 증명할 수 없다는 것은 인정한다. 자세한 내용은 제2장 참고하라.

V.

이 장에서 지금까지 검토한 모든 논의에도 불구하고, 언젠가 사회의 내부 역학을 조종하는 기술이 등장한다는 비현실적인 가정을 해보자. 이 기술을 통해 전능한 권력을 지닌 우리가 반길 지도자이며, 그를 독재자가 아니라 철인왕 philosopher-king118이라고 부를 것이다. 또는 소규모 지도자 집단6명 미만이 집단 내부의 "수많은 의지들의 투쟁" 없이 위 파트3에서 다룬 방식대로 사회를 조종할 수 있을 것이다.

한 명의 지도자 또는 소수 지도자들에 의한 권위적인 통치라는 개념은 현대 자유민주주의 국가 시민들이 느끼는 만큼 황당한 발상이 아니다. 지금도 많은 사람들이 한 명 또는 소수의 지배를 받으며 살아가고 있다. 기술 사회는 앞으로 수십 년 이내에 심각한 문제에 처할 것으로 보인다. 상황이 충분히 심각해지면, 자유민주주의 국가의 시민들조차 오늘날

일체 고려할 가치가 없는 것으로 보이는 해결책을 찾게 될 것이다. 1930
년대 대공황 시절, 음지의 괴짜들이 아니라, 주류에 속한 많은 미국인들
이 민주주의에 대한 환상을 버렸으며[119] 독재정이나 "초의회", "중역회"
같은 과두정을 지지했다.[120] 많은 미국인들이 무솔리니를 칭송했으며[121]
같은 시기의 많은 영국인들이 독일의 히틀러를 칭송했다. "히틀러에 대
한 로이드 조지Lloyd George의 평가는 평범했다. '우리 영국에도 저렇게 훌
륭한 사람이 있었더라면.'"[122]

　비록 너무나도 비현실적이지만, 우리의 가상의 독재자나 철인왕이
라고 부르기로 한 약속대로 철인왕이, 의도하지 않은 결과, 수많은 의지
들의 투쟁, 부하들의 저항, 모든 대규모 복잡 사회에서 진화할 권력 추구
집단들을 어떻게든 극복할 방법을 찾아냈다고 가정해보자. 설령 이런 비
현실적인 가정을 내린다 하더라도, 여전히 근본적인 어려움을 마주하게
된다.

　첫째, 누가 철인왕을 고를 것이며 어떻게 그에게 권력을 줄 것인가?
대규모 사회들은 수많은 목표들과 가치들을 갖고 있음을 고려하면, 어떤
철인왕의 통치가 사회 구성원 대다수의 목표와 가치, 심지어 엘리트 계
층의 목표와 가치와 일치할 가능성은 대단히 희박하다. "수많은 의지들의 투
쟁" 어쩌면 철인왕이 일단 권력을 쥐고나서 프로파간다와 인간 유전자 조
작 기술을 이용해 다수의 가치를 자신의 가치와 일치시킬 수는 있다. 현
실 정치를 고려했을 때 누군가가 실제로 철인왕이 된다면 그는 사람들의
기분을 상하게 할까봐 전전긍긍하는 싱거운 양반이 되거나, 권력을 추구
하는 전투적인 파벌을 이끄는 무자비한 지도자가 될 것이다. 후자의 경우
그는 오직 자신의 권력만을 추구하는 무책임한 사람이거나히틀러, 자신이

추구하는 대의의 올바름을 추종하는 광신자일 것이다.레닌 하지만 어느 쪽이든 그는 멈추지 않고 자신의 목표를 향할 것이다.

그러므로 철인왕이라는 발상이 매력적으로 느껴지는 시민이 있다면 그는 그 자신은 철인왕을 고를 수 없다는 사실을 명심해야 한다. 그리고 실제로 철인왕이 나타난다면 그가 기대했던 철인왕이 아닐 것이다.

또 하나의 문제로 철인왕이 죽었을 때 어떻게 후임자를 결정할 것인 가? 각각의 철인왕은 자신과 동일한 목표와 가치를 갖고 있는 믿을만한 후임자를 지명해야 할 것이다. 그렇게 하지 않으면 첫 번째 철인왕은 사회를 이 방향으로 움직일 것이고, 두 번째 철인왕은 사회를 저 방향으로 움직일 것이고, 세 번째 철인왕은 또 다른 방향으로 움직일 것이다. 이렇게 되면 장기적인 사회 발전은 일관적인 방향과 정책을 따르지 않고 무작위로 떠돌게 될 것이다.

역사적으로 로마 제국 같은 절대군주정의 사례들을 보면 그럭저럭 유능하고 양심적인 군주를 확보하는 것 조차도 불가능하다는 사실이 증명되었다. 유능하고 양심적인 군주들은 무책임하고, 부패하고, 잔인하고, 무능한 군주들로 대체되었다. 유능하고 양심적일 뿐만 아니라 전임자와 유사한 목표와 가치를 지닌 군주들을 오랜 시간에 걸쳐 이어나갈 가능성에 대해서는 잊어도 좋다. 게다가 이 모든 논의들은 철인왕 뿐만 아니라, 엥겔스가 말한 "수많은 의지들의 투쟁"에서 자유로운 소규모 철인 과두정에도 적용된다.

그럼에도 불구하고, 어떻게 할지는 모르겠지만 단 하나의, 안정된 영구적인 가치 체계를 따라 통치할 철인왕들을 오랜 기간 이어나가는 것이 가능하다고 가정하자. 그 경우에는… 잠깐… 잠시 멈춰서 지금까지 세운 가정들을 확인해보자. 우리는 무엇보다도 전능한 지도자가 의도하지 않은 결과, 부하들의 저항, 지도자의 선택지를 제한하는 전적으로 기술적인 요소들 뿐만 아니라, 자연선택을 통해 진화하는 자기증식 집단들을 모두 극복하고 사회를 합리적으로 통치할 수 있다고 가정하고 있으며, 지도자를 합리적으로 선출하기 위해 사회 내부의 "수많은 의지들의 투쟁"을 충분히 해결할 수 있으리라고 가정하고 있으며, 정해진 지도자에게 절대 권력을 주고, 모종의 안정적이고 영구적인 가치 체계를 따라 통치해줄 유능하고 양심적인 지도자들을 영원히 이어나갈 방법을 찾을 수 있다고 가정하고 있다. 그리고 만약 사회를 합리적으로 조종할 가상의 가능성을 통해 위안을 얻는 독자가 있다면, 그는 그러한 사회가 따르는 가치 체계가 자신의 가치와 조금이라도 일치할 것이라는 상당히 대담한 가정을 해야 한다.

우리가 지금까지 꿈을 꾸고 있었다는 것은 분명하다. 사회 발전을 충분히 유의미한 시간에 걸쳐 합리적으로 통제할 수 없다는 것을 수학적으로 완벽하게 증명할 수는 없지만 합리적 통제의 가능성을 얻기 위해 세운 일련의 가정들이 너무 지나치게 비현실적이므로, 사회 발전은 영원히 인간의 합리적 통제 너머에 있을 것이라고 결론 내려도 괜찮다.[123]

VI.

이 장에 대한 주된 비판은 필자가 "누구나" 다 알고있는 뻔한 사실을 굳이 종이와 잉크를 낭비해가며 구구절절 설명했다는 비판일 것이다. 하지만 불행하게도 사회 발전을 결코 합리적으로 통제할 수 없다는 사실을 모두가 알고 있지는 않으며, 심지어 이 명제를 추상적 원칙으로는 인정하는 사람들조차 이 원칙을 구체적인 사례에 적용하지 못한다. 얼핏 보기에 똑똑해 보이는 사람들이 사회 문제들을 해결할 정교한 계획은 절대, 절대, 절대 성공적으로 시행될 수 없다는 사실을 완전히 잊은채 그러한 계획을 제안하는 것을 우리는 몇 번이고 되풀이해서 목격하고 있다. 유명한 기술 비판자 이반 일리치Ivan Illich는 수십 년 전에 읽기만 해도 정신이 혼미해질 것 같은 환상적인 제안을 했다. 이반 일리치는 이렇게 적었다. "자율적인 개인들과 1차 집단들이 인간의 필요를 충족시키기 위해 설계된 새로운 생산 체제의 총체적 효율성에 기여할 수 있는 형태로 사회를 재구성해야한다." 그리고 "모든 사회 구성원들이 타인의 통제를 받지 않는 수단을 통해 최대한 자율적인 행동을 할 수 있도록 사회를 설계해야한다."[124]라고 적었다. 마치 사회를 의식적으로, 합리적으로 "재구성"하거나 "설계"하는 게 가능한 것 마냥 말이다. 지독하게 멍청한 또 다른 사례는 아르네 네스Arne Naess[125]와 첼리스 글랜드닝Chellis Glendinning[126]이 각각 1989년, 1990년에 저질렀다. 이 사례는 이 책의 제3장 파트 IV에서 다루고 있다.

지금 현재2013년, 현명해야 할 사람들이 자꾸만 사회 발전을 합리적으로 통제하는 것은 불가능하다는 사실을 무시하고 있다. 그래서 우리는 기술성애자들이 "인류는 스스로의 운명을 책임진다.", "인간은 자신의 진화를 스스로 책임질 것이다.", "사람들이 진화를 통제할 것이다."[127] 같은 헛소리를 하는 모습을 반복적으로 목격하고 있다. 기술성애자들은 "연구를 지도해 기술이 사회를 개선"하는 것을 돕고자 한다. 그래서 그들은 "진보를 형성하고, 사회가 기술 발전의 결과에 적응하도록 돕고", "인공지능을… 인간에게 우호적으로 만들기" 위해 "특이점 대학Singularity

University"과 "특이점 연구소Singularity Institute"를 세웠다.[128]

물론 기술성애자들은 기술의 "진보를 형성"하거나 "사회를 개선"하지 못할 것이며, 기술이 인간에게 우호적이게끔 만들지도 못할 것이다. 장기적으로, 기술 진보는 오직 상대방을 앞지르기 위해 기술을 도입하는 경쟁 집단들의 예측불가능하고 통제불가능한 권력 투쟁에 의해 "형성"될 것이다. 제2장을 참고하라.

아마 대부분의 기술성애자들은 "사회 개선"을 위해 기술의 "진보를 형성"하겠다는 헛소리를 진지하게 믿지 않을 것이다. 실제로는 "사회 개선"이라는 환상이 급진적인 기술 혁신에 대한 대중의 저항을 사전에 차단하는 프로파간다로 쓰이는 동안 특이점 대학은 기술지향적 기업가들의 이익을 위해 복무하고 있다.[129] 하지만 그러한 프로파간다는 오직 평범한 사람들이 그 환상을 진지하게 믿을만큼 순진하기 때문에 효과적으로 작동하는 것이다.

"사회를 개선"하겠다는 기술성애자들의 계획의 배후에 있는 동기가 무엇이든 간에, 이와 유사한 진지한 계획들이 있다. 최근의 사례는 제레미 리프킨Jeremy Rifkin 2011 [130]과 빌 아이비Bill Ivey [131]의 저서를 참고하라. 리프킨과 아이비의 제안보다는 얼핏 더 정교해보이지만 똑같이 현실적으로 실행불가능한 계획들이 있다. 2011년에 출판된 책에서, 니콜라스 애쉬포드Nicholas Ashford와 랄프 P. 홀Ralph P. Hall [132]은 "산업국가들의 지속가능한 발전을 달성하기 위한 일관적, 학문통합적transdisciplinary 접근을 제시한다. … 저자들은 경제, 고용, 기술, 환경, 산업 발전, 국내법, 국제법, 무역, 금융, 노동자와 공공의 건강과 안전을 아우르는 지속가능성 문제를 해결하기 위한 다목적 해결책의 설계를 제안한다."[133] 애쉬포드와 홀은 그저 플라톤의 "국가"[134]나 토마스 모어의 "유토피아" 같은 관념적인 추측을 제시할 의도로 책을 쓰지 않았다. 그들은 그 계획이 실용적이라고 믿고있다.[135]

또 다른 사례로[2011], 나오미 클라인Naomi Klein은 거대한, 정교한, 전 세계적 "계획"[136]을 제안했다. 이 계획의 목표는 지구온난화를 통제하고[137], 환경 문제들을 해결하고[138], 동시에 "참 민주주의"를 가져오고[139], 기업들에게 "고삐"[140]를 채우고, 실업률을 낮추고[141], 부유한 국가들의 소비를 줄이고[142], 가난한 국가들의 경제를 성장시키고,[143] "초-개인주의 대신 상호의존성을, 지배 대신 호혜互惠를, 계층 대신 협력을"[144] 조성하고, "지구의 생명체들을 보호하기 위한 이 모든 투쟁들을 일관적인 서사로 우아하게 엮어내고"[145], 동시에 "진보"적 의제를 촉진[146]하여 "건강하고, 정의로운 세상"을 창조하는 것이다.[147]

애쉬포드, 홀, 클라인[148] 같은 사람들이 떠올린 계획들이 일종의 정성들인 농담이 아닌가 싶기도 하지만, 아니다. 이들은 꽤 진지하다. 이 사람들은 대체 어떻게 이러한 계획들이 현실 세계에서 실행될 수 있다고 믿는 것일까? 인간사에 대한 현실 감각이 아예 없는걸까? 그럴 수도 있지만, 나오미 클라인 스스로가 더 그럴듯한 설명을 내놓았다. "자신의 세계관이 박살나는 모습을 보는 것보다는, 현실을 부정하는 게 언제나 더 쉽다..."[149] 대부분의 지식인들을 포함해, 대부분의 중상류층의 세계관은 엄밀하게 조직되어있고, 문화적으로 "진보"한 높은 수준의 사회 질서를 갖춘 대규모 사회에 철저하게 종속되어 있다. 이런 부류의 사람들에게 있어서, 다가오는 재앙을 피할 유일한 방법은 조직 사회의 완전한 붕괴와 혼돈으로의 추락밖에 없다는 사실을 인정하는 것은 심리적으로 대단히 어려울 것이다. 그래서 그들은 그들의 삶과 세계관이 종속되어 있는 사회를 지켜주겠다는 약속을 하는 계획이라면, 그 계획이 아무리 비현실적이더라도 붙잡으려고 한다. 그리고 그들이 그 세계관을 자신의 목숨보다 더 중요하게 여기고 있는 것은 아닌지 의심해 보아야 한다.

후주

1. Redondilla, in Barja, p. 176.
2. Tacitus, Book III, Chapt. 18, p. 112.
3. 지나치게 단순화된 서술이지만, 우리의 목적에는 충분하다. NEB (2003), Vol. 4, "Federal Reserve System," p. 712, and Vol. 8, "monetary policy," pp. 251-52; *World Book Encyclopedia*, 2011, Vol. 7, "Federal Reserve System," p. 65 참고.
4. NEB (2003), Vol. 20, "Greek and Roman Civilizations," pp. 295-96.
5. Ibid., pp. 304-05.
6. NEB (1997), Vol. 22, "Italy," p. 195.
7. Simón Bolívar, Letter to Gen. Juan José Flores, Nov. 9, 1830, in Soriano, p. 169.
8. R. Heilbroner & A. Singer, p. 122.
9. Patterson, pp. 402-03.
10. 이 사실들은 Patterson, pp. 396-405를 참고했지만, 이 사실들로부터 도출된 결론은 내가 내린 것이다.
11. E.T. Brooking & P.W. Singer, p. 83.
12. Ibid. (기사 전체). Manjoo (책 전체).
13. E.T. Brooking & P.W. Singer (기사 전체).
14. Kaczynski, Letter to David Skrbina: Oct. 12, 2004, Part III. A에서 지적했듯이 이 규칙에는 최소한 세 종류의 예외가 있지만, 이 장에서는 중요하지 않다.
15. NEB (2003), Vol. 20, "Greek and Roman Civilizations," pp. 228-29. 그러나 Starr, pp. 314, 315, 317, 334&n8, 350, 358를 참고할 것.
16. NEB (2003), Vol. 20, "Germany," p. 114.
17. NEB (2003), Vol. 15, "Bismarck," p. 124. 비스마르크의 경력 전반에 대해서는 ibid., pp. 121-24; ibid., Vol. 20, "Germany," pp. 109-114; Zimmermann, Chapts. 1&7; Dorpalen, pp. 219-220, 229-231, 255-56, 259-260&n53 참고.
18. *Constitution of the United States, Amendments* XVIII & XXI. Patterson, pp. 167-69. NEB (2003), Vol. 29, "United States of America," pp. 254-55. *Encyclopedia of American Studies* (2001), Vol. 3, "Prohibition," pp. 414-17. Okrent, p. 373. *USA Today*, Aug. 17, 2016, p. 8A.Vergano, p. 3A에 따르면, 로욜라 대학교의 아서 루리지오(Arthur Lurigio)는 "금주법은… 대중으로부터 광범위한 원망을 샀으며, 조직 범죄를 활성화했고, 그들이 시카고에서 정치적 기반을 마련할 수 있게 했다는 점에서 독특하다."라고 적었다.
19. Naruo Uehara, p. 235.
20. Bourne, pp. 46-47.
21. E.g.: Sohail Ejaz et al., pp. 98-102 (Pakistan, medical effects); Yukinori Okada &

Susumu Wakai, pp. 236-242 (Thailand, economic and medical effects); Naruo Uehara, p. 235 (various effects, including desertification in unspecified countries); Aditya Batra (Sri Lanka, medical effects); Guillette et al., pp. 347-353 (Mexico, medical and behavioral effects); Watts (entire work) (various countries, various effects).

22. NEB (2003), Vol. 4, "Eisenhower, Dwight D(avid)," p. 405; Vol. 18, "Energy Conversion," p. 383; Vol. 29, "United Nations," p. 144.

23. A.K. Smith & C. Weiner, pp. 271, 291, 295, 310, 311, 328.

24. NEB (2003), Vol. 29, "United Nations," p. 144.

25. F. Zakaria, p. 34.

26. *The Economist*, June 18, 2011, "Move the base camp," pp. 18, 20, and "The growing appeal of zero," p. 69.

27. Kaczynski, Letter to David Skrbina: March 17, 2005, Part I.A, point 12; Feral House edition의 Afterthought 3 또는 Appendix Five of the Fitch & Madison edition 참고. 또한 "Radioactive fuel rods: The silent threat," *The Week,* April 15, 2011, p. 13 참고.

28. Joy, p. 239.

29. Steele, pp. 5-21. 자유 시장에는 "자동적으로" 경제의 효율성을 극대화하는 기제가 있다는 주장도 있다. 이 주장은 증명되지 않았고 불확실할 것이다. 하지만 극도의 복잡성 때문에 경제를 합리적으로 계획할 수 없다는 주장은 대단히 설득력 있다.

30. Ibid., p. 83. Stigler, p. 113.

31. "그러한 정보를 수집할 수 있다는 주장은 '터무니없다.'" Steele, p. 83.

32. Lorenz, pp. 181-84에서 발표 전문을 확인할 수 있다.

33. *Time,* May 5, 2008, p. 18. The Week, May 2, 2008, p. 35.

34. NEB (2003), Vol. 3, "chaos," p. 92.

35. Ibid., Vol. 25, "Physical Sciences, Principles of," p. 826.

36. Ibid., pp. 826-27.

37. Ibid., p. 826.

38. Kaczynski, Letters to a German, "Among the few reliable predictions··· ."로 시작하는 문단을 참고.

39. Kelly, pp. 159ff 참고. 그러나 무어 본인은 이 법칙이 "자기실현적 예언"이라고 생각한다. 오직 사람들이 사실이라 믿었기 때문에 가능했던 것이다. Ibid., p. 162.

40. Kurzweil, e.g., pp. 351-368.

41. 러셀의 역설. 자기 자신을 포함하지 않는 집합들만 모두 원소로 포함하는 집합 S가 있다고 치자. 이때 집합 S는 자기 자신을 원소로 포함하는가?

42. 후주 39 참고.

43. Thurston, p. xviii. 또한 Buechler, p. 27 참고.("사회적 결정은 언제나 의도하지 않은, 예상치 못한 결과를 가져온다.")

44. Isaacson, p. 697.

45. Elias, p. 543n1. 또한 R. Heilbroner & A. Singer, p. 112 참고. (경제사 대부분은 "시장 역학의 맹목적 활동을 뒤쫓는 것이었다.")

46. Elias, p. 367. 그러나 엘리어스는 다음에 이렇게 적었다. "그렇다고 해서 더욱 '합리적'인 것, 우리의 필요와 목적에 맞게 더 잘 기능하는 무언가를 만들 수 없다는 것은 아니다. 상호교차하는 사람들의 행동과 목적의 맹목적 역학은 문명화 과정과 양립하여 점진적으로 이러한 구조들의 비계획적 역학에 대한 더 많은 지식에 기반한 사회적, 개인적 구조에 대한 더 광범위한 계획적 개입의 여지가 생기기 때문이다." 하지만 엘리어스는 이 추측성 주장을 뒷받침할 근거를 제시하려는 노력조차 하지 않은 반면에 지금까지의 역사적 변화들이 비계획적, 비의도적인 특성을 갖고 있다는 것은 과거의 유럽 사회들이 어떻게 변해왔는지에 대한 그의 실증적 연구에 의해 분명하게 뒷받침된다. 엘리어스의 주장은 이 장의 파트 III의 앞부분의 제안과 대단히 유사해보이며, 그 제안은 파트 III에서 반박되었다.

엘리어스는 "우리의 필요와 목적에 맞게 더 잘 기능하는 사회를 만들 수 있다."는 주장에서 "우리"가 누구인지 설명하지 않았다. 당연하지만, "우리"는 동일한 목적을 갖고 있지 않으며, (지위, 권력 같은) "우리"의 필요를 충족시키려는 노력은 필연적으로 "우리" 내부에 갈등을 유발하게 되어있다. 이 장의 파트 III과 파트 IV를 참고.

여기서 인용한 엘리어스의 책은 2000년에 출판되었지만, 그 내용은 그 보다 수십 년 전에 써졌다. 그 시대 이후로 인간 사회의 발전에 "계획적으로 개입"하는 인간의 능력이 뚜렷하게 향상되지는 않았으며 오히려 정치인들의 통제력은 옛날보다 더 낮아진 것 같아 보인다. 엘리어스는 "진보"에 대한 믿음이 아직 광범위하게 남아있던 20세기 초반에 성장했으며 엘리어스는 비합리적인 이유로 그 믿음을 포기하지 않은 것 같다. 이 주제에 대한 ibid., pp. 462-63의 그의 주장은 경솔하다.

47. 참고문헌목록의 Engels, Letter to Joseph Bloch를 확인할 것. 물론 엥겔스는 이 글을 독일어로 썼다. 이 번역은 *Historical Materialism*, pp. 294-96(참고문헌목록 참고)의 영어 번역본과 Carrillo, pp. 111-12의 스페인어 번역본을 참고했다. 카리요는 스페인 공산당 서기장이었다. 그는 엥겔스의 영향을 받았을 것이다.

48. Elias, p. 311. 하지만 위의 후주 46을 참고.

49. Kaczynski, Letter to David Skrbina: March 17, 2005, Part I.A, point 11 참고. 공유지의 문제는 "공유지의 비극"이라고도 일컫는다. 이 용어는 보통 내가 여기서 쓰는 것보다 더 좁은 의미로 사용된다. Diamond, pp. 428-430 참고. 하지만 내가 사용하는 것처럼 넓은 의미로 쓰이기도 한다. E.g., *The Economist*, April 2, 2011, p. 75. Surowiecki, p. 25는 "공유지의 비극"이라는 용어를 사용하지 않고 "개별적으로는 합리적인 결정들의 총합이 전체적으로는 비합리적 결과를 유발하는" 사례들을 통해 이 개념을 훌륭하게 설명했다.

50. 이 문단의 두 번째 문장은 루이스 중위와의 대화가 끝난 후 몇시간 이내에 기록한 나의 노트에서 근거한 것이다. 이는 내 변호사에게 보낸 노트 No. 04-1013와 No. 04-1016에서 확인할 수 있다. 지금은 미시간 대학교 도서관의 라바디 컬렉션(Labadie Collection)에 있을 것이다. 이 문단의 마지막 문장은 해당 대화에 대한 나의 기억에 근

거하고 있다.

51. Sallust, *Conspiracy of Catiline, section* 51, p. 217의 카이사르의 연설로부터 발췌. 로마인 역사가들은 유명인의 연설을 창작하는 경우가 잦았다. 하지만 이 문장은 카이사르의 것이냐 아니면 살루스티우스의 의견이냐와는 별개로 주목할만한 가치가 있다.

52. Brathwait, Boorstin, pp. 99-100에서 인용. 내가 현대적 맞춤법에 따라 수정했다.

53. NEB (2003), Vol. 23, "Lincoln," p. 36.

54. Sampson, pp. 454-55. 또한 p. 436 참고. ("만델라는 권력자는 무엇이든 할 수 있다는 수많은 혁명가들이 꿈꿔왔던 착각에 아직도 빠져있다." 데 클레르크가 불평했다.)

55. Ibid., p. 498.
56. Rossiter, pp. 52-64.

57. Ibid., p. 54.
58. Ibid.
59. Ibid., pp. 167-68.

60. Mote, p. 98.
61. Ibid., p. 99.
62. Ibid.
63. Ibid.
64. ibid., pp. 99-100 참고.

65. Ibid., p. 139.
66. NEB (2003), Vol. 16, "China," p. 100. Mote, pp. 139-142.

67. NEB (2003), loc. cit.

68. Mote, p. 142. NEB (2003), loc. cit.

69. Mote, p. 142. 황제들의 임기에 대해서는 ibid., p. 105, Chart 2 참고. 원칙적으로 철종은 1085년에 황제가 되었으나, 대략 1093년 까지는 섭정이 나라를 다스렸다.

70. Ibid., p. 207.
71. Ibid., p. 143.
72. Ibid., p. 207.
73. Ibid., p. 143.
74. Elias, pp. 312-344.

75. Ibid., pp. 343-44.

76. Ibid., p. 38. 오늘날 절대군주에 가까운 권력자의 한계에 대해서는 (요르단 왕 압둘라 2세에 대한 내용) Goldberg, pp. 44-55 참고.

77. NEB (2003), Vol. 14, "Austria," pp. 518-520.

78. "전통적… 사회구조와 관습"의 해체가 독재자의 등장의 전제조건이라고 주장할 수도 있다. Selznick, p. 281n5 참고.

79. Thurston, p. 169. 스탈린 정권이 노동자들을 통제할 수 없었다는 사실은 ibid., pp. 167-172, 176, 184 참고.

80. Ibid., p. 172. Ulam, p. 342.

81. Thurston, p. 171. 물론 스탈린의 의도는 경제적 현실과 비협조적 인민에 의해 좌절되

기도 했다. 예를 들어, 스탈린의 강제 집산화 정책은 소련의 농업을 망가뜨렸고, 이후로도 영원히 완전히 회복하지 못했다. Ulam, pp. 330-37, 355-56. 스탈린이 노동자들을 통제할 수 없었다 하더라도, 여전히 어느 정도의 통제력은 있었으며 그가 소비에트 연방을 산업화했다는 반론이 있을 수 있다. 하지만 산업화는 차르 치하에서도 진행 중이었고, 러시아가 산업화된 서방 세계와 인접해있다는 점을 고려하면, 산업화는 필연이었다. 따라서, 스탈린은 이미 산업화를 향하던 러시아를 그 방향으로 밀었을 뿐이다. 그리고 자본주의 정권이었더라면 더욱 빠르고 효율적으로 산업화를 이루었을 것이다.

82. Thurston, pp. 17, 57, 90, 106, 112, 147, 227-28, 233. 공포정치는 스탈린이 계획했던 방향으로 흐르지 않았다. 하지만 서스턴의 주장은, 물론 스탈린이 시작한 공포정치는 통제를 벗어난 것으로 밝혀졌지만, 그가 모종의 공포정치를 계획하지 않았다는 점을 증명하기에는 불충분하다. 다른 측면들, 그리고 (미사여구가 아닌)구체적 사실들을 고려하면, 서스턴의 관점은 스탈린을 "당과 국가를 굴복시킬 계획을 꾸미는 냉철한 전략가"로 간주하는 전통적 관점과 대부분 일치한다. 이 주제와 국가공포 전반에 대해서는 부록5를 참고할 것.

83. Thurston, p. 200. Ulam, pp. 445-48, 489, 521, 523.

84. Dorpalen, p. 418.

85. Rothfels, pp. 58-59.

86. Ulam, p. 447.

87. Kosthorst, pp. 108-110. Rothfels, pp. 97, 104, 227n88.

88. 히틀러는 군대를 제한적으로 숙청했다. Thurston, p. 200. Rothfels,

p. 88. 하지만 이는 스탈린의 철저한 숙청과 비교할 것이 아니었다. 히틀러가 숙청한 장교들은 해고당하는 선에서 끝났지, 사형이나 투옥 당하지는 않았다.

89. Rothfels, p. 100.

90. 가장 놀라운 사례 세 개를 언급하겠다.

(i) 1938년 히틀러 휘하 장군 몇명이 9월 29일 아침 쿠데타를 일으키기로 계획했다. 9월 28일 네빌 체임벌린이 그 유명한 협상을 위해 뮌헨으로 갔을 때 쿠데타 지시가 내려졌으나, 그 협상으로 인해 쿠데타를 일으킬 이유가 사라졌다. Rothfels, pp. 78-79. Kosthorst, p. 10에서 쿠데타 지시가 이미 내려졌다는 것을 확인할 수 있다.

(ii) 1943년 3월 13일, 파비안 폰 슐라브렌도르프(Fabian von Schlabrendorff) 중위가 성공적으로 히틀러의 비행기에 폭탄을 설치했다.Rothfels, p. 99. 그러나 "뇌관이… 작동하지 않았다. 비행기의 난방 장치가 고장나서 실내 온도가 영하로 떨어졌고, 이것이 뇌관에 영향을 준 것으로 보인다." A. Read & D. Fisher, p. 118.

(iii) 1944년 7월 20일의 유명한 암살 시도는, 폭탄이 폭발하기는 했으나 히틀러를 제거하지는 못했다. 총통이 살아남을 수 있었던 이유로는 흔히 폭탄이 폭발하는 순간 그가 두꺼운 나무 탁자에 기대고 있었다는 점, 그리고 누군가가 폭탄 가방을 탁자 다리 뒤로 옮겼다는 점을 든다. 하지만 더욱 중요한 것은, 기술에 뛰어나기로 유명한 독일 장교들이 믿기 힘든 실수를 저질렀다는 것이다. 그들은 폭탄에 파편을 넣는 것을 잊어

버렸다. 파편이 충분히 있었더라면, 히틀러의 다리는 심하게 망가졌을 것이고, 의식을 잃은 채 수술 받느라 레머 소령과 전화 통화를 하지 못했을 것이고, 쿠데타를 진압하지 못했을 것이다. Gilbert, *Second World War*, pp. 557-59와 Cebrián et al p. 1059의 그림을 참고.

91. Ulam, p. 474.
92. Norris, Book II, Chapter VIII, pp. 285-86.

93. Patterson, p. 65.
94. Dulles, pp. 73-75.

95. Ibid., p. 99.
96. Davidson, pp. 66ff.
97. R. Heilbroner & A. Singer, p. 84.
98. NEB (2003), Vol. 28, "Spain," p. 10.

99. Sueiro & Díaz Nosty, pp. 309-317. Suárez, pp. 231-33, 418, 471-72, 483-88. Payne, pp. 16-23.

100. Payne, p. 17 참고.("[Franco era] un ignorante del funcionamiento de la economía-como casi todos los dictadores-y creía que se podía lidiar con ella como lo hacía un general con su ejército: dando órdenes y directrices desde arriba sobre cómo debía comportarse.")

101. Matthews, pp. 79, 108. Horowitz, pp. 64, 127-28.

102. Matthews, pp. 76, 96-97, 337. Horowitz, pp. 46, 146-47.

103. Matthews, pp. 108, 201. Horowitz, pp. 41-84, 128, 130-32, 145, 157.

104. Matthews, pp. 83, 337-38. Horowitz, pp. 129-130, 133. Saney, pp. 19, 40n1.

105. E.g., Matthews, pp. 76, 254, 337; Horowitz, pp. 41, 46, 47, 56.
106. Horowitz, p. 120. Cf. Saney, pp. 20-21.

107. Saney, pp. 112-13.

108. Saney, pp. 100-121. Cf. Horowitz, p. 117에서 이런 인상을 받을 수 있다.

109. Saney, pp. 19-21. Horowitz, pp. 46, 48, 60, 77, 175. Steele, p. 405n17. NEB (2003), Vol. 3, "Cuba," p. 773; Vol. 29, "West Indies," pp. 735, 739.

110. Saney, pp. 19-20. Horowitz, pp. 129-134. Matthews, p. 201 ("… 많은 경우에… 카스트로는 그의 '유토피아'적 생각이 그의 실제 필요를 만족시켜주지 못한다는 사실을 깨달았다.")

111. USA Today, Sept. 9, 2010, p. 4A, May 10, 2011, p. 6A, and June 8-10, 2012, p. 9A; Time, Sept. 27, 2010, p. 11; *The Week*, April 29, 2011, p. 8; Horowitz, p. 175 참고.

112. Horowitz, pp. 111-12; 129, 158, 161-63, 174-75.

113. See ibid., pp. 175-76.

114. Ibid., pp. 43, 77, 123.
115. Saney, p. 21.
116. Horowitz, e.g., pp. 30, 75-77, 120.

117. Other factors contributing to Cuba's economic failure were:
쿠바 경제가 실패한 다른 요소들은 다음과 같다.

(i) 천연 자원, 인적 자원이 부족한 섬.Saney, pp. 15, 19. Horowitz. p. 145. 그러나 싱가포르는 천연 자원이 거의 없었음에도 불구하고 눈부신 경제력을 쌓을 수 있었다. (훈련된 기술자 같은) 인적 자원은 메이지 유신 당시 일본처럼 비교적 짧은 시간에 양성할 수 있다. 쿠바인들은 싱가포르인들이나 일본인들만큼 성실하지 않았어도 충분한 경제력을 가질 수 있었을 것이다. (ii) 소비에트 연방에 의존하는 경제. Saney, p. 21. Horowitz, pp. 77, 99, 111, 120, 128, 147. 하지만 쿠바 경제가 다른 원인들로 인해 실패했기 때문에 의존하게 된 것이다. 경제적으로 건실한 국가는 하나의 외국에 전적으로 의존하는 상황을 피할 수 있을 것이다.

118. "철인왕"이라는 발상은 플라톤으로부터 비롯했다.(Buchanan의 "The Republic," Book V, p. 492; Book VI 참고) 플라톤은 하나의 철인왕 뿐만 아니라(ibid., Book VI, pp. 530-31), 철인 과두정이라는 발상도 한 것 같다.(ibid., Book VII, p. 584: "… 참된 철인왕들이 국가에 태어났을 때, 한 명 이상이…") 여성의 경우에는, 이 장의 파트 V에서 가정한 철인"왕"은 철인여왕일 수도 있다고 치자.

119. Leuchtenburg, pp. 26, 27.

120. Ibid., p. 30.

121. Ibid., pp. 30n43, 221-22.

122. Gilbert, *European Powers,* pp. 191-92.

124. Illich, pp. 10,20.

125. Naess, pp. 92-103.

126. 참고문헌 목록의 Glendinning.

127. Grossman, p. 49, col. 1, col. 3. Vance, p. 1.

128. Grossman, p. 48, col. 3. Markoff, "Ay Robot!," p. 4, col. 2, col. 3. (광고가 실린 부분은 무시할 것).

129. e.g., Vance, p. 1 참고(특이점 대학은 "기업가들에게 전망좋은 기술들을 소개시켜주는데 집중하고 있다…", etc.).

130. 참고문헌 목록의 Rifkin.

131. 참고문헌 목록의 Ivey.

132. 참고문헌 목록의 Ashford & Hall.

133. 출판사 서문은 2016년 3월 28일 http://yalebooks.com/book/9780300169720/technology-globalization-and-sustainable-development에 실렸다. 인용된 부분은 실제로 책의 내용을 설명하고 있다.

134. 플라톤은 그의 저서 "국가"를 그저 관념적인 추측으로 여기지 않았다. 그는 그가 최소한의 실용적 가능성을 설명한다고 생각했다. Buchanan 참고: "The Republic," Book V, pp. 491-92; Book VI, pp. 530-31; Book VII, p.584. 하지만 내가 아는 바에 따르면, 근대에 들어서 플라톤의 "국가"는 실용적 가능성에 대한 설명이 아닌 이론적 추측으

로 다루어졌다.

135. Ashford & Hall, p. 1 ("우리가 이 책에서 논의한 처방을 유토피아로 여기지 않기를 바란다.").

136. Klein, pp. 14-15.

137. Ibid., pp. 14-17.

138. Ibid., p. 15.

139. Ibid., p. 15, col. 1.

140. Ibid.; 또한 p. 18, col. 1 참고. (" 시장의 힘에 고삐를 채워야 한다.")

141. Ibid., pp. 15, col. 1, col. 2; 16; 21, col. 2.

142. Ibid., pp. 16; 17, col. 2.

143. Ibid., p. 16.

144. Ibid., p. 19, col. 2.

145. Ibid., p. 20, col. 1.

146. Ibid.

147. Ibid., p. 20, col. 2.

148. 이런 망상들의 더 최근(2015) 사례들은, Gardner, Prugh & Renner, p. 17참고. ("세계는 지금 생산과 소비 체계 전체를 근본적으로 바꿀 해결책을 도입해야한다.… 이것은 … 대규모의 사회적, 경제적, 정치적 공학을 필요로 한다.…")

149. Klein, p. 18, col. 1.

제2장

왜 기술 체제는 스스로 무너질 것인가.

"최근에 우리는 민주주의의 압도적인 승리와 최후의 국제적 합의에 도달한 덕분에 행복한 '역사의 종말'을 맞이하게 되었다는 순진한 우화를 즐길 수 있었다. 하지만 우리 모두 완전히 새롭고 무서운 무언가가 다가오고 있음을 보고, 느끼고 있다."

– 알렉산더 솔제니친[1]

"자연에게 있어, 권력은 권리의 본질이다."

– 랄프 왈도 에머슨[2]

I

이 책의 논리들은 충분히 탄탄하지만, 제2장에서는 위험을 감수해 가정들을 세우고, 가정으로부터 추론을 이끌어낼 것이다. 우리는 이 가정과 추론들이 인간 사회의 미래를 예측하는데 필요한 최소한의 진실을 담고 있을 것이라고 생각한다. 우리는 이 이론에 비판의 여지가 있음을 인정하지만, 두 가지는 확신할 수 있다. 첫째, 이 가정과 추론은 현재의 대규모 복잡 사회의 발전에 충분히 합리적으로 적용할 수 있다. 둘째, 누구든지 현대 사회의 미래에 대해 이해하고 싶은 사람이 있다면, 이 장의 내용에 세심한 주의를 기울여야 한다.

이 장은 복잡 사회에서의 경쟁과 자연선택[3] 과정에 주목하고 있지만, 이 관점을 지금은 폐기된 "사회진화론"과 혼동해서는 안된다. 사회진화론은 사회 발전의 자연선택적 요소만을 다루지 않았으며 "적자생존"의 승자가 패배자보다 우월하다고 주장했다.

기업가들의 경쟁은 그저 기업인으로서가 아니라, 문명의 챔피언으로서 누가 가장 "적합"한지 겨루는 투쟁으로 간주되었으며 기업인들은 그들이 물질적으로만 우월할 뿐만 아니라, 도덕적으로도, 지적으로도 우월하다고 생각했다… 사회진화론은 누군가는 권력을 쥐고 누군가는 빈곤으로 추락하는 경쟁 과정을 설명해줄 뿐만 아니라 그 결과를 정당화 하는 수단이 되었다.[4]

여기서는 사회 발전에 자연선택이 어떤 역할을 하는지 설명하는 것에만 집중하며, 권력 투쟁의 승자에 대해서는 어떠한 긍정적인 가치 판단도 하지 않는다.

II

우리는 자기증식 체제Self-propagating system에 대해 다룰 것이다. 자기증식 체제는 자신의 생존과 증식을 추구하는 체제를 의미한다. 자기증식 체제는 두 가지 방식으로 증식한다. 자기증식 체제는 자신의 크기와 힘을 끝없이 키워나가거나 자신의 형질을 새로운 체제에게 물려준다.

가장 알기 쉬운 자기증식 체제는 생명체들이다. 늑대 무리와 꿀벌군체 같은 생명체 "집단" 역시 자기증식 체제가 될 수 있다. 하지만 이 글에서 가장 중요한 자기증식 체제는 국가, 기업, 노동조합, 종교단체, 정당 같은 인간 집단들이다. 학파, 사회관계망, 하위문화 집단처럼 체계적으로, 구체적으로 조직화되지 않은 집단들 역시 자기증식 체제이다. 하나의 개체로서 늑대와 벌에게는 자신의 집단을 증식시키고자 하는 의도가 없지만 늑대무리와 꿀벌군체는 자기증식하는 것처럼 인간 역시 개인에게는 자신의 집단을 증식시키고자 하는 의도가 없지만 인간 집단은 자기증식한다.

A와 B가 어떤 형태의 체제이고, A가 B의 부품일 때, A를 B의 하위체제라고 하고, B를 A의 상위체제라고 하자. 수렵채집사회에서 핵가족5은 무리에 속해있고, 무리는 부족에 속해있다. 핵가족, 무리, 부족은 모두 자기증식 체제이다. 핵가족은 무리의 하위체제이며, 무리는 부족의 하위체제이며, 부족은 무리들의 상위체제이며, 무리는 핵가족들의 상위체제이며, 핵가족들은 부족의 하위체제이며, 부족은 핵가족들의 상위체제이다.

자연선택의 법칙은 생명체들 뿐만 아니라 자기증식 체제가 존재하는 모든 환경에 적용된다. 이 법칙을 단순하게 표현하면 다음과 같다.

생존과 증식에 최적화된 특성을 가진 자기증식 체제들이 그렇지 않은 자기증식 체제들보다 더 잘 생존하고 증식하는 경향이 있다.

이 설명은 동어반복에 불과하지만, 우리가 자주 잊어버리는 사실을 상기시켜준다.

우리는 여러 전제들을 제시할 것이다. 이 전제들을 증명할 수는 없지만 이 전제들은 경험칙상 타당하며, 유기 생명체들과 인간 집단들로 대표되는 자기증식 체제들의 행동을 통해 관측될 수 있다. 즉, 우리는 이 전제들이 충분히 참이라고 믿는다.

전제1. 자원이 풍부한 환경에서는 자기증식 체제들이 등장할 것이며, 자연선택을 통해 대단히 복잡하고 정교한 생존, 증식 수단을 갖추게 될 것이다.

자연선택은 시간에 걸쳐 작동한다. 임의의 시작점을 영점Time Zero이라고 부르자. 영점 이후 5년 동안 가장 잘 살아남는 자기증식 체제들은 5년 동안 경쟁6에서 가장 잘 생존하고 증식한 자기증식 체제들이다. 이 체제들은 영점 이후 30년 동안 생존, 증식한 자기증식 체제들과는 다를 것이다. 마찬가지로 30년 동안 생존, 증식한 자기증식 체제들은 200년 동안 생존, 증식한 자기증식 체제들과는 다를 것이다.

숲 속에 서로 경쟁하는 작은 왕국들이 있다고 가정해보자. 다른 왕국보다 더 많은 농토를 확보하는 왕국이 더 많은 작물을 키울 수 있고, 더 많은 인구를 부양할 수 있으므로 해당 왕국은 많은 인구를 통해 군사적 우위를 얻을 수 있다. 어떤 왕국이 장기적 안목으로 벌목을 자제한다면 그 왕국은 군사적으로 불리해질 것이며, 다른 왕국과의 경쟁에서 패배해 제거될 것이다. 시간이 흐르면 그 지역에는 망설임 없이 숲을 베어버리는 왕국들만 남게 될 것이다. 무차별적 벌목은 생태 위기로 이어지고, 그 지역의 모든 왕국들이 무너질 것이다. 왕국들은 체제 경쟁에서 살아남기 위해 숲을 무자비하게 베어야만 했지만, 생존에 필요했던 그 벌목행위로 인해 장기적으로는 종말을 맞이하게 된다.7

이 사례를 통해 장기적 안목8을 갖고 단기적 생존과 증식을 자제하는 자기증식 체제는 근시안적으로 단기적 생존과 증식을 극대화하는 자기증식 체제들과의 경쟁에서 불리할 수밖에 없음을 알 수 있다. 여기서 다음 전제를 도출할 수 있다.

전제2. 단기적으로, 자연선택은 장기적 결과에 신경쓰지 않고 단기적 이익을 추구하는 자기증식 체제들을 선호한다.

이 전제는 다음의 전제로 이어진다.

전제3. 주어진 상위체제의 하위체제들은 자신의 상위체제와 그 상위체제의 환경에 의존한다.

전제 3은 상위체제가 무너지거나, 상위체제의 환경이 급격하게 변한다면 하위체제들은 생존, 증식할 수 없음을 의미한다. 장기적 안목을 갖춘 자기증식 체제는 상위체제가 무너지거나 불안정해지더라도 자신과 그 후손들의 생존을 도모할 수 있겠지만, 상위체제가 안정적으로 유지되는 한 자연선택은 상위체제에서 최대한 많은 이득을 챙기는 하위체제들을 선호하고, 상위체제가 불안정해지는 상황을 대비하는 데 자원을 "낭비"하는 하위체제들을 불호한다. 이런 상황에서 하위체제들은 자신들이 속한 상위체제가 불안정해질 때 생존하기 대단히 힘들 것이다.

제2장에서 제시한 다른 전제들과 마찬가지로 전제 3 역시 인간의 경험으로 뒷받침된다. 만약 상위체제가 느슨하게 조직되었거나 하위체제들의 환경에 중요한 영향을 끼치지 못한다면, 하위체제들은 상위체제에 의존하지 않아도 된다. 수렵채집인들은 하나의 핵가족이 자신이 속한 무리의 도움 없이 생존하고 증식할 수 있다. 수렵채집인 부족들은 느슨하

게 조직되었기 때문에 수렵채집인 무리들은 자신이 속한 부족과는 독립적으로 생존할 수 있는 것으로 보인다. 노동조합연맹의 붕괴가 노동조합들의 환경에 중대한 영향을 끼치지 않기 때문에 대부분의 노동조합들은 AFL-CIO 같은 노동조합연맹이 무너진다 하더라도 생존할 수 있을 것이다. 하지만 노동조합의 활동을 보장하는 법률과 헌법이 폐지되거나, 현대 산업 사회가 무너질 경우 노동조합들은 생존할 수 없다.

자기증식 체제의 하위기관들이 서로 신속하게 연락하고 물자를 공급할 수 없으면 체제의 생존과 증식 능력이 크게 저하된다. 그리고 자기증식 체제는 자신의 모든 하위기관들에게서 신속하게 정보를 얻고, 신속하게 움직일 수 있어야 효과적으로 기능할 수 있다.[9] 여기서 전제 4를 얻을 수 있다.

전제4. 자기증식 체제가 확장할 수 있는 지리적 크기는 이동과 통신 문제로 제한된다.

인간의 경험을 통해 전제4는 전제5로 이어진다.

전제5. 활용 가능한 이동, 통신 수단의 한계는 자기증식 인간 집단의 지리적 활동 범위를 제한하는 가장 일관적으로 중요한 한계이다. 즉, 모든 자기증식 인간 집단들이 활동범위를 최대로 넓히지는 않지만, 자연선택은 활용 가능한 이동, 통신 수단을 이용해 활동 범위를 최대로 확장하는 자기증식 인간 집단을 만들어낼 것이다.

인류 역사를 통해 전제 4와 전제 5를 확인할 수 있다. 수렵채집인 부족들에게는 "사유지"가 있다. 하지만 원시 사회에서 유일한 이동 수단은 인간의 다리이기 때문에 그 사유지의 크기는 작은 편이다. 하지만 북미 원주민들처럼 평탄한 지역에 거주하며 말을 탈줄 아는 수렵채집인들의 영토는 넓은 편이다. 산업시대 이전의 넓은 영토를 갖고 있던 제국들은 나름대로 신속한 이동, 통신 수단을 갖추고 있었다.[10] 이 제국들은 어느 정도의 지리적 크기에 도달하고 나서 정치적 위기를 겪은 후 작은 국가들로 쪼개지는 공통된 성향이 있었는데, 그 이유는 그 제국들의 이동, 통신 수단들의 성능이 제한적이었기 때문일 것이다.[11]

오늘날에는 지구상의 어느 두 지점이든 빠르게 이동할 수 있고, 실시간에 가까운 통신이 가능하다. 여기서 전제 6을 얻을 수 있다.

전제6. 현대에는, 자연선택은 지구 전체에서 활동하는 자기증식 인간 집단들을 만드는 경향이 있다. 또한, 인류가 언젠가 기계나 다른 존재에 의해 대체되더라도, 자연선택은 여전히 지구 전체에서 활동하는 자기증식 체제들을 만드는 경향이 있을 것이다.

세계의 현재 상황은 전제 6을 강하게 뒷받침해준다. 우리는 전 세계적 영향력을 행사하는 초강대국, 다국적 기업, 세계적 사회 운동, 세계적 종교, 세계적 범죄조직들을 목격하고 있다. 우리는 전제 6이 인류만의 특징이 아니라 자기증식 체제의 보편적 현상이라고 주장하므로 인류가 다른 존재에 의해 대체되더라도 이 전제는 참일 것이다. 자연선택은 지표면 전체에 걸쳐 영향력을 행사하는 자기증식 체제들을 만들어낼 것이다.

이 체제들을 세계적 자기증식 체제라고 부르자. 지금의 전 세계에 걸친 고속통신망은 미래의 고속통신망에 비하면 대단히 원시적이므로 미래의 세계적 자기증식 체제들은 지금보다 훨씬 강한 영향력을 행사할 것이다.

전제7. 오늘날처럼 이동, 통신 기술이 충분히 발전해 자기증식 체제들의 활동 범위가 더 이상 제약 받지 않는다면, 자연선택은 소수의 자기증식 체제들에 힘을 집중시키는 경향이 있다.

전제 7 역시 인류의 경험을 통해 확인할 수 있다. 하지만 전제 7은 인간만의 특징이 아니라 자연선택의 보편적 현상이다. 자연선택은 세계적 자기증식 체제들 중 가장 강한 힘을 갖고 있는 체제들을 선호할 것이다. 어떤 대규모 자기증식 체제가 힘이 약하다면 조만간 제거당할 것이다. 세계적 자기증식 체제들을 위협할 수 없는 소규모 자기증식 체제들은 어느 정도의 자율성을 유지할 수 있겠지만, 그 영향력은 국지적일 것이다. 소규모 자기증식 체제들이 동맹을 맺으면 세계적 자기증식 체제들에게 도전할 수 있을 것이다. 하지만 소규모 자기증식 체제들의 동맹이 전 세계적 영향력을 확보한다면 그 동맹 자체가 또 하나의 세계적 자기증식 체제가 될 것이다.

지금부터 지구에 존재하는 모든 자기증식 체제들이 서로 기능적 관계를 맺고 있는 "세계-체제"에 대해 설명하겠다. 자기증식 체제들이 결합해 등장한 세계-체제 그 자체는 자기증식 하느냐고 질문할 수도 있겠지만, 지금으로서는 중요하지 않다.

대단히 강력한 소수의 세계적 자기증식 체제들이 세계-체제에 갖는 영향력은 점점 커지고 있다. 세계적 자기증식 체제들은 자신의 생존을 위해 경쟁할 것이다. 이 자기증식 체제들은 경쟁에서 승리하기 위해 장기적 결과는 무시하고 단기적인 이익을 추구할 것이다.전제2 세계적 자기증식 체제들의 격렬한 경쟁은 세계-체제를 파국으로 몰아갈 것이다.

위 문단을 자세히 설명해보자. 지난 수십 억 년 동안 지구의 환경은 조금씩 변해오기는 했지만 그 변화는 어느 정도의 범위 내에 안정적으로 머물러 있었다. 이 환경에서 어류, 양서류, 파충류, 조류, 포유류 같은 고등 생명체들이 진화할 수 있었다. 가까운 미래에 지구의 모든 자기증식 인간 집단들과, 오직 기계로만 이루어진 자기증식 체제들은 지금의 환경보다 조금 더 넓은 범위 내에서 진화할 것이다. 전제 3에 따르면 근미래의 자기증식 체제들은 지금과 유사한 환경에 의존해 살아갈 것이다. 기계 기반 자기증식 체제들 뿐만 아니라, 대규모 인간 집단들 역시 최근에 등장한 국제 경제 같은 인위적 환경에 의존할 것이다. 그 환경이 지나치게 급격하게 변하면 자기증식 체제들은 살아남지 못할 것이다.

물론 미래의 환경이 조금 변한다고 전 세계의 자기증식 체제들이 모두 붕괴하지는 않을 것이다. 그러나 그 변화가 충분히 급격하다면 많은 자기증식 체제들이 무너질 것이다. 그 변화가 지나치게 급격하다면 전 세계의 모든 자기증식 체제들은 후손을 남기지 못하고 죽을 것이다.

오늘날 현대 기술의 압도적인 힘으로 무장한 자기증식 체제들은 지표면 전체에 걸쳐 영향력을 행사한다. 이 자기증식 체제들은 장기적 결과를 무시하고 지금 당장 힘을 얻고자 경쟁한다. 앞으로 이들의 경쟁은 지구 환경을 대단히 급격하게 바꿀 것이며 자기증식 체제들은 후손을 남기지 못하고 죽을 가능성이 높다.

세계적 자기증식 체제들이 등장한 배경에는 전 세계 어느 지역이든 빠르게 이동하고 연락할 수 있는 이동, 통신 기술이 있음을 주목해야 한다. 다른 관점으로 봐도 지금의 세계-체제는 급격히 붕괴할 가능성이 높은데, 산업 재해 전문가들은 다음과 같은 상황에서 체제가 끔찍한 붕괴를 맞이하게 된다고 말한다. (i) 체제의 복잡도가 대단히 높다. 즉, 작은 붕괴가 예상치 못한 결과를 가져올 수 있다. (ii) 체제의 동조화 수준이 대단히 높다. 즉, 한 지역의 붕괴가 다른 지역으로 빠르게 번져나간다.[12] 세계-체제의 복잡도는 옛날에도 높았지만, 최근에 전 세계적인 고속 장거리 이동, 통신 기술이 등장했으며 이 기술로 인해 지금 세계-체제와 세계적 자기증식 체제들은 고도로 동조화 되어 있다. 산업혁명 이전에는 자기증식 체제들의 영향력은 국지적이었으며 체제 경쟁의 파괴적 효과 역시 국지적이었다. 오늘날 세계적 자기증식 체제들은 지구 전체에 걸쳐 경쟁하며, 상호의존하고 있다. 세계-체제는 고도로 동조화 되어 있으며, 현대 기술은 세계적 자기증식 체제들에게 대단히 강한 파괴력을 주었다. 가까운 미래에 전 세계적 재앙은 거의 필연이다.

예상되는 반론은 세계적 자기증식 체제들의 파괴적 경쟁이 불가피하지는 않다는 것이다. 단 하나의 세계적 자기증식 체제가 모든 경쟁자들을 제거하고 세계를 홀로 지배할 수도 있고, 세계적 자기증식 체제들의 숫자가 많지 않기 때문에 위험한 경쟁을 자제하자는 국제적 합의에 도달할 수도 있다. 하지만 그런 합의는 말로는 쉽지만 실제로 그런 합의를 얻고 시행하는 것은 대단히 어렵다. 세상을 보라. 오늘날 국제 사회는 핵무기 철폐와 이산화탄소 감축에 대해 합의하지 못하고 있다.

그래도 한번 긍정적으로 생각해보자. 모든 경쟁자들을 제거한 하나의 통일된 체제가 등장해 세계를 지배하거나, 세계적 자기증식 체제들이 경쟁을 중단하자는 합의에 도달할 것이라고 가정해보자. 이렇게 얻은 "세계 평화"는 세 가지 별개의 이유로 불안정할 것이다.

첫째, 세계-체제는 여전히 고도로 동조화된 복잡계Complex System이다. 산업 전문가들은 산업 체제를 설계할 때 탈동조화decoupling 할 것을 권한다. 탈동조화는 체제의 한 부분에 발생한 결함이 다른 부분으로 전달되는 것을 막는 "장벽" 역할을 한다.[13] 화학공장, 원자력 발전소, 금융 체계 같은 세계-체제의 하위 체제에 대해서는 이론상으로 탈동조화가 가능할 수도 있으나 페로우Charles Perrow는 이러한 소규모 체제들 조차도 완벽하게 탈동조화하는 것은 불가능하다고 말한다.[14] * 우리는 세계-체제가 기술 발전과 비례해 점점 복잡해지고 동조화 되어가고 있음을 보여주었다. 이 과정을 되돌리고 세계-체제를 탈동조화하려면 전 세계의 정치적, 경제적 발전을 규제하는 정교한 계획을 설계하고 집행해야 하지만 제1장에서 설명한 바, 그러한 계획은 절대 성공할 수 없다.

둘째, 어떤 자기증식 체제가 세계적 영향력을 확보하려면 외부 위협에 맞서 하위 자기증식 체제들 사이에서 발생하는 내부 갈등을 막아야 한다. 애초에 그 자기증식 체제가 하위 자기증식 체제들의 경쟁을 막지 못했다면 세계적 자기증식 체제가 될 수 없었을 것이다.

하지만 하나의 세계적 자기증식 체제가 경쟁자들을 모두 제거하거

---

* 번역자 주: 찰스 페로우는 대규모 복잡 체계들이 인간 사회에 어떤 영향을 미치는지 연구한 미국의 사회학자이다. 찰스 페로우의 이론에 따르면 항공 교통, 해상 교통, 화학 공장, 댐, 원자력 발전소 같은 고도로 동조화된 대규모 복잡 산업 체계는 사실상 절대 예측할 수 없는 방식으로 심각한 재난을 일으킬 수밖에 없다.

나, 세계적 자기증식 체제들이 경쟁을 멈추기로 합의하면 그 동안 체제의 내부 갈등을 눌러왔던 외부의 위협이 사라질 것이다. 자기증식 체제들은 장기적 결과에 신경쓰지 않고 경쟁한다는 전제 2에 따르면 체제 내부의 강력한 하위 자기증식 체제들 사이에서 파괴적 경쟁이 다시 시작될 것이다.[15]

벤자민 프랭클린은 "전쟁과 혁명을 일으키는 주체는 인간집단들"이며 "개별 인간집단들은 자기만의 이익을 추구한다"고 적었다. 또한, "일단 집단이 충분히 성장해서 더 이상 외부로부터 위협을 당하지 않는 시점이 오면 그 집단은 작은 집단들로 분열해 각자의 이익을 위해 서로 싸우기 시작한다"고 적었다.[16]

역사는 대규모 인간 집단들은 외부의 즉각적 위협이 없을 때 작은 집단들로 분열하며 장기적 결과에는 신경쓰지 않고 경쟁하는 경향이 있음을 보여준다.[17] 우리는 이런 경향이 인간의 고유한 특징이 아니라 자연선택을 따르는 자기증식 체제들에게 발생하는 보편적 현상이라고 주장한다. 이 현상은 인간의 결함과는 무관하며, 설령 현대 기술을 이용해 인간의 결함을 "치료"하거나, 기술성애자들이 원하는대로 인류가 기계로 대체되어도 사라지지 않을 것이다.

셋째, 외부 위협 없이도 강력한 하위 자기증식 체제들이 파괴적인 내부 경쟁을 하지 않는다고 가정해보자. 그래도 "세계 평화"는 불안정할 것이다.

전제 1을 따라 평화로운 세계-체제 내부에서 자연선택을 통해 감시를 피하고 압제에 맞설 수단을 갖춘 새로운 자기증식 체제들이 발생할 것이다. 기존의 자기증식 체제들이 겪었던 것과 동일한 진화의 과정을 통해 새로운 자기증식 체제들은 점진적으로 힘을 쌓아가다가 마침내 세계적 자기증식 체제들의 패권에 도전할 수 있을 정도로 강해질 것이다. 이들의 도전으로 인해 다시 전 세계적인 체제 경쟁이 시작될 것이다.

지금까지 설명을 쉽게하기 위해 마치 세계-체제가 손쉽게 세계 평화를 이룩하고 어느 정도 시간이 지나야 새로운 자기증식 체제들이 세계 평화를 깨뜨릴 것처럼 묘사했다. 하지만 실제로는 매 순간마다 새로운 자기증식 체제들이 등장할 것이므로 처음부터 "세계 평화"를 이룩할 수 없을 것이다. 사실 우리는 지금도 이 현상을 목격하고 있는데[18] 가장 명확한 사례는 법률과 질서에 도전하고 있는 어떠한 이념도 없는 범죄조직들과 해커 단체들[19], 테러리스트 네트워크[20] 같은 새로운 자기증식 체제들이다. 마약 카르텔들은 멕시코의 정치 질서를 무너뜨렸으며[21] 2001년 9월 11일 미국을 공격한 테러리스트들 역시 그러했다. 이라크 같은 나라에서 테러리스트들은 더욱 활발하게 활동하고 있다. 케냐의 마약 카르텔들 같은 무법적 자기증식 체제들은 국가를 장악할 잠재력을 갖고 있다.[22] 정치 집단들이 반드시 범죄를 저지르지는 않지만 어느 정도 불법활동에 치우치는 경향이 있으며,[23] 이러한 집단들은 정부의 합법적 질서에 도전하며 가끔씩 실제로 정부를 장악하는 데 성공한다.

가까운 미래에는 오직 합법적 수단만을 사용하거나, 어느 정도 불법적 수단을 사용하며 "민주주의", "사회 정의", 종교적 원칙 같은 나름대로 정의로운 이유를 들며 자신을 정당화하는 더욱 영향력 있는 자기증식 체제들이 등장할 것이다. 이스라엘에서는 완전히 합법적인 강경 근본주의 유대교 종파가 놀라울 정도로 빠르게 성장했으며, 이들은 이스라엘의 세속적 가치들을 위협하고 있다.[24] 오늘날의 대기업들은 비교적 최근에 완전히 합법적으로 등장했다. 가장 오래된 기업 조차도 고작 19세기 후반에 등장했으며[25] 지금도 새로운 기업들이 등장하고 있고, 신생기업들 중 일부는 기존의 대기업들의 기득권을 위협할 정도로 강해진다. 지난 수십 년 동안 수많은 기업들이 국제화되었으며 그들의 힘은 국가권력과 맞먹기 시작했다.[26]

정부의 하위기관이 자신의 이익을 추구하는 자기증식 체제로 변한 후 정부를 집어 삼킬 수도 있다. 관료들은 대개 공적 책임보다는 권력과 안정성을 지키는 데 더 관심이 많기 때문이다. "모든 관료 집단들에게는 자신을 보존하고 체제에 기생하며, 자신만의 힘과 자율성을 추구하는 경향이 있다. 그래서 관료 집단들은 정부의 통제를 벗어난다."[27] 소비에트 연방에서 관료 집단은 지배 권력이 되었다.[28] 군 수뇌부는 상당한 자율성을 부여받는 경우가 많으며 이들이 정부를 무너뜨리고 직접 국가를 지배할 수도 있다. 최근에는 노골적인 군사 쿠데타가 옛날에 비해서 인기가 없는 것 같다. 정치적으로 세련된 장성들은 민간 정부를 꼭두각시로 내세우고 배후에서 권력을 행사하는 것을 선호한다. 장성들은 공공연하게 정치에 개입할 필요가 있을 때 자신이 "민주주의" 같은 이상을 위하고 있노라고 주장하며, 오늘날 파키스탄과 이집트의 군부가 이런 식으로 국가를 지배하고 있다.[29]

지난 수십 년 동안 미국에서 등장한 정치적으로 올바른 좌파와 교조적 우파는 완전히 합법적인 자기증식 체제들이다. 두 집단을 옛날 미국에 존재했던 자유주의자, 보수주의자들과 헷갈려서는 안된다. 하지만 이 책은 두 집단의 투쟁 결과에 대해 논하는 자리가 아니다. 여기서는 장기적으로 알 카에다의 모든 폭탄들과 멕시코 마약 카르텔들의 모든 살인들의 총합보다 미국의 치열한 좌우갈등이 평화로운 세계질서 건설을 더욱 극심하게 방해할 것이라고 언급하는 정도로 충분하다.

　냉혹한 현실을 외면하고자 하는 사람들은 지금까지 설명한 파괴적 경쟁이 발생하지 않도록 세계-체제를 재설계할 수 있다고 주장할 것이다. 하지만 제1장에서 그러한 계획은 절대 성공할 수 없음을 보여주었다. 예상되는 반론은 포유류 같은 고등 생명체들의 신체를 구성하고 있는 수많은 세포들은 일종의 자기증식 체제들이지만, 암이 발생하지 않는 한 세포집단들이 체제 경쟁을 하지는 않는다는 것이다. 세포들은 서로 경쟁하지 않고 전체의 일부로서 포유류의 이익을 위해 충실하게 복무한다. 외부의 위협이 없어도 포유류의 세포들은 의무에 충실하다. 그렇다면 세계-체제를 포유류의 신체처럼 재설계해서 자기증식 체제들 사이의 체제 경쟁을 막지 못할 이유가 없다.

　그러나 포유류의 신체는 오랜기간의 자연선택을 통한 진화의 산물이다. 세대 교체 기간을 Δ라고 가정하면 첫 세대 중 Δ시간 동안 두 번째 세대를 생산해낸 개체들만이 시험을 통과한 것이다. 세 번째 세대까지 살아남은 계통[30]들은 오직 2Δ 시간의 시험을 통과한 혈통들 뿐이다. 네 번째 세대까지 살아남은 혈통들은 오직 3Δ 시간의 시험을 통과한 계통들 뿐이다. n번째 세대까지 살아남은 계통들은 $(N-1)\Delta$ 시간의 시험을 통과한 계통들이다. 이 설명은 지나치게 단순하지만, 지금까지 살아남은 생명체들은 수천만 년 동안 수많은 시험들을 통과했다는 사실을 보여준다. 즉, 생명체들은 무수히 많은 필터들을 통과해야 한다. 다윈주의적 의미에서 "적자"들만이 이 필터들을 통과할 수 있다. 이 과정을 통해 믿을 수 없을 정도로 복잡하고 정교한 메커니즘을 지닌 포유류의 신체가 나타날 수 있었다. 이 메커니즘은 세포집단들 사이의 체제 경쟁을 막는다.

또한 유기 생명체들은 세대마다 수많은 개체들이 존재해왔다. 멸종 직전까지 내몰린 경험이 있는 종들은 개체 수가 몇천 정도로 줄었던 시기가 있을 수도 있다. 하지만 모든 포유류들은 다세포 유기체가 등장한 시점부터 지금까지 진화 역사를 통틀어 세대마다 수백만 개의 "적자"들이 존재해왔다.

하지만 일단 자기증식 체제들이 세계적 규모에 도달하면 두 가지 중요한 차이점이 발생한다. 첫 번째 차이점은 "적자"들의 숫자이다. 세계를 지배할 만큼 충분히 크고 강력한 자기증식 체제들은 수십~수백 개에 불과하다. 확실히 수백만에 이르지는 못할 것이다. "적자"들의 숫자가 지나치게 부족하기 때문에 세계적 자기증식 체제들 사이에서 작동하는 자연선택 과정은 비효율적일 것이다.[31] 유기 생명체의 경우 개체 수가 적은 편인 대형 종들은 개체 수가 많은 소형 종들에 비해 멸종할 가능성이 높다.[32] 이 비유는 지나치게 단순하지만 소수의 세계적 자기증식 체제들로 이루어진 세계-체제의 장래는 어두워 보인다. 두 번째 차이점은 전 세계적 고속 장거리 이동, 통신 기술의 존재 여부이다. 전 세계적 이동, 통신 기술이 등장하기 전에는 소규모 자기증식 체제의 붕괴와 파괴행위의 영향력은 국지적이었다. 그 지역을 벗어나면 자기증식 체제들은 자연선택을 통해 계속 진화해나갈 수 있었다. 하지만 전 세계적 고속 장거리 이동, 통신 기술로 인해 세계적 자기증식 체제들이 등장했으며 그 체제들 중 하나만 무너져도 그 여파는 전 세계로 퍼져나갈 것이다. 즉, 자연선택을 통한 시행착오 과정에서 약간의 오류만 발생해도 세계-체제는 심각한 위기에 처할 것이며 대규모 자기증식 체제들은 살아남기 어려울 것이다. 그러므로 세계적 자기증식 체제들이 장기간의 자연선택 과정을 통과하는 것은 불가능하며, 따라서 세계적 자기증식 체제들의 체제 경쟁을 차단하는 정교한 메커니즘이 등장하는 것도 불가능하다.

한편, 세계적 자기증식 체제들 간의 격렬한 경쟁은 지구의 기후, 대기구성, 해양 성분에 극단적이고 급격한 변화를 가져올 것이고, 생물권에 대단히 파괴적인 영향을 줄 것이다.

파트4에서 이 사안에 대해 더욱 자세히 알아볼 것이다. 우리는 기술적 세계-체제의 발전이 그것의 논리적 귀결점에 도달할 때까지 내버려둘 경우, 지구는 세균, 해조류 같은 극단적 환경에서도 생존할 수 있는 몇몇 단순 유기체를 제외하고 어떠한 생명체도 살 수 없는 죽음의 행성이 될 것이라고 주장할 것이다.

* * * *

여기서 제시한 이론을 이용해 페르미 역설Fermi Paradox을 설명할 수 있다. 페르미 역설은 우주에 진보한 기술 문명들이 무수히 많다면 지금쯤 지구에서 멀지 않은 기술 문명의 전파 신호를 찾아냈어야 하는데 여전히 찾지 못한 이유에 대한 질문이다.[33]

레이 커즈와일에 따르면 페르미 역설에 대한 흔한 설명은 "문명은 일단 전파 기술에 도달하면 스스로 무너진다"는 것이다. 커즈와일은 이렇게 적었다. "문명이 몇 개 없다면 이런 설명에도 설득력이 있겠지만, 문명이 무수히 많다면 모두가 스스로를 파괴했으리라고 믿기는 힘들다."[34] 문명의 자기 파괴가 우연적인 것이라면 커즈와일이 옳을 것이다. 하지만 진보한 기술 문명들을 지속적으로 자기 파괴로 유도하는 공통된 과정이 있다면 페르미 역설에 대한 위의 설명은 충분히 설득력 있다. 우리는 문명의 자기 파괴를 유발하는 과정이 존재한다고 주장한다.

III

앞선 자기증식 체제에 관한 논의는 일상적으로 볼 수 있는 구체적인 사건들을 일반적이고 추상적인 용어로 설명한 것이다. 인간 집단들은 영원한 체제 경쟁에 사로잡혀 있으며 경쟁에서 패배한 개체들은 제거되거나 종속된다.[35] 투쟁의 목표는 지금 당장 최대한의 힘을 얻는 것이며[36] 경쟁자들은 인류와 생태계의 복지는 물론이고 그 자신의 장기적 생존에 대해서도 거의 무관심하다.[37] 그래서 핵무기는 철폐되지 않았고, 이산화탄소 배출량은 감축되지 않았고, 지구의 자원들은 무차별적으로 채굴되고 있고, 강력하지만 위험한 기술들이 금지되지 않는 것이다.

이 과정을 추상적인 용어로 설명한 이유는 이 세상에서 벌어지는 사건들이 우연이 아니라는 것을 보여주기 위한 것이다. 지금 벌어지는 일들은 역사적 조건에 의해 발생한 우연한 현상이 아니며, 인간의 결함에 의한 것도 아니다. 오늘날 우리가 목격하고 있는 파괴행위는 자기증식 체제의 보편적인 특징과, 현대 기술의 압도적인 힘과 세상의 어느 지점이든 연결하는 고속 이동통신 수단이라는 두 개의 요소의 결합으로 인해 발생한 필연적인 현상이다.

이를 명심하면 대중에게 에너지와 자원을 절약하라고 가르치려는 순진한 노력에 시간을 낭비하지 않을 수 있다.

에너지 절약 옹호자들이 무슨 일이 벌어지고 있는지 눈치채지 못했다는 사실이 놀랍다. 일단 절약을 통해 에너지를 남기면 기술적 세계-체제는 남은 에너지를 게걸스럽게 먹어치우고는 더 달라고 요구한다. 아무리 많은 에너지를 남겨도 체제는 모든 가용 에너지를 자신을 확장하는 데 쓰고서는 더 달라고 요구하며, 이는 자원에 대해서도 마찬가지다. 기술적 세계-체제는 가용 자원이 전부 고갈될 때까지 장기적 결과에는 신경쓰지 않고 최대한 증식한다.

이는 자기증식 체제 이론으로 설명할 수 있는데, 자연 환경에는 일말의 존중도 하지 않고 지금 당장의 이익을 추구하는 조직들은 10년~50년 후의 환경문제를 고려해 이익 추구를 자제하는 조직들보다 더 강한 힘을 갖게된다.전제 2 자연선택의 과정을 통해 세상은 장기적 결과에는 신경쓰지 않고 단기적으로 자신의 힘을 강화하기 위해 모든 자원을 최대로 사용하는 조직들로 가득 차게 된다.

순진한 환경주의자들의 예상되는 반론은 환경문제에 대해 대중을 설득하면 환경파괴적 조직들이 자연선택에서 불이익을 당하게 되리라는 것이다. 시민들은 자연환경을 무자비하게 파괴하는 조직들을 상대로 저항할 것이며, 환경파괴적 기업들을 상대로 불매운동을 할 수도 있다. 그러나 인간의 행동과 태도는 조작 가능하므로 어느 정도의 환경파괴는 어쩔 수 없다고 대중을 세뇌시킬 수도 있으며, 프로파간다 기술을 이용해 기업들이 환경을 잘 지키고 있다고 속일 수도 있다. 광고와 마케팅을 이용해 상품들을 구매하도록 유혹할 수 있다. 환경문제를 이유로 불매운동에 참여하는 사람은 극소수에 불과할 것이며 컴퓨터 게임과 SNS 같은 도피 수단들은 탐욕적 쾌감을 좇게 만들어 환경문제를 잊게 만들 것이다. 더 중요한 것은 사람들이 기업들의 상품과 서비스에 완전히 의존하도록 강요당하고 있다는 사실이다. 상품과 서비스를 구매하려면 돈을 벌어야 하며, 돈을 벌기 위해선 직업이 필요하며, 직업을 창출하기 위해서는 경제를 성장시켜야 하므로 대중은 경제성장을 위해서 어쩔 수 없이 환경을 파괴해야 한다고 생각하게 된다. 게다가 기업과 정부는 국가주의를 동원해 시민들을 겁에 질리게 만든다. "경제성장률을 높이지 않으면 중국인들이 우리를 추월할거에요. 기술과 무기를 발전시키지 않으면 알 카에다가 우리를 날려버릴거에요."

대중에게 환경문제를 가르치려는 환경주의자들의 노력은 위의 수단들에 의해 분쇄되며 다른 형태의 저항들 역시 같은 수단들을 이용해 약화시킬 수 있다.

대중의 저항을 성공적으로 분쇄하는 조직들이 그렇게 하지 못하는 조직들 보다 더 강해지는 경향이 있다. 자연선택을 통해 자신의 환경파괴 행위에 저항하는 대중을 효과적으로 분쇄시킬 더욱 정교한 수단을 갖춘 조직들이 등장하기 시작한다. 이 조직들은 엄청난 자본을 갖고 있으므로 프로파간다 전쟁에서 환경주의자들은 이 조직들을 상대할 수 없다.[38]

바로 이런 이유로 대중을 가르치려는 시도가 환경파괴를 막지 못하고 있는 것이다.[39] 그리고 다시 한번 말하지만, 여기서 설명한 과정은 우연이나 인간의 결함으로 인한 현상이 아니다. 첨단 기술과 자기증식 체제들에게 작용하는 자연선택의 결합은 이런 현상을 유발할 수밖에 없다.

IV

지구의 역사를 알고있는 사람들은 기술 체제로 인해 현재 "여섯 번째 대멸종"이 진행 중이라고 생각한다. 그들은 지금의 멸종이 공룡을 멸종시켰던 백악기 멸종과 유사할 것이라고 생각하고 있는데, 그들은 공룡이 멸종한 자리에 포유류가 등장했듯이, 지금의 멸종 후 다른 복잡 생명체들이 등장할 것이라고 예상하고 있다.[40] 우리는 이 추측이 순진하고 비합리적이며 여섯 번째 대멸종은 과거의 대멸종들과는 근본적으로 다를 것이라고 주장한다.

알려진 바에 따르면 과거의 대멸종들은 1개~3개의 원인들에 의해 발생한 것이었다.[41] 소행성 충돌로 인해 발생한 거대 먼지 구름이 공룡들을 절멸시켰다고 알려져있는데, 거대 먼지 구름이 햇빛을 차단하고 지구가 추워지는 바람에 식물들은 제대로 성장하고 광합성 할 수 없었다.[42] 추정에 따르면 포유류는 공룡보다 새로운 환경에서 더 잘 생존할 수 있었다. 하지만 몇몇 공룡들은 소행성 충돌 이후로도 백만 년 가량 생존했으므로 소행성 그 자체로는 백악기를 끝장낸 멸종을 충분히 설명할 수 없다고 주장하는 고생물학자들도 있다. 소행성 충돌에서 살아남았던 공룡들은 다른 이유로 멸종한 게 분명한데, 아마도 오랜기간의 비정상적인 화산 활동이 대기를 어둡게 만들었기 때문일 것이다.[43] 여하간 어느 누구도 공룡의 멸종과 그 이전의 대멸종들을 일으킨 원인들이 소수였다는 점을 부정하지 않는다. 그리고 그 원인들은 전부 단순하고 눈먼 힘이었다.

과거의 대멸종들과는 달리, 여섯 번째 대멸종은 1개~10개의 눈먼 힘들로 인해 발생하는 것이 아니라, 다수의 지적이고 살아있는 힘들에 의해 진행되고 있다. 이 힘들은 장기적 결과에는 신경쓰지 않고 거리낌 없이 자신의 단기적 이익을 쫓는 인간 조직들이다. 이들은 무한 증식하며 모든 땅을 파헤치고, 모든 가능성을 시험하고, 모든 지역에 침투한다.

이는 생물학적 현상과 비교할 수 있는데, 유기 생명체들은 진화를 통해 모든 기회와 자원을 사용하며 유기 생명체가 살 수 있는 모든 지역에 침투할 수 있는 수단들을 발명한다. 과학자들은 어떠한 유기 생명체도 살 수 없으리라고 생각했던 지역에 유기 생명체들이 번영하는 모습을 발견하고서 놀라고는 했다. 햇빛이 닿지 않으며 수면에서 가라앉는 영양소가 불충분한 심해 열수구 근처에는 미생물, 연체동물, 갑각류들이 번성하고 있다. 이 생명체들 중 일부는 대부분의 유기 생명체들에게 맹독으로 작용하는 황화수소를 에너지원으로 사용한다.[44] 어떤 미생물들은 일체의 영양소가 없는 수백 피트 해저에서 살며,[45] 바위와 물에만 의존해 해저 1.7마일에서 살기도 한다.[46] 기생충들은 다른 유기 생명체를 보금자리 삼는데, 어떤 기생충들은 기생충의 기생충의 기생충에 기생한다.[47]

> 자연과학자들이 벼룩을 관찰했는데,
> 그 벼룩에는 벼룩의 피를 빨아먹는 작은 벼룩이 붙어있었다.
> 그런데 그 벼룩에도 여전히 벼룩이 붙어있었다.
> 그것이 영원히 반복되었다.[48] *

물론 유기 생명체들이 모든 환경에서 살 수 있는 것은 아니다. 예를 들어 "100° C 이상의 온도에서 단백질이 안정적으로 작동할 수 있는 일반적인 메커니즘"[49]은 밝혀지지 않았지만 그럼에도 불구하고 어떤 유기체들은 113° C의 고온에서도 살아남는다. 하지만 이보다 높은 온도에서 생존, 번식하는 사례는 발견되지 않았다.[50]

유기 생명체들처럼 인간 자기증식 체제들 역시 끝없는 자기증식을

---

* 번역자 주: "걸리버 여행기"를 쓴 작가 조나단 스위프트가 1733년에 쓴 시 *On Poetry: A Rhapsody*의 일부분이다. 여기서 조나단 스위프트는 당대의 시인들을 풍자하고 있다.

위해 모든 가용 자원을 사용하고 모든 지역에 침투한다. 기술이 발전할수록 옛날에는 쓸모없어 보였던 자원들이 쓸모 있는 것으로 밝혀지며 점점 더 많은 자원들이 채굴되고 점점 더 많은 지역이 침투당하고 그 결과는 점점 더 치명적으로 변한다.

인류가 지표면에서 우연히 발견한 철광석, 금, 구리 외에는 일체의 금속을 사용하지 않았던 시절 인류의 유일한 채굴 활동은 도구를 만드는 데 필요한 부싯돌과 흑요석을 바위에서 떼어내는 것이었다. 하지만 일단 금속을 대규모로 사용하는 기술이 발견되자 인류의 채굴 활동은 대단히 파괴적으로 변했다. 16세기에는 광업으로 인해 시냇물과 강이 오염되고, 농촌 지역이 큰 피해를 입는다는 사실이 밝혀졌다.[51] 하지만 그 당시의 광업으로 인한 피해는 고품질 광석이 매장되어 있는 지역에만 한정되었으며, 다른 지역에 살던 사람들은 금속 채굴로 인한 피해에 대해 한번도 생각하지 않았을 것이다. 하지만 최근에 값비싼 광물을 찾아내는 더 정교한 기술들이 발명되었을 뿐만 아니라,[52] 이전에는 채산성이 낮아 방치되었던 저품질 광석들을 사용하는 기술이 발명되기 시작했다.[53] 채굴 기술의 진보로 인해 채굴 활동은 계속해서 새로운 지역으로 침투해 들어가고 있으며 환경을 심각하게 파괴하고 있다.[54] 폐광에서 흘러나오는 물은 지나치게 심하게 오염되었기 때문에 영구적으로 관리받아야 한다.[55] 물론 광산들은 영구적으로 관리되지 않을 것이며 관리가 중단되면 강들은 회복 불가능할 정도로 오염될 것이다.

수십 년 전에는 쓸모없는 것으로 여겨졌던 원소들의 새로운 용도가 발견되면서 채굴 활동은 지금도 지표면 곳곳에 침투해가고 있다. 대부분의 희토류 원소들은 20세기 중반 이전에는 그 쓰임새가 많지 않았지만 지금 희토류 원소는 현대 사회의 필수 자원이다.[56] 예를 들어 풍력 발전기에 들어가는 영구 자석은 많은 양의 희토류 네오디뮴이 필요한데[57] 불행하게도 대부분의 희토류 원소들은 방사성을 띄고 있다.[58] 희토류 금속 채굴은 방사성 폐기물을 만들 뿐만 아니라, 채굴 활동 그 자체가 환경을 심각하게 파괴한다.[59]

우라늄은 원자 폭탄과 원자력 발전소 발명 전에는 쓰임새가 거의 없었으나 지금은 대규모로 채굴되고 있다. 원래 비소는 의약품, 살서제, 물감에 소량만 쓰였지만 오늘날 비소는 납 합금과 목재 보존용으로 대규모로 사용되고 있다. 구리 비산염Cupric Arsenate으로 처리된 울타리는 미국 서부에서 대단히 널리 사용되고 있으며,[60] 그 숫자는 수백만에 달한다. 이 울타리들의 수명은 다른 울타리들보다 훨씬 길지만, 언젠가는 망가지고 분해될 것이며, 울타리에 포함된 비소가 자연 환경에 유출될 것이다. 수은, 납, 카드뮴과 같은 유해한 발암물질들이 광범위하게 채굴, 사용되고 있으며 이를 정화하려는 노력은 문제의 규모에 비하면 극히 미미하다.

다른 자원들도 유사한 문제들을 일으키고 있는데, 예를 들어 지하 자원 석유는 원래 거의 쓰이지 않았으나 19세기에 석유에서 등유kerosene를 추출할 수 있으며, 등유가 고래기름보다 훨씬 효과적이라는 사실이 밝혀졌다. 이 발견으로 인해 1859년 펜실베니아에 최초의 유정油井이 건설되었고, 이어서 다른 지역에서도 유정들이 건설되기 시작했다. 당시 석유 산업은 주로 등유 소비에 의존하고 있었으며 천연가스와 휘발유에 대한 수요는 거의 없었다. 하지만 시간이 흐르자 천연가스는 난방, 요리, 조명에 쓰이기 시작했다. 20세기 초반에 휘발유 자동차가 발명되자 석유 산업은 세계 경제의 핵심이 되었다. 그때부터 석유의 새로운 용도들이 계속해서 발견되기 시작했다. 탄화수소 처리법이 발명되면서 원래 용도가 없었던 석유 증류액이 유용하게 되었으며 옛날에는 높은 유황 비율 때문에 채산성이 없어 방치되었던 석유 매장지들이 지금은 대단히 중요해졌다.[61]

　석유 기업들은 지금도 더욱 정교한 석유 매장지 탐색 기술을 발명하고 있고, 바로 이런 이유로 "석유 매장량"이 계속 증가하고 있는 것이다. 게다가 원래 접근 불가능했던 석유 매장지에 접근하는 기술이 개발되자 천연가스, 석유 채굴이 어려웠던 매장지의 채산성이 높아졌다. 석유시추공들은 지표면을 점점 더 깊게 파들어가고 있다. "프래킹"수압파쇄법 덕분에 셰일shale암에서 석유와 천연 가스를 추출할 수 있게 되었다. 해저에서 발견된 대량의 메탄 수화물을 활용하는 기술들이 진보하고 있다.[62] 채굴 기술의 진보와 함께 석유 산업은 지표면을 점점 더 넓은 지역에 걸쳐 훼손하고 있다. 프래킹은 대단히 파괴적인 기술인데,[63] 프래킹이 많은 양의 폐수를 발생시키며 그렇게 발생한 폐수가 지진을 유발하기 때문이다.[64]

　기술적 세계-체제가 언젠가 화석 연료 사용을 중단할 것이라고 생각하는 사람은 꿈을 꾸고 있다.[65] 설령 기술 체제가 화석 연료를 포기하더라도 다른 파괴적 에너지 자원들이 사용될 것이다. 원자력 발전소는 방사성 폐기물을 발생시키며, 방사성 폐기물을 안전하게 처리하는 방법은 아직 발견되지 않았다.[66] 게다가 세계의 주요 자기증식 체제들은 쌓여가는 방사성 폐기물을 영구적으로 보관할 장소를 찾으려는 진지한 노력을 할 생각조차 않고 있다.[67] 물론 자기증식 체제들은 지금 당장 힘을 유지하기 위해 에너지가 필요하지만, 방사성 폐기물로 인한 위험은 미래의 것이다. 우리가 앞서 강조한 바, 자연선택은 장기적 결과에 신경쓰지 않고 지금 당장의 이익을 추구하는 자기증식 체제들을 선호하므로 원자력 발전소는 앞으로도 계속해서 지어질 것이고, 그 폐기물을 처리하는 문제는 대부분 무시될 것이다. 사실 핵 폐기물 문제는 통제를 완전히 벗어나고 있다. 소수의 대형 구식 원자로 대신에 무수히 많은 작은 "소형 원자력 발전소"들이 건설되고 있다.[68] 앞으로 작은 마을들도 자신만의 원자력 발전소를 갖게될 것이다.[69] 대형 구식 원자로들은 적어도 방사성 폐기물들을 좁은 지역에 집중시켰지만, 세계 곳곳에 흩어져있는 수많은 소형 원자력 발전소들은 방사성 폐기물을 광범위하게 흩뿌릴 것이다. 어지간히 순진한 사람이 아니고서야 모든 도시들이 방사성 폐기물들을 책임감 있게 다룰 것이라고 믿지는 않을 것이다. 현실적으로 대부분의 방사성 물질들이 환경에 침투할 것이다.

"녹색" 에너지가 있어도 기술 체제는 화석 연료와 핵 에너지를 계속해서 사용할 것이며, 설령 사용하지 않는다 해도 알고보면 녹색 에너지는 그다지 녹색이 아니다. "에너지 수요에 있어서 공짜 점심은 없습니다." 천연자원보호위원회 책임자가 말했다. "에너지를 얻으려면 충격적인 일들을 해야만 합니다."[70]

풍력 발전소 설치 과정에서 방사성 폐기물이 발생하며, 앞서 언급한 대로 풍력 발전기에 쓰이는 영구 자석은 희토류 네오디뮴으로 만든다. 게다가 풍력 발전기의 "프로펠러"에 수많은 새들이 갈려 죽는다.[71] 미국, 중국을 비롯한 국가들이 대규모 풍력 발전소 건설을 계획하고 있으며 수많은 조류들이 멸종할 것으로 예상된다.[72] 캘리포니아 데이비스의 생태학자이자 연구자인 션 스몰우드가 말했다. "풍력 발전소의 규모를 봤을 때, 대단히 많은 맹금류들이 죽게될 것입니다."[73] 맹금류는 설치류 개체 수를 통제하는 중요한 역할을 하고 있는데, 맹금류들이 사라지면 설치류 개체수를 통제하기 위해 더 많은 살서제를 써야할 것이다.

미국은 녹색 에너지를 사용하는 군사 로봇 이터EATR를 개발하고 있다. "EATR는 근처의 바이오매스를 먹잇감 삼아 에너지를 얻는다."[74] 하지만 우리는 근처의 모든 바이오매스를 게걸스럽게 먹어 치우는 로봇 군대가 저지를 환경파괴를 충분히 상상해볼 수 있으며, 바이오매스 기술이 민간에도 적용된다면 에너지에 굶주린 기술 체제가 지표면의 모든 유기 생명체들을 위협할 것이다.

그래도 태양 에너지는 괜찮겠죠? 그렇죠? 글쎄, 아닌 것 같다. 태양광 패널은 생명체들에게서 햇빛을 차단한다. 앞서 지적했던 바, 기술 체제는 언제나 가용 에너지가 다 떨어질때까지 확장하고서는, 더 많은 에너지를 달라고 요구한다. 만약 화석 연료와 원자력 에너지가[75] 기술 체제의 무한한 에너지 욕구를 만족시켜줄 수 없으면, 햇빛이 닿는 모든 장소에 태양광 패널들이 설치될 것이다. 태양광 패널들이 점차 자연 서식지들을 파괴할 것이고, 햇빛을 차단하고, 대부분의 생명체들을 죽일 것이다. 지금도 실제로 이런 일이 벌어지고 있는데, 예를 들어 "멸종 위기 동식물들의 주요 서식지였던"[76] 미국 서부 사막에 "대규모 태양 에너지 발전소가 건설"되고 있다.[77] 2011년 Western Lands Project의 상임이사 쟈닌 밸로치Janine Blaeloch는 이렇게 말했다. "태양 발전소는 공유지, 서식지를 심하게 훼손할 것입니다."[78] 밸로치의 예측은 사실로 밝혀졌다.[79] 그리고 기술 체제의 에너지 욕구는 무한대라는 사실을 기억하라. 기술 체제는 농경지를 제외한 모든 지표면에 태양광 패널들을 설치할 것이며 결국 지표면의 자연 서식지들을 모조리 파괴할 것이다.

하지만 지금까지 지적한 것들은 빙산의 일각에 불과하다. 레이 커즈와일은 미래 기술 유토피아 환상에 빠져있지만 어떤 부분에 대해서는 그가 옳았는데, 그는 대부분의 사람들이 미래에 대해 생각할 때 두 개의 오류를 저지른다는 점을 정확히 지적했다. (i) 사람들은 "오늘날 세계의 한 부분의 변화가 다른 부분에 영향을 미치지 않으리라고 생각한다."[80] 그리고 (ii) 사람들은 기술 발전 속도가 계속해서 가속된다는 점을 무시하고 "미래에도 현재와 같은 속도로 기술이 발전할 것이라고 단정짓는다."[81] 우리 스스로 이런 오류를 저지르지 않기 위해서, 미래에는 지표면을 훼손할 기술이 지금보다 더 많아지리라는 점을 기억해야 한다. 마치 1860년 전에는 내연기관의 석유를 떠올리지 못했던 것처럼,[82] 마치 1938~1939년에 핵분열을 발견하기 전에는 우라늄을 연료로 쓸 생각을 하지 못했던 것처럼,[83] 마치 수십 년 전에는 희토류를 쓸 생각을 하지 못했던 것처럼, 미래에도 새로운 자원 활용 기술, 환경을 파괴할 새로운 기술, 지금은 생각지도 못한 새로운 침투 기술이 등장할 것이다. 미래의 환경파괴를 추측할 때, 지금의 환경파괴만을 투영해서는 안된다. 미래에는 오늘날 누구도 상상하지 못한 새로운 환경파괴 기술이 등장할 것이라고 가정해야한다. 그리고 앞으로 수십 년 동안 기술 발전과 기술 체제가 저지르는 환경파괴 속도는 더욱 가속될 것을 명심해야 한다. 이 모든 것을 고려하면 지구의 그 무엇도 기술 체제의 지독한 혼란으로부터 자유롭지 못할 가능성이 매우 높다는 결론을 내려야 한다.

대부분의 사람들은 지구 대기가 언제나 78% 질소, 21% 산소, 1% 기타 기체로 이루어졌던 것으로 착각하는데, 사실 지금의 지구 대기는 생명체들의 활동을 통해 만들어지고 지금까지 유지된 것이다.[84] 과거의 대기는 오늘날보다 이산화탄소 비율이 훨씬 높았음에도 불구하고[85] 왜 지구가 불모지가 될 정도로 온실효과가 심해지지 않았는지 질문할 수도 있다. 아마도 그 당시의 태양은 지금만큼 뜨겁지 않았을 것이다.[86] 무엇보다도 생물권이 대기로부터 이산화탄소를 흡수했다는 것만큼은 확실하다.

> 원시 미생물들과 남세균(Cyanobacteria)들이 광합성을 비롯한 생명 활동을 통해 대기의 탄소를 붙잡아 해저에 매장한 덕분에 대기에서 탄소가 사라졌다. 그리고 남세균들은 물의 수소와 전자를 광합성에 사용한 최초의 유기체이다. 남세균들이 활성산소를 배출하자 산소가 대기에 축적되기 시작했으며 산소의존 생명체들이 등장할 수 있었다.[87]

생물학적 과정은 대기의 메탄 비율에도 영향을 끼쳤는데[88] 메탄의 온실효과는 이산화탄소보다 훨씬 강하다는 사실을 기억하자.[89] 다른 한편, 어떤 전문가들은 3억 7천만년 전 특정 미생물이 많은 양의 메탄을 만들었으며, 그 메탄으로 인해 생긴 구름이 햇빛을 차단해 지구는 따뜻해지지 않고 오히려 추워졌다고 주장한다. 지구는 간신히 살인적 추위에서 벗어났다.[90] 지구의 역사를 보면 급격한 생물권 붕괴가 대기 참사로 이어질 수 있다는 것은 명확한데, 지구 대기를 유지하던 생물권이 급격하게 무너지면 대기 중 산소가 부족해지거나, 메탄, 암모니아 같은 유독성 기체의 비율이 증가하거나, 이산화탄소의 비율이 무너질 것이고 따라서 지구에서 생명체가 생존하는 것은 불가능할 것이다.

현재로서 가장 임박한 위험은 지구 대기의 이산화탄소, 메탄 과잉으로 인한 지구 온도 과열 가능성이다.[91] 인류가 계속해서 화석 연료를 태우면 어디까지 더워질 것인가? 약 5천 6백만년 전, 지구 대기의 이산화탄소 비율이 엄청나게 증가했는데 그 정도는 인류가 "지구상의 모든 석탄, 석유, 천연가스 비축분을 태웠을 경우"[92]와 비슷했다. 그 때 평균 기온은 5° C 높아졌고,[93] 육지 대부분이 침수되는 등 지표면이 급격하게 변했다.[94] 이 변화가 대멸종으로 이어지지는 않았지만,[95] 오늘날의 이산화탄소 배출 효과가 5천 6백만년 전과 같을 것이라고 추정할 수 없으므로 미래의 생물권이 무너지지 않을 것이라고 단정지어서는 안된다.[96]

5천 6백만년 전의 이산화탄소는 수천년에 걸쳐 천천히 대기에 축적되었지만[97] 현재 인류가 석유를 태우는 속도가 그보다 훨씬 빠르다는 것은 분명하며, 따라서 생명체들이 환경 변화에 적응할 시간이 없을 것이다. 그리고 예상치 못한 장소에서 새로운 석유, 천연가스 매장지가 계속해서 발견되고 있고, 그에 따라 비축량 역시 증가하고 있기에 지금의 이산화탄소 배출량 예측 수치는 지나치게 낮을 것이다. 인류가 다른 방식으로도 이산화탄소를 배출하고 있다는 사실을 고려해야 하는데, 예를 들어 석회와 포틀랜드 시멘트 생산 과정에서 대량의 석회암이 쓰이고 있다.[98] $CaCO_3 \rightarrow CaO + CO_2$ 어느 정도의 이산화탄소CO_2가 석회CaO와 재결합할지, 그 시간은 얼마나 걸릴지는 확실하지 않다.

하지만 설령 지구가 5천 6백만년 전에 비해 덜 따뜻해진다고 쳐도, 권력자들은 그 결과를 받아들일 수 없을 것이므로 세계적 자기증식 체제들은 "지구공학geo-engineering"을 사용할 것이다. 지구공학은 대기를 인위적으로 조작해 지구 온도를 허용 범위 내에 머물게 만드는 기술이다.[99] 지구공학의 위험성은 심각하고 즉각적이며[100] 즉시 재앙이 일어나지 않더

라도 결국에는 파국으로 이어질 것이다.[101]

오존층은 태양 자외선을 차단해 지구 생명체들을 보호해주는 역할을 하는데, 염화플루오린화탄소CFC가 오존층을 파괴하는 것으로 밝혀졌다. 국제 사회는 오존층을 회복시키기 위해 CFC를 단계적으로 철폐하는 합의를 했으며 이 합의는 대단히 성공적이었다.몬트리올 의정서[102] 그래서 어떤 사람들은 오존 합의가 이산화탄소 배출 제한에 관한 국제 협약의 "견본"이 될 수 있다고 주장한다.[103] 그러나 CFC의 경제적 중요도는 낮은 편이었고, 그 대체물을 손쉽게 찾을 수 있었기에 CFC를 성공적으로 퇴출시킬 수 있었다.[104] 반면에 화석 연료는 산업 사회의 경제에서 핵심을 차지하고 있으므로 온실효과를 막기는 대단히 어려울 것이다.

지구온난화는 환경문제의 일부에 불과한데, 앞서 지적한 바 기술 체제는 태양광 발전소를 무한히 확장하며 유기 생명체들에게서 햇빛을 빼앗아갈 것이며 자연 환경은 납, 비소, 수은, 카드뮴[105] 같은 독성 물질과 방사성 폐기물로 끝없이 오염될 것이다.[106] 석유 산업은 안전에 충분한 관심을 갖지 않기 때문에[107] 기름 유출 사고는 잊을만하면 터질 것이다. 어떤 지역의 석유 기업들은 애초에 사고를 예방할 생각조차 하지 않는다.[108]

앞서 지적한 기술 체제의 활동들이 자연 환경에 해롭다는 사실은 오래전에 밝혀졌으나, 그 외에도 많은 활동들이 오늘은 자연환경에 무해하다고 여겨지지만 내일은 자연환경에 해로운 것으로 밝혀질 것이다. 이는 옛날부터 있어왔던 일인데[109] 예를 들어 "인간 활동으로 인해 강에서 대서양으로 흘러들어가는 침전물이 선사시대에 비해 4배 이상 증가한 것으로 추정된다."[110] 이는 장기적으로 해양 생물들에게 어떤 영향을 줄 것인가? 아는 사람? 인위적으로 조작된 유전자들은 분명히 야생의 동식물들에게 전해질 것이다.[111] "유전자 오염"이 궁극적으로 생물권에 어떤 영향을 줄 것인가? 아무도 모른다. 설령 이 효과들이 개별적으로는 무해한 것으로 밝혀지더라도 "무해"한 효과들의 총합은 분명히 생물권에 큰 변화를 가져올 것이다.

지금까지 언급한 내용은 빙산의 일각에 불과하다. 현재 기술적 세계-체제가 자행하고 있는 생물권 파괴행위를 정확히 평가하려면 엄청난 연구가 필요할 것이고, 그 연구결과로 책 수십 권을 가득 채울 수 있을 것이다. 이 모든 파괴의 총합은 생물권의 대기 형성 기능을 망가뜨릴 것인가? 아무도 알 수 없다. 이는 전체 문제의 극히 일부에 불과한데, 수십 년 후의 미래와 비교하면 지금의 기술 체제는 아직 초기 단계라는 사실을 명심해야 한다. 급격한 기술 발전으로 인해 세계의 주요 자기증식 체제들은 어느 누구도 상상하지 못했던 방식으로 더 많은 자원을 채굴하고, 더 많은 지역에 침투할 것이다. 지구의 어느 지역도 장기적 결과를 무시하고 지금 당장의 힘을 추구하는 기술 체제의 광기로부터 자유롭지 못할 것이다. 필자는 생물권이 지금의 대기를 유지할 수 없을 정도로 망가질 것이며 지구는 어떠한 고등 생명체도 살 수 없는 불모지가 될 것이라고 생각한다.

가장 설득력 있는 결말은 지구가 금성과 유사해지는 것이다.

앞으로 지구 기후가 극도로 불안정해지리라는 예측이 있다. 온실기체는 H_2O 유출을 가속하고, 지구 온도를 바다가 증발할 정도로 높일 수 있다 … 어떤 사람들은 금성에서 그런 일이 있었다고 믿는다.… 금성은 온실효과의 위력을 보여주는 가장 분명한 사례인데, 금성의 대기는 많은 양의 CO_2(=이산화탄소)를 포함하고 있으며 금성의 구름이 태양 에너지를 차단해 주는데도 불구하고, 금성의 표면 온도는 지구의 표면 온도보다 $780°K$[$507°C$ 혹은 $994°F$] 가량 높다.[112]

현재 파트를 요약하자면 다음과 같다. 기술적 세계-체제가 그 논리적 귀결점에 도달하도록 내버려두면, 지구는 오늘날 우리가 알고 있는 고등 생명체들이 살 수 없는 불모지가 될 가능성이 높다. 이는 필자의 개인적 의견에 불과하며 이를 증명할 수 없다는 점은 인정하지만, 여기서 제시한 사실과 주장들은 충분히 설득력 있으며, 충분한 근거 없이 우리가 마주한 종말이 지구 역사에 수차례 있었던 과거의 대멸종들보다 더 심각하지 않을 것이라고 단정짓는 태도야말로 경솔한 것이다.

기술 체제의 발전이 그 논리적 귀결점에 도달하도록 내버려 둔다면 생물권은 철저하게 파괴될 것이며, 지금 진행 중인 여섯번째 대멸종이 공룡을 절멸시킨 백악기 멸종보다 심각하지 않다면 그것만큼 좋은 소식이 또 없을 것이다. 여섯번째 대멸종과 함께 기술 체제는 당연히 무너질 것이며 인류가 살아남는다고 해도 그 숫자는 대단히 작을 것이다.

하지만 앞선 진술의 유보조항, "기술 체제의 발전이 그 논리적 귀결점에 도달하도록 내버려 둔다면"에 주목하라. 필자는 가끔 이런 질문을 받는다. "기술 체제가 어차피 스스로 무너진다면, 뭐하러 무너뜨리나요?" 당연히 기술 체제를 지금 제거하면 더 많은 생명을 구할 수 있기 때문이다. 기술 체제가 발전할수록, 생물권과 인류는 더 큰 피해를 입을 것이고, 지구가 죽음의 행성이 될 가능성도 높아질 것이다.[113]

V.

　기술광들의 몽정. 수많은 기술성애자들을 과학의 영역에서 공상과학의 영역으로 끌고가는 것으로 보이는 생각의 흐름이 있다.[114] 편의를 위해, 이 흐름을 추종하는 사람들을 "기술광"이라고 부르자.[115] 이 흐름은 여러가지 갈래를 갖고 있다. 모든 기술광들의 생각이 같은 건 아니다. 그들의 공통점은 미래 기술에 대한 대단히 추정적인 아이디어들을 거의 확실시하며, 이를 근거로 앞으로 수십 년 이내에 기술 유토피아가 찾아오리라고 예측한다는 것이다. 어떤 기술광들의 환상은 놀라울 정도로 거창하다. 예를 들어, 레이 커즈와일은 "몇 세기 이내에, 인간 지능이 우주의 모든 물질을 재설계하고 가득 채우게 될 것"[116]이라고 믿는다. 또 다른 기술광, 케빈 켈리Kevin Kelly의 글은 문장들이 의미를 잃을 정도로 모호하다. 하지만 켈리는 인간의 우주 정복에 대해 커즈와일과 비슷한 견해를 갖고 있는 것으로 보인다. "우주가 대부분 비어있는 이유는 그것이 생명과 테크늄Technium으로 가득 차기를 기다리고 있기 때문이다.…"[117] "테크늄"은 인간이 지구에 건설한 기술적 세계-체제에 켈리가 붙인 이름이다.[118]

　대부분의 기술 유토피아들은 적어도 기술광에게는 불멸을 포함한다. 기술광들이 스스로 누리게 되리라고 믿고 있는 불멸은 세 가지 중 하나의 형태를 갖고 있다.

　(i) 오늘날 존재하는 인체의 영원한 보존.[119]

　(ii) 인간과 기계의 결합을 통해 등장한 인간-기계 잡종의 영생.[120]

　(iii) 인간 두뇌를 컴퓨터나 로봇에 "업로드"해 등장한 정신이 업로드된 기계의 영생.[121]

물론, 우리의 주장대로 기술적 세계-체제가 가까운 미래에 무너진 다면, 어느 누구도 어떤 형태로도 불멸을 얻을 수 없을 것이다. 하지만 설령 우리가 틀렸고, 기술적 세계-체제가 영원히 살아남는다고 가정해도, 영생을 향한 기술광들의 꿈은 여전히 환상에 불과하다. 미래에는 인체를 보존하는 기술이나 인간-기계 잡종이 등장할 수도 있다. 하지만 인간 두뇌를 기존의 인격을 충분히 유지한 상태로 정확하게 전기적 형태로 "업로드"하는 게 가능할지는 의심스럽다. 그럼에도 불구하고 우리는 (i), (ii), (iii)의 해결책들이 앞으로 수십 년 이내에 기술적으로 실현 가능해진다고 가정할 것이다.

이는 기술광들의 자기기만 능력을 보여주는 지표이다. 기술광들은 그들이 생각하기에 바람직한 것이 기술적으로 실현 가능해지면 반드시 실현될 것이라고 습관적으로 간주한다. 물론 옛날부터 기술적으로 실현 가능했던 환상적인 것들이 많지만, 아직도 실현되지 않았다. 지식인들은 수없이 한탄했다. "사람들이 협력하기만 한다면, 세상이 지금보다 훨씬 나아질텐데!"[122] 하지만 사람들은 절대 "협력"하지 않는다. 자연선택의 법칙이 경쟁을 통해 자신의 생존과 증식을 추구하는 자기증식 체제들을 만들어낼 것이며, 이타적 목표를 위해 경쟁적 이점을 희생시키는 체제를 허락하지 않을 것이기 때문이다.[123]

기술광들이 보기에 불멸이 기술적으로 가능하다는 이유로, 기술광들은 그들이 속한 체제가 당연히 그들을 영원하게 살게 해주거나, 영원히 사는데 필요한 물자들을 공급해주리라고 믿는다. 오늘날 주요 자기증식 체제들이 온 힘을 다해 협력한다면 지구 상의 모든 사람들에게 충분한 의식주, 폭력으로부터의 보호, 현재 기준으로 적절한 의료 서비스를 제공하는 것이 기술적으로 실현 가능하다는 사실에는 의심의 여지가 없다. 하지만 그런 일은 절대 일어나지 않는다. 자기증식 체제들은 권력을 향한 영원한 투쟁에 열중하고 있으므로 자신에게 이익이 있을 때만 이타적인 행동을 할 것이기 때문이다. 바로 이런 이유로 오늘날에도 여전히 전 세계 수십 억 명의 사람들이 영양실조와 폭력에 고통받고, 적절한 의료 서비스를 제공받지 못하는 것이다.

이 모든 것을 고려했을 때, 기술적 세계-체제가 70억 명의 사람들이 영생을 누리는 데 필요한 모든 것을 공급해주리라는 것은 분명히 우스꽝스러운 주장이다. 예상된 불멸이 가능하기나 하다면, 70억 명 중 극히 일부에 불과한 소수의 엘리트들을 위한 것에 불과하다. 어떤 기술광들은 이를 인정한다.[124] 훨씬 많은 기술광들이 이를 인식하고 있지만 대중에게 불멸은 소수 엘리트를 위한 것이며 평범한 사람들은 제외될 것이라고 말하는 것은 분명히 경솔한 행동이기에 공개적으로 인정하지 않고 있다고 의심해야 한다.

물론 기술광들은 그들 자신은 소수 엘리트에 속해 있으며 영원히 살 수 있으리라고 믿는다. 기술광들이 자주 간과하는 것은 자기증식 체제는 장기적으로 인간 엘리트들을 포함해 인간을 돌봐주는 게 체제에 이익이 될 때에만 인간을 돌봐준다는 것이다. 인간이 더 이상 주요 자기증식 체제에 유용하지 못하다면, 엘리트든 아니든 간에 인간은 모두 제거될 것이다. 살아남으려면 인간은 단순히 쓸모있어야 하는게 아니라, 인간을 유지하는 데 드는 비용보다 더 쓸모 있어야 한다. 다시 말하자면, 인간은 비인간 대체물들보다 더 나은 비용 대비 편익을 제공해야한다. 인간을 유지하는 데는 기계보다 훨씬 많은 비용이 들기 때문에 이는 어려운 요구사항

이다. [125]

　　예상되는 반론은 정부, 기업, 노동조합 등 많은 자기증식 체제들이 노인, 정신적/신체적 중증장애인, 심지어 종신형을 선고 받은 범죄자들 같은 자신에게 전혀 쓸모없는 인간들을 돌봐주고 있다는 것이다. 하지만 이는 오직 해당 체제들이 작동하기 위해선 여전히 다수의 인간들의 협조가 필요하기 때문이다. 수렵채집인들은 서로를 도울 때 번영할 수 있었기 때문에, 인간은 진화를 통해 동정심을 부여 받았다.[126] 자기증식 체제들이 인간을 필요로 하는 한, 쓸모없는 소수를 무자비하게 처리해 유용한 다수의 동정심을 짓밟는 것은 체제에게 불이익일 것이다. 그러나 동정심보다 더욱 중요한 것은 개별 인간의 이익이다. 만약 사람들이 그들이 늙거나, 불구가 되었을 때, 그들이 속한 체제가 그들을 쓰레기장에 처넣을 것이라고 믿는다면, 체제를 증오할 것이기 때문이다.

　　하지만 모든 인간이 쓸모없어진다면 자기증식 체제들은 더 이상 인간을 돌봐 줄 필요를 못 느낄 것이다. 기술광들 스스로가 조만간 기계가 인간 지능을 뛰어넘을 것이라고 주장한다.[127] 그렇게 된다면 인간은 불필요해질 것이고 자연선택은 인간을 제거하는 체제들을 선호할 것이다. 모든 인간을 한번에 제거하지 않는다면, 반란의 가능성을 최소화하기 위해 단계적으로 제거할 것이다.

　　현재 기술적 세계-체제는 여전히 많은 인력을 필요로 하지만, 예전에 비해 더 많은 잉여 인간들이 존재한다. 기술이 많은 직업에서 인간을 대체하고 있으며, 예전에는 인간 지능이 필요하다고 여겨졌던 직업에도 침투하고 있기 때문이다.[128] 경제적 경쟁의 압박 때문에 세계의 주요 자기증식 체제들은 지금도 불필요한 인간들을 어느 정도 냉혹하게 처리하고 있다. 미국과 유럽에서 은퇴자, 장애인, 실업자를 비롯한 비생산적인 사람들을 위한 보조금이 상당히 줄어들었으며[129] 미국에서는 빈곤층이 증가하고 있다.[130] 물론 어느 정도의 증감은 있겠지만 이 사실들은 미래의 전반적 경향을 잘 보여준다.

기계가 반드시 인간의 일반적 지능이 아닌, 특정 분야에 특화된 지능만을 능가해도 인간을 불필요하게 만들 수 있다는 점을 이해해야 한다. 예를 들어, 기계는 미술, 음악, 문학을 창조하거나 이해할 필요가 없다. 기계는 비기술적인 지적인 대화를 할 필요가 없다."튜링 테스트" [131] 기계는 인간의 감정을 헤아리거나, 인간의 본성을 이해할 필요가 없다. 어차피 인간이 도태된다면 그런 재주들은 쓸모가 없기 때문이다. 기계는 주요 자기증식 체제들의 단기적 생존과 증식을 도울 수 있는 기술적 결정 능력만 능가하면 인간을 불필요하게 만들 수 있다. 그러므로 기술광들 스스로가 추정하는 수준까지 미래 기계의 지능이 높아지지 않더라도, 인간은 도태될 것이라고 결론내려야 한다. 오늘날 현존하는 인체를 영원히 보존하는 (i) 형태의 불멸은 대단히 비현실적이다.

기술광들, 더 엄밀하게 트랜스휴먼주의자들은 우리가 알고 있는 인체와 두뇌가 도태된다 하더라도 여전히 (ii) 형태의 불멸을 얻을 수 있다고 주장한다. 인간-기계 잡종들은 영원히 그 유용성을 유지할 수 있을 것이다. 스스로를 강력한 기계와 연결해 인간혹은 인간의 흔적은 순수한 기계를 상대로 경쟁력을 유지할 수 있을 것이다.[132] 하지만 인간-기계 잡종들은 인간에게서 비롯된 생물학적 요소들이 유용한 경우에만 그 요소들을 유지할 수 있을 것이다. 순수한 인공적 요소들이 인간에게서 비롯된 생물학적 요소들보다 더 나은 비용 대비 편익을 제공하게 되면, 후자는 버려질 것이고 인간-기계 잡종들은 그들의 인간적 측면을 잃고 완전한 기계가 될 것이다.[133] 설령 인간에게서 비롯된 생물학적 요소들이 유지된다고 쳐도, 유용함을 방해하는 인간적 특성들은 점진적으로 숙청될 것이다. 인간-기계 잡종들이 속한 자기증식 체제들은 사랑, 동정심, 도덕적 감수성, 미적 감수성, 자유를 향한 욕구 같은 인간적 결함들을 필요로 하지 않는다. 대부분의 경우 인간의 감정은 자기증식 체제가 인간-기계 잡종을 사용하는 데 방해가 될 것이므로 기계들을 상대로 경쟁력을 유지하려면 인간의 감정을 제거하고 그 자리를 다른 힘으로 대체해야 할 것이다. 쉽게 말하자면, 인류의 생물학적 흔적이 인간-기계 잡종에게 보존된다는 비현실적 상황에서도 그것은 오늘날의 우리에게 완전히 낯선 무언가로 변할 것이다.

이는 기계에 "업로드"된 인간 의식의 생존이라는 가설에도 똑같이 적용된다. 기계에 업로드된 인간 의식들이 유용함 즉, 인간에게서 유래되지 않은 어떠한 대체물들보다도 유용함을 유지하지 못한다면, 그 존재는 용납되지 않을 것이다. 유용함을 유지하려면 기계에 업로드된 인간 의식들은 오늘날 존재하는 인간 의식과는 어떠한 공통점도 없는 무언가로 변해야할 것이다.

기술광들은 그래도 괜찮다고 생각할 수도 있겠으나, 불멸을 향한 기술광들의 꿈은 여전히 환상에 불과하다. 인간-기계 잡종들, 그 잡종들에게서 진화한 순수한 인공 개체들, 또는 인간 의식이 업로드된 기계들 같은 인간에게서 유래된 개체들 사이의 생존경쟁 뿐만 아니라, 인간에게서 유래된 개체들과 인간에게서 유래되지 않은 개체들 사이의 생존경쟁은 극소수의 개체들을 제외하고 모두를 도태시킬 것이다. 이 현상은 인간이나 기계의 특징과는 관련이 없다. 이것은 자연선택을 통한 진화의 일반적인 법칙이다. 생물학적 진화를 보라. 지구 상에 존재했던 모든 종들 중에서 극히 일부만이 오늘날까지 직계후손을 남길 수 있었다.[134] 설령 이 장에서 다루었던 다른 이유들을 전부 제외하더라도, 이 법칙 하나만으로도 기술광들이 영생을 누릴 가능성은 극히 미미하다.

기술광들은 설령 모든 생물 종들이 결국 도태되었더라도 많은 종들이 수천 년~수백만 년 동안 생존했으니, 기술광들 역시 수천 년~수백만 년 간 생존할 수 있을 것이라고 대답할 수도 있다. 하지만 생물 종들의 환경이 광범위한 지역에서 빠르게 변할 때, 새로운 종의 등장과 기존 종의 멸종 속도는 크게 증가한다.[135] 기술 발전은 지속적으로 가속되며, 레이 커즈와일 같은 기술광들은 가까운 시일 내에 사실상 폭발할 것이라고 주장한다.[136] 결과적으로 변화는 점점 급격해지며 모든 것이 빨라지고 또 빨라진다. 자기증식 체제들 사이의 경쟁은 점점 치열해진다. 이 과정이 빨라짐에 따라 생존경쟁의 패배자들은 그 어느 때보다도 빠르게 도태될 것이다. 그러므로 기술 발전의 기하급수적 가속에 대한 기술광들 스스로의 믿음에 따르면, 인간-기계 잡종과 인간 의식이 업로드된 기계와 같은 인간에게서 유래된 개체들의 기대 수명은 실제로는 상당히 짧을 것이라고 말해도 괜찮을 것이다. 몇몇 기술광들이 열망하는 700년, 1000년의 수명[137]은 공상에 불과하다.

이 책의 제1장 파트VI에서 다루었던 특이점 대학Singularity University은 기술성애자들이 "연구를 지도"하고 "진보를 형성"하여 기술이 "사회를 개선"하는 것을 돕기 위해 세워졌다고 알려져있다. 우리는 특이점 대학이 실제로는 기술지향적 기업가들의 이익을 위해 복무하고 있음을 지적했으며 기술성애자들이 "사회 개선"을 위한 "진보 형성"이라는 헛소리를 진지하게 믿고 있거나 한지 의심을 표했다. 하지만 기술광들파트V 앞부분에서 명시한 일부 기술성애자들은 특이점 대학138 같은 조직들이 기술 "진보를 형성"하고 기술 사회를 미래 유토피아로 이끌 수 있으리라고 진심으로 믿고 있는 것 같다. 기술광들이 수천 년을 살기 위해서는 미래 유토피아에서 경쟁 과정을 제거해야 할 것이다. 하지만 제1장에서 우리 사회의 발전은 결코 합리적 통제의 대상이 될 수 없음을 보여주었다. 기술광들은 기술의 "진보를 형성"할 수 없을 것이며, 기술적 발전 과정을 지도할 수 없을 것이며, 기술광들을 순식간에 도태시킬 치열한 경쟁을 없애지 못할 것이다.

우리가 지금까지 지적한 점들과 기술광들의 미래 전망에는 아무런 근거가 없음을 고려했을 때,139 대체 왜 기술광들이 그런 전망을 믿는지 질문해야 한다. 커즈와일 같은 기술광들은 그들이 기대하는 미래의 실현 가능성이 불확실함을 어느 정도 인정하지만,140 이건 그들의 모습이 합리적인 사람들 눈에 너무 우스꽝스러워 보일까봐 회의주의자들에게 던져주는 떡밥에 불과한 것 같다. 불확실성을 형식적으로 인정함에도 불구하고, 대부분의 기술광들이 어떤 모호한 유토피아 세계에서 수 세기, 또는 영원히 살게 되리라고 자신있게 예측하고 있는 것은 분명하다.141 그래서 커즈와일은 확신한다. "우리는 살고 싶은 만큼 살 수 있을 것이다.…"142 그는 "아마도", "예상대로 된다면" 같은, 어떠한 유보 조항도 붙이지 않았다. 그의 책 전체가 그가 불멸의 기계가 되어 우주를 정복하는 미래에 도취되어있음을 보여준다. 사실, 커즈와일과 기술광들은 환상의 세계에서 살고 있다.

기술광들의 믿음 체계는 종교 현상으로 설명될 수 있다.[143] 아마 "기술교Technianity"쯤으로 부를 수 있을 것이다. 아직은 통일된 교리를 개발하진 못했기 때문에 기술교가 엄밀한 의미에서의 종교가 아니라는 것은 사실이다. 기술광들의 믿음은 매우 다양하다.[144] 이러한 측면에서 기술교는 다른 종교들의 초기 단계와 유사하다고 볼 수 있을 것이다.[145] 그럼에도 불구하고, 기술교敎는 이미 종말론적, 천년왕국적 사교邪敎의 특징들을 갖고 있다. 이들 대부분은 격변기, 즉 특이점을 예측한다.[146] 특이점은 기술 발전 속도가 너무나 빨라져 폭발과 유사해지는 지점이다. 이는 기독교 신화의 심판의 날[147] 또는 맑스주의 신화의 혁명과 유사하다. 격변기 후에는 하나님의 나라 또는 노동자의 낙원과 유사한 기술 유토피아가 찾아온다. 기술교에는 기술광들로 이루어진, 기독교의 참된 신자 또는 맑스주의의 프롤레타리아[148]와 유사한 선택받은 소수가 있다. 선택받은 자들은 기독교의 참된 신자들처럼 영생을 얻게된다. 물론 맑스주의에는 이 요소가 빠져있다.[149]

역사적으로 천년왕국적 사교邪敎들은 "거대한 사회 변화 혹은 위기가 닥쳤을 때"에 나타나는 경향이 있다.[150] 이는 기술광들의 믿음이 기술에 대한 진정한 자신감이 아니라, 그들이 유사종교적 신앙을 통해 외면하고자 하는 기술 사회의 미래에 대한 기술광들 스스로의 불안감을 반영하고 있음을 보여준다.

후주

1. 1993년 9월, 리히텐슈타인, Vaduz에서 솔제니친이 한 연설. Remnick, p. 21 인용. 여기서 솔제니친은 프랜시스 후쿠야마의 유명한 저서를 인용했다.(인용 저서 목록 참고.)

2. From "Self Reliance" (1841), in Emerson, p. 30. 이 인용구를 통해 권력에 대한 도덕적 판단을 내리려는 것은 아니다. 그저 권력에 대한 실증적 사실을 지적했을 뿐이다.

3. Kaczynski, Letter to David Skrbina: Oct. 12, 2004, Part III 참고. Orr, p. 80에 따르면. "'Darwin's Dangerous Idea'에서, 다니엘 데닛(Daniel Dennett)은 자연선택이 인류 문화의 변화를 설명해준다고 주장했다." 나는 데닛의 책을 읽지 않았고, 이 장이 그의 저서와 어느정도 일치하는지, 아니면 모순되는지 모른다.

4. R. Heilbroner & A. Singer, pp. 26-27.

5. "핵가족"은 여성, 남성, 그들의 자녀로 구성된 인간 가족을 의미한다.

6. "경쟁"이라고 할 때, 반드시 의도적인 경쟁을 의미하는 것은 아니다. 여기서 말하는 경쟁은 그저 일어날 뿐이다. 예를 들어, 식물들은 분명히 서로 경쟁하려는 의도가 없다. 그저 가장 효과적으로 생존하고 증식하는 식물들이 덜 효과적으로 생존하고 증식하는 식물들을 대체하는 경향이 있다는 사실이다. 이런 의미에서의 "경쟁"이란, 경쟁자가 의도를 갖든 갖지 않든 진행되는 불가피한 과정이다.

7. 이와 비슷하면서도 더 복잡한 일이 고대 마야에서 발생했던 것 같다. "고전" 마야 문명이 오로지 여기서 묘사된 경쟁만을 이유로 무너지지는 않았을 것이다. 하지만 이 요소가 마야 문명의 붕괴 원인들 중 하나였으며, 어쩌면 가장 중요한 원인이었을 수도 있다. Diamond, pp. 157-177,431. Sharer, pp. 355-57. NEB (2003), Vol. 7, "Maya,". p. 970; Vol.15, "Central America," p. 665; Vol. 26, "Pre-Columbian Civilizations," p. 17 참고. "깨끗한" 역사적 사례를 찾기는 힘들다. 역사적 사건들의 원인은 복잡하고 논쟁의 여지가 있기 마련이기 때문이다. 마야의 사례는 이를 잘 보여준다. 더 자세한 논의는 Appendix Two, Part A 참고.

8. 여기서 "예측"이나 이익 "추구"라는 용어가 의식적, 지적 예측이나 의도적인 이익 추구만을 뜻하는건 아니다. 여기에는 "지능" 여부와는 상관 없이, 예측이나 이익 추구와 동일한 효과를 갖는 넓은 범위의 행동을 포함한다. (후주 6과 비교) 예를 들어, 육상동물로 진화하는 과정에서 (물에서 쓸모있는)아가미를 유지하겠다는 "안목"을 갖춘 척추동물들은 육지에서 아가미를 유지하느라 불이익을 받았다. 따라서 그들은 아가미를 없애 단기적 이익을 추구한 육상동물과의 "경쟁"에서 패배했다.파충류, 조류, 포유류들은 아가미를 제거하는 바람에 공기에 의존하게 되었다. 그래서 오늘날의 고래들이 물 속에 너무 오래있으면 익사하는 것이다.

9. 여기서 쓰인 "신속"함의 정도는 자기증식 체제가 처한 환경과 중요한 사건들의 발생 빈도에 의해 정해진다. 수렵채집인 무리는 자신의 영토를 1년에 한번만 방문해도 충분

하다. 반면에, 첨단 기술 사회는 실시간에 가까운 장거리 통신 수단이 있어야 한다.

10. 부록 2, 파트 B 참고.

11. 산업화 이전 제국들의 최대 지리적 크기는 이동, 통신 수단 뿐만 아니라, 관료화 같은 조직 요소에 의해서도 결정되었다. 하지만, 얼마나 조직화 수준과 상관없이, 제국들의 최대 크기는 이동, 통신 수단의 수준에 의해 정해지는 경향이 있는 것 같다. Taagepera, pp. 121-23 참고.

12. "Of toxic bonds and crippled nuke plants," *The Week*, Jan. 28, 2011, p. 42 ("팽팽한 동조" 대신에 "팽팽한 연결"라는 표현을 썼다.). Harford, p. 27. Perrow, *Normal Accidents*, pp. 89-100; "Black Swans," The Week, April 8, 2011, p. 13 참고.

13. Harford, p. 27. *The Week*, April 8, 2011, p. 13.

14. Perrow, *Next Catastrophe*, Chapt. 9. See *The Atlantic,* Jan./Feb. 2015, p. 25, col. 1 (대형 은행들은 "여전히 지나치게 연결되어 있다.").

15. 물론 이 주장은 강력한 자기증식 하위체제들이 상위체제가 즉각적인 외부위협에 처해있는지, 아닌지를 구분할만큼 충분히 "똑똑"하리라고 가정한다. 하지만, 우리의 목표와 연관된 맥락에서 이 가정은 분명 옳을 것이다.

16. Silverman, p. 103. Alinsky, p. 149 비교(강력한 집단들 간의 권력 투쟁은 그들이 공통의 적에게 동일하게 노출되어야만 일시적으로 중단될 수 있다).

17. Appendix Two, Part C. 18. See Appendix Two, Part D 참고.

19. E.g., Anonymous와 지금은 해산된 LulzSec 같은 단체들. *The Economist*, June 18, 2011, pp. 67-68; Aug. 6, 2011, pp. 49-50. Saporito, pp. 50-52, 55. Acohido, "Hactivist group." p. 1B, and "LulzSec's gone," p. 1B.

20. E.g., 공권력은 스칸디나비아 폭주족들을 통제하는 데 분명히 실패했다. *The Week,* Aug. 20, 2010, p. 15. 법 집행기관들은 중국의 범죄조직들이 만든 전문가들조차 구분할 수 없는 정교한 가짜 신분증을 막지 못하고 있다.*USA Today*, June 11, 2012, p. 1A; Aug. 7, 2012, p. 4A. 해커들이 인터넷을 통해 저지르는 범죄를 막는 것은 대단히 힘들다. Acohido, "Hackers mine ad strategies," p. 2B. Leger & Arutunyan, pp. 1A, 7A. *USA Today,* Aug. 29, 2013, p. 2B.

21. 제3장의 후주 66, 70 참고. Also: *The Week*, May 21, 2010, p. 8; May 28, 2010, p. 6; Aug. 13, 2010, p. 6; Dec. 24, 2010-Jan. 7, 2011, p. 20. *USA Today*, Nov. 22, 2013, p. 8A.

22. 케냐는 "마약-국가"라고 불린다. *The Week,* Jan. 14, 2011, p. 18, 그리고 이를 입증해줄 증거들이 많다. Gastrow, Dec. 2011, Chapt. One, especially pp. 24, 26, 28-34. "Available information does not... justify categorizing Kenya as a captured or criminalized state, but the country is clearly on its way to achieving that... status." "지금까지 알려진 정보에 따르면 케냐를 범죄국가로 분류하기는 힘들다. 하지만 이 추세대로라면 조만간 범죄국가가 될 것이다." Gastrow, Sept. 2011, p. 10. 마약 조직들은 국제적으로 활동하고 있으며, 기니비사우 같은 다른 아프리카 정부들을 대규모로 부패하게

만들었다. O'Regan, p. 6.

23. Patterson, pp. 9-10, 63 참고.

24. Vick, pp. 46-51. *The Economist,* Dec. 10, 2011, p. 51.

25. R. Heilbroner & A. Singer, pp. 58-60.

26. Ibid., pp. 232-33, 239. Rothkopf, p. 44. Foroohar, "Companies Are The New Countries," p. 21. 또한 기업들은 미국의 정치 체제에도 강한 힘을 행사한다. 뇌물이나 다름 없는 후원금을 통해 정치인들을 움직일 수 있기 때문이다. *The Week,* Feb. 25, 2011, p. 16 참고.

27. Carrillo, pp. 77-78. "미국 연방대법원 대법관 William O. Douglas는 프랭클린 루즈 벨트 대통령에게 10년 이상된 정부기관은 폐지해야한다고 말했다. 그 시점을 넘어가 면, 정부기관은 그들의 임무보다 그들의 안위에 더 많이 신경쓰기 때문이다." David Brower, "Foreword," in Wilkinson, p. ix. 그리고 Keefe, p. 42도 참고. 여기서 막스 베 버는 관료집단을 "오직 권력만을 쫓는" 집단이라고 말한다.

28. Carrillo, pp. 207-08 참고.

29. Pakistan: *Time,* May 23, 2011, p. 41. *The Week,* Nov. 26, 2010, p. 15. *The Economist,* Feb. 12, 2011, p. 48; Feb. 26, 2011, p. 65 ("Ashfaq Kayani 장군은 파키스탄의 지배자 이다."); April 2, 2011, pp. 38-39; May 21, 2011, p. 50 ("인도의 고위 관료들은 파키 스탄을 사실상 군사독재국가인 것으로 여긴다."); June 18, 2011, p. 47 (파키스탄군을 "국가 지배 집단"라고 부른다.); July 30, 2011, p. 79. *USA Today,* May 13, 2013, p. 5A ("투표조작 항의 시위에도 불구하고, 참관인들은 군사독재국가였던 파키스탄이 민 주국가가된 역사적 사건이라고 발표했다." 그러나: "London School of Economics의 Asia Research Center의 Athar Hussain은 말했다. '군부는 앞으로도 파키스탄에 큰 영 향력을 행사할 것이다...'").

이집트에서 최근(2011년)에 벌어진 사건들이 광범위하게 보도되었다. 이집트의 지배 자는 군부라는 사실이 독자들에게 명확할 것이다. 예를 들어, 우리는 USA Today, Aug. 16, 2013, p. 1A를 인용한다: "Morsi를 이슬람 독재자라며 수백만이 시위를 한 뒤, 이 집트 군부는 Mohammed Morsi를 2013년 7월 3일 축출하였다. 이집트군 총사령관 Abdel Fatah al-Sisi는 오바마 대통령이 Morsi 축출에 찬성하지 않은 점을 비판했다… 오바마 행정부는 아직 해당 축출을 군사 쿠데타라고 표명하지 않았다…"

또한 ibid., pp. 5A, 6A, and ibid., Oct. 30, 2013, p. 7A ("정치적 공백 상황에서, 이집트 군 총사령관이 권력을 갖고 있다.") 참고.

30. 간결함을 위해 우리는 혈통을 유기체 O_1, O_2, O_3,...O_N의 배열로 정의했다. O_2는 O_1의 자녀이고, O_3는 O_2의 자녀이고, O_4는 O_3의 자녀이고, 이렇게 O_N까지 내려간다. 우리 는 그러한 혈통을 N번째 세대까지 생존했다고 말한다. 하지만 O_N이 자녀를 남기지 못 한다면, 그 혈통은 N+1번째 세대까지 생존하지 못한 것이다. 예를 들어, 존이 메리의 아들이고, 조지가 존의 아들이고, 로라가 조지의 딸이라면, 메리-존-조지-로라는 4번

째 세대까지 살아남은 혈통인 것이다. 하지만 로라가 자녀를 남기지 않는다면, 그 혈통은 5번째 세대까지 살아남지 못한 것이다.

31. 부록 2, 파트 E 참고.

32. Sodhi, Brook & Bradshaw, pp. 515,517,519. Benton, p. Vii. .

33. Kurzweil, pp. 344-49.

34. Ibid., p. 348. 커즈와일은 관측 가능한 우주 내에 기술적으로 진보한 문명이 "수십억 개"는 있을 것이라고 추측한다. 하지만 그는 이 추측이 대단히 불확실하며 아마 지나치게 낙관적이라고 주장한다.(나는 극도로 지나치게 낙관적이라고 말하고 싶다.) Ibid., pp. 346-47, 357. 하지만 커즈와일이 이 글을 쓴 2005년 이후, 생명체가 거주가 능한 행성들이 지구와 가까운 거리에서 여러 개 발견되었다는 언론보도들이 있었다. E.g.: *The Week,* June 3, 2011, p. 21; Sept. 30, 2011, p. 23; Jan. 27, 2012, p. 19. *Time,* June 6, 2011, p. 18. *The Economist,* Dec. 10, 2011, p. 90. *USA Today,* Feb. 7, 2013, p.5A; April 19-21, 2013, p. 7A; Nov.5,2013, p.5A; May 3,2016, pp. 1A, 3A; May 11, 2016, p. 8A. Lieberman, pp. 36-39. 그러므로 천문학자들이 어째서 외계 문명을 찾지 못했는지 설명해야할 필요가 있다. Kurzweil, p. 357 참고. 이 맥락에서 커즈와일은 "인류 원리(anthropic principle)"을 지독하게 오용하고 있다. Ibid.

35. 이 장의 파트 I에서 사회진화론을 다룰 때 언급한 바, 경쟁을 옹호하거나 미화하려는 시도를 하는게 아님을 분명하게 하겠다. 여기서 어떠한 가치판단도 내리지 않는다. 다소 불쾌한 진실이라도, 진실을 지적했을 뿐이다.

36. "바바라 터치먼(Barbara Tuchman)이 명쾌하게 지적했듯이 '… 잘못된 결정을 내리도록 만드는 가장 중요한 요소는… 권력에 대한 욕망이다.'" Diamond, p. 431.

37. "정부 역시 단기적인 관점에 따라 움직인다. 정부는… 폭발 직전에 있는 문제에만 주의를 집중한다. 지금 조지 W. 부시 행정부와 긴밀한 관계를 유지하고 있는 내 친구 중한 명은 2000년 전국 선거가 치러지고 난 뒤 처음으로 워싱턴 DC를 방문했을 때 정부의 새로운 지도자들에게서 이른바 '90일짜리 생각'의 근시안적 의사결정들을 목격했다고 내게 말했다. 정치인들이 오직 향후 90일 이내에 문제가 될 만한 사안에 대해서만 이야기하더라는 것이다." Ibid., p. 434.

38. 부록 2, 파트 F 참고.

39. 그 외의 이유들은 Kaczynski, Letters to David Skrbina: Aug. 29, 2004, point (I); Nov. 23, 2004, Part IV. E, point 1; March 17, 2005, Part I.A, points 6-8, 10-16, Part II.A, point 3, Part II.B, point 1, Part III.B, points 3-6 참고.

40. e.g., Benton, pp. vi, viii; McKinney & Lockwood, p. 452; Feeney, pp. 20-21에서 이러한 가정을 암시하고 있다.

41. Benton, p. Vii 참고.

42. Ibid., p. iv. NEB (2007), Vol. 4, "dinosaur," p. 104; Vol. 17, "Dinosaurs," pp. 317-18.

43. 후주 42 참고.

44. Duxbury & Duxbury, pp. 111-12, 413-14. Zierenberg, Adams & Arp. Beatty et al 참

고.

45. *The Week*, June 8, 2012, p. 21. 46. Kerr, p. 703.

47. *Popular Science,* June 2013, p. 97.

48. Jonathan Swift, "On Poetry: A Rhapsody," in Browning, p. 274.

49. Zierenberg, Adams & Arp, p. 12962.

50. Kerr, p. 703.

51. Klemm, pp. 147-48.

52. *Evolutionary and Revolutionary Technologies for Mining*, pp. 19-24. 이 책의 List of Works Cited—Works Without Named Author 참고.

53. 예를 들어, 광부들은 암석으로부터 금을 추출하기 위해 시안화물과 수은을 사용한다. 둘 다 맹독성 물질이다. Zimmermann, pp. 270-71, 276. NEB (2002), Vol. 21, "Industries, Extraction and Processing," pp. 491-92. 시안화물을 이용해 추출할 경우, 금 함유량이 극히 부족한 광석에서도 충분한 이익을 얻을 수 있다. Diamond, p. 40. 저품질 구리 광석은 Daniel C. Jackling이 효율적인 채굴 기술을 발명한 1900년에 와서야 채굴되기 시작했다. *World Book Encyclopedia* (2015), Vol. 4, "Copper," p. 1044. *McGraw-Hill Encyclopedia of Science & Technology* (2012), Vol. 4, "Copper metallurgy," pp. 765-68에서 현대적 구리 정제 과정을 설명하고 있다. 타코나이트(Taconite) 같은 저품질 철광석을 활용하는 기술들이 개발되었다. NEB (2003), Vol. 29, "United States of America," p. 372. Zimmermann, pp. 271-73 참고. 어떤 철광석들은 인이 너무 많아서, 여기서 얻은 철은 "실제로 사용하기에는 거의 불가능했다". Ibid., p. 284. Manchester, p. 32. 1875년~1879년에 이러한 광석들로부터 고품질 철을 얻을 수 있는 토마스-길크리스트(Thomas-Gilchrist) 과정이 발명되었다.(발명 시점은 출처마다 다름) Zimmermann, p. 284. NEB (2003), Vol. 5, "Gilchrist, Percy (Carlyle)," p. 265; Vol. 11, "Thomas, Sidney Gilchrist," p. 716; Vol. 21, "Industries, Extraction and Processing," pp. 420, 422, 447-48.

54. E.g., Watson, p. 1A (오래된 금광으로 인한 광범위한 수은 오염); Diamond, pp. 36-37, 40-41, 453-57.

55. Diamond, pp. 455-56.

56. Folger, pp. 138, 140에서 현재 희토류의 필수성을 언급하고 있다. NEB (2007), Vol. 15, "Chemical Elements," pp. 1016-17에서 이전에는 희토류가 유용하지 못했음을 언급하고 있다. 희토류의 중요성에 대한 구체적 설명은 Krishnamurthy & Gupta, pp. 33-73 참고. 이 책의 페이지 73에는 다음과 같이 적혀있다. "매 년 전 세계 희토류 수요는 지난 몇년 동안 크게 변하지 않았다." 아마 Krishnamurthy와 Gupta의 책이 출판되기 전 10년 가량의 제한적 기간에 한해서는 이 서술이 옳을 수도 있다. 하지만 희토류의 광범위한 유용성을 고려하면, 장기적으로는 틀렸을 것이다. Krishnamurthy와 Gupta 스스로가 페이지 743~744에서 적어도 몇몇 희토류는 "전 세계적 사용량이 증가하고 있으며", "전 세계적 수요가 빠르게 증가하고 있다."고 언급했다. 몇년 간 수요가 고정

적이었다 하더라도, 앞으로도 그럴 것 같지는 않다.

57. Margonelli, p. 17. Folger, loc.cit. (풍력 터빈 하나에 수백 파운드의 네오디뮴이 필요하다). Krishnamurthy & Gupta, pp. 50-51에서 관련 기술을 구체적으로 설명하고 있다.

58. Margonelli, p. 18. Folger, p. 145. Krishnamurthy & Gupta, e.g., p. 718.

59. Ibid., Chapt. 9, pp. 717-744.

60. 필자가 살았던 몬태나, 링컨 근처의 Bouma post yard는 구리 비산염으로 울타리들을 처리했다. 필자가 몬태나에서 지낸 25년 내내 운영 중이었다.

61. 이 문단 전체에 대해서는 Zimmermann, pp. 323-24, 401-07; NEB (2002), Vol. 21, "Industries, Extraction and Processing," pp. 515, 520, 523-28; Krauss, p. B8; C. Jones, p. 3B 참고. 앨런 네빈스(Allan Nevins)가 쓴 스탠다드 오일 사 창립자 존 D. 록펠러 전기 역시 이런 점에서 흥미롭다. (참고문헌목록 참고)

62. 이 부분에 대해서는 NEB (2002), Vol. 21, "Industries, Extraction and Processing," pp. 515-19; Mann, pp. 48-63; Walsh, "Power Surge," pp. 36-39; Reed, p. B6; Rosenthal, p. B6; K. Johnson & R. Gold, pp. A1, A6; Vara, pp. 20-21; USA Today, May 10, 2011, p. 2A, Nov. 23, 2012, p. 10A, Nov. 4, 2013, p. 3B, and Nov. 14, 2013, p. 1A. 참고.

63. e.g., Walsh, "Gas Dilemma," pp. 43, 45-46, 48; USA Today, July 19, 2016, p. 6B 참고.

64. The Week, April 8, 2016, p. 7. USA Today, Aug. 11, 2016, p. 4A and Dec. 7, 2016, p. 6B.

65. 이 결론은 이 장에서 발전시킨 자연선택론에 비춰볼 때 대단히 설득력있다. 이는 체제가 온실효과에 대응하기 위한 협상 뿐만 아니라, 전 세계적 국제 협력과 경쟁적 이점을 포기해야 해결할 수 있는 (전쟁의 종식이나 핵무기 같은) 문제들 을 해결하는 데 실패했다는 경험에 의해 입증된다. 코펜하겐 지구온난화 회담의 실패는 USA Today, Nov. 16, 2009, p. 5A and Cancún, The Week, Dec. 10, 2010, p. 23, "Climate change: Resignation sets in." 참고. 그 유명한 "파리 협정"은 "지구의 분기점"이라는 칭송을 받았다. USA Today, Oct. 6, 2016, p. 1A. 하지만 우리 모두가 아는 바, 트럼프 대통령이 그 협정에서 탈퇴했다. 설령 이 협약이 온전하더라도 지구온난화에는 별 다른 영향을 주지 못했을 것이다. Lomborg, p. 7A.

66. 제1장 후주27 참고. Wald, "Nuclear Industry Seeks Interim Site," pp. A1, A20, "What Now for Nuclear Waste?," pp. 48-53.

67. "Radioactive fuel rods: The silent threat," The Week, April 15, 2011, p. 13 참고. E설령 정화작업이 이루어진다 하더라도, 비효율적이고 무능할 것이다. USA Today, Aug. 29, 2012, p. 2A; May 10, 2017, p. 3A ("Tunnel containing nuclear waste collapses"); June 26, 2017, pp. 1A & 2A 참고.

68. Carroll, pp. 30-33. Koch, p. 4B.

69. Carroll, p. 33 (소형 원자력 발전소를 설치하기 위해 "알래스카 갈레나의 외진 마을이

토시바와 협의 중이다.").

70. Matheny, p. 3A.

71. Welch, p. 3A. *The Week*, March 23, 2012, p. 14.

72. Welch, p. 3A. MacLeod, p. 7A.

73. Welch, p. 3A.

74. *The Economist*, April 2, 2011, p. 65.

75. 핵융합 발전이 현실적 대안이 된다면, 핵융합 발전 역시 핵에너지에 포함된다. 그러나 2017년 3월 현재, 모든 핵융합 원자로는 자신이 생성한 에너지보다 더 많은 에너지를 소비했다. 그리고 핵융합 원자로들은 대단히 비싸다. 참고문헌목록의 H. Fountain 참고. 따라서 핵융합 발전소가 경제성을 갖는 날이 온다 하더라도, 아주 오랜 시간이 걸릴 것이다. 핵융합은 완전히 깨끗하고 무한한 에너지원으로 추앙받고 있다. 하지만 실제로는 핵융합 발전소는 주기적으로 방사성 트리튬 가스를 대기에 배출해야 하며, 방사성 폐기물을 만든다. 추가로, 오늘날의 핵분열 발전소는 방사능 유출 사고를 일으킬 가능성이 있다. Taylor et al 참고. 설령 핵융합 발전이 완벽하게 깨끗하고 경제적이라 한들, 체제는 한계에 도달할 때까지 에너지 사용량을 기하급수적으로 늘릴 것이다. 여기서 발생한 열만으로도 (온실효과와는 별개로) 지구온난화를 감당할 수 없는 수준으로 만들 것이다.

76. Matheny, p. 3A. 또한 Lovich & Ennen 참고.

77. Hernandez et al.; Walsh, "Power Surge," pp. 34-35 참고.

78. Matheny, p. 3A. 이 책의 제1판에서는 태양광 패널 제조 과정에 희토류가 필요하다는 "사실"을 *The Week*의 기사로부터 인용했었다. 지금은 그 "사실"이 거짓으로 드러난 것 같다.

79. Hernandez et al 참고. 그리고 태양광 발전소는 수많은 새들을 죽인다. Walston et al. 물론, 화석연료 발전소 역시 기존의 환경파괴에 더해 수많은 새들을 죽인다. 여기서 우리는 "녹색" 에너지가 화석에너지보다 나을 게 없다는 것을 보여주고자 하는 것이 아니다. 우리는 그저 "녹색" 에너지 조차도 환경에 엄청난 피해를 입힌다는 것을 지적하고자 하는 것이다. 기술 체제의 에너지 욕구는 무한하기 때문에, 장기적으로 "녹색"에너지도 끝없이 확장할 것이며 화석연료만큼이나 우리 환경을 심각하게 파괴할 것이다.

80. Kurzweil, p. 13. 몇몇 중요한 지점에서 커즈와일 자신도 이런 오류를 저지르는 것 같다.

81. Ibid., p. 12.

82. Zimmermann, p. 323에 따르면, (가스로 작동하는) 최초의 내연기관은 1860년에 발명되었다. 가솔린과 등유을 사용하는 내연기관은 이후에 등장했다.

83. NEB (2003), Vol. 29, "War, Technology of," p. 575.

84. NEB (2003), Vol. 14, "Atmosphere," pp. 317, 321-22, 330-31, and "Biosphere," p. 1155. Ward, especially pp. 46-53, 75. *World Book Encyclopedia* (2015), Vol. 6,

"Earth," p. 26 (the carbon cycle).

85. NEB (2003), Vol. 14, "Biosphere," p. 1155는 지구 대기가 한 때 "대부분 이산화탄소" 였다고 적고 있지만, 틀렸을 것 같다. 이 책의 "Atmosphere," p. 321에는 "지금으로부터 35억년 동안 대기 중 이산화탄소(CO_2)가 약100분의 1 감소했다."라고 적혀있기 때문이다. 현재의 대기의 CO_2 비율은 대략 0.04%이다. Kunzig, p. 96 (chart). 따라서 35억년 전의 대기는 $100 \times 0.04\% = 4\%$의 CO_2로 이루어졌을 것이다. 한편으로는, Ward, p. 104에 따르면 그 당시 지구 대기의 3분의 1이 CO_2로 이루어졌다고 한다.

86. 35억년 전 태양이 방출한 에너지 추정치들은 비일관적이다.

NEB (2003), Vol. 14, "Biosphere," p. 1155; ibid., Vol. 27,"Solar System," p. 457; ibid., Vol. 28, "Stars and Star Clusters," p. 199; Ward, pp. 43, 74; Ribas, p. 2의 내용들을 비교해볼 것. 그러나 오늘날의 태양이 35억년 전에 비해 25%~45% 가량의 에너지를 더 방출하고 있는 것은 확실해 보인다.

87. NEB (2003), Vol. 14, "Biosphere," p. 1155. 그리고 ibid., "Atmosphere," p. 330; Ward, p. 75 참고.

88. NEB (2003), Vol. 14, "Atmosphere," p. 321. Mann, p. 56.

89. E.g., Mann, p. 62.

90. Ward, pp. 74-75. 와드의 몇몇 주장에 대해서는 부록 4 참고.

91. 메탄에 대해서는 USA Today, March 5, 2010, p. 3A ("북극해의 해저에서 메탄이 스며나와 지구 대기로 들어가는 것으로 보인다... "); Mann, pp. 56, 62 참고.

92. Kunzig, p. 94.

93. Ibid., p. 96 (chart caption).

94. Ibid., pp. 90-91.

95. Ibid., p. 94.

96. Ibid., p. 109 ("그 사례는 우리가… 지구의 모든 화석 연료를 태웠을 때 벌어질 일에 참고할 수 없다.").

97. Ibid., pp. 105-08.

98. 포틀랜드 시멘트 제조가 인간에 의한 이산화탄소 배출량의 5% 가량을 차지하는 것으로 추정된다. National Geographic, Jan. 2016, "Towering Above," unnumbered page.

99. Wood, pp. 70-76; Sarewitz & Pielke, p. 59; Time, March 24, 2008, p. 50 참고.

100. Wood, pp. 72, 73, 76.

101. 부록 4 참고.

102. USA Today, July 1-4, 2016, p. 1A.

103. ibid., Sept. 24, 2014, p. 10A 참고.

104. Ibid.

105. E.g., Science News, Vol. 163, Feb.1, 2003, p. 72 (mercury); Batra (cadmium); USA Today, Aug. 7, 2014, p. 2A (mercury); ibid., Jan. 20, 2016, p. 8A (lead, 그리고 ibid.,

Jan. 27, 2016, p. 7A 참고); *The Week*, Jan. 20, 2012, p. 18 (열화 우라늄탄의 파편은 기형아를 유발한다).

106. 제1장의 후주 20, 21과 e.g., *Vegetarian Times*, May 2004, p. 13 (quoting *Los Angeles Times* of Jan. 13, 2004); *U.S. News &World Report*, Jan. 24, 2000, pp. 30-31 참고. 시안화물에 대해서는 위의 후주 53, 54 참고.

107. 2010년 멕시코만 석유 유출 사고의 영향에 대해서는 *Time*, Sept. 27, 2010, p. 18; *The Week,* Sept. 24, 2010, p. 7 참고.

108. The Week, June 18, 2010, p.12. Searcy, pp. A4, A6.

109. 인공 조명은 반딧불이 개체 수 감소의 부분적 원인으로 추정된다. *National Geographic*, June 2009, "ENVIRONMENT: Dimming Lights," unnumbered page. 수많은 검증되지 않은 화학물질들이 우리 환경에 침투하고 있다. *The Week*, March 12, 2010, p. 14 and Dec. 2, 2011, p. 18; *Time*, April 12, 2010, pp. 59-60. 이는 가끔씩 예상치 못한 피해를 일으킨다. e.g., "Shrimp on Prozac," *The Week*, Aug. 6, 2010, p. 19. 무해할 것으로 생각하고 도입한 외래종들은 흔히 통제불가능할 정도로 번식하고 심각한 피해를 일으킨다. 부록 2의 후주 36 참고. 플라스틱은 해양생물들에게 아무도 예상하지 못한 심각한 피해를 입혔다. Duxbury & Duxbury, p. 302. Gardner, Prugh & Renner, pp. 86-87. *USA Today,* March 23, 2018, p. 3A ("Ocean garbage dump⋯").

110. NEB (2003), Vol. 26, "Rivers." p. 860.

111. E.g., *Denver Post*, Aug. 23, 2005, p. 2B.

112. NEB (2003), Vol. 14, "Atmosphere," p. 331.

113. 이 장에서 제안한 이론과 관련해 작은 섬들에 관한 분석은 부록2의 파트G 참고.

114. 기술광 예언자들 중 가장 잘 알려진 레이 커즈와일이 원래 공상과학 매니아였다는 것은 의미심장하다. Kurzweil, p. 1. 나노기술의 예언자, 킴 에릭 드렉슬러(Kim Eric Drexler)는 원래 "우주여행과 우주식민지 이론을 연구"했었다.Keiper, p. 20.

115. 물론 트랜스휴먼주의자들은 기술광에 해당한다. 하지만 어떤 기술광들은 트랜스휴먼주의자가 아닌 것 같다.

116. Grossman, p. 49, col. 2. Kurzweil, pp. 351-368.

117. Kelly, p. 357.

118. Ibid., pp. 11-12.

119. Grossman, p. 47. Kurzweil, p. 320.

120. Grossman, p. 44, col. 3. Kurzweil, pp. 194-95, 309, 377. Vance, p. 1, col. 3; p. 6, col. 1.

121. Grossman, p. 44, col. 3; p. 48, col. 1; p. 49, col. 1. Kurzweil, pp. 198-203, 325-26, 377. 기술광들-아니면 더 정확하게 트랜스휴먼주의자들-은 업로드 과정에서 그들의 의식이 살아남을 것이라고 간주하는 것 같다. 이 사안에 대해서 커즈와일은 다소 모호하다. 하지만 결론적으로 그의 두뇌를 비생물학적 요소로 한번에 대체하지 않고, 시간을 두고 조금씩 대체하면 그의 의식이 살아남으리라 여기는 것 같다. Kurzweil, pp. 383-86.

122. 윈스턴 처칠, Sept. 15, 1909, quoted by Jenkins, p. 212. 다른 사례: "…자유, 관용, 기회의 평등, 사회주의… 사회나 세계가 이를 목표로 단결한다면 이러한 것들을 실현시키지 못할 이유가 없다."Bury, p. 1 (originally published in 1920; see ibid., p. xvi). 1944년 7월 22일, 존 메이너드 케인즈는 44개국이 "협동"하는 방법을 배우고 있다고 적었다. 그는 이렇게 썼다: "우리가 이렇게 계속 해나간다면… 인류애는 실현될 것이다."(헛소리!)Skidelsky, p. 355.

123. 물론 이는 자기증식 체제가 자신의 이익에 반해 자선활동을 하는 경우가 전혀 없다는 말은 아니다. 하지만 그런 예외사례들은 별로 중요하지 않다. 명백한 자선행위들은 사실 자기증식 체제에게 이익이 된다는 점을 기억하라.

124. Grossman, p. 48, col. 3 ("Who decides who gets to be immortal?"). Vance, p. 6, col. 1.

125. 인간은 먹어야 하고, 입어야 하고, 집이 있어야 하고, 교육받아야 하고, 놀아야 하고, 훈련받아야 하고, 의료서비스가 필요하다. 반면에 기계는 정기점검을 제외하면 지속적으로 일할 수 있다. 인간은 수면과 휴식에 많은 시간을 쓴다.

126. 또한, 현대 사회는 프로파간다를 통해 사람들의 동정심을 자극해 이득을 얻는다. Kaczynski, "The System's Neatest Trick," Part 4 참고.

127. Grossman, pp. 44-46. Kurzweil, pp. 135ff and passim. 인간의 지능을 뛰어넘는 기계는 오늘날 우리가 알고 있는 디지털 컴퓨터가 아닐 수도 있다. 그들은 아마 양자역학 현상에 의존하거나, 생물학적 체제처럼 복합분자를 사용해야할 수도 있다.Grossman, p. 48, col. 2; Kurzweil, pp. 111-122; *USA Today,* March 8, 2017, p. 5B (IBM을 비롯한 기업들이 양자역학을 적용한 컴퓨터를 개발하고 있다.) 필자는 충분한 시간 동안 충분한 자원을 투자한다면, 인간의 지능을 뛰어넘는 일반지능을 갖는 인공장치(강인공지능, Kurzweil, p. 260)를 개발하는 게 가능하리라는 점은 거의 의심하지 않는다. Kaczynski, Letter to David Skrbina: April 5, 2005, 처음 두 문단을 참고. Kurzweil, p. 262에서 예측한대로 강인공지능을 빠른 시일 내에 개발하는 게 기술적으로 가능한지는 다른 문제다. 또한, 세계의 주요 자기증식 체제들이 강인공지능을 필요로 할지 심각하게 의심스럽다. 필요하지 않다면, 그들이 강인공지능 개발에 충분한 자원을 투자해주리라고 간주할 이유는 없다. Somers, pp. 93-94 참고. Contra: *The Atlantic*, July/Aug. 2013, pp. 40-41; The Week, Nov. 4, 2011, p. 18. 하지만, 강인공지능이 곧 등장할 것이라는 추측은 커즈와일의 미래 예측에서 중요한 역할을 한다. 따라서 우리는 그 추측을 받아들이고 커즈와일의 예측을 귀류법으로 반박할 것이다. 하지만 이 장의 Part V의 주장은 강인공지능이 등장하리라는 추측을 필요로 하지 않는다.

128. E.g.: *The Week*, Sept. 30, 2011, p. 14 ("Capitalism is killing the middle class"); Feb. 17, 2012, p. 42 ("No reason to favor manufacturing"); April 6, 2012, p. 11; May 4, 2012, p. 39 ("The half-life of software engineers"); Jan. 29, 2016, p. 32. *USA Today*, July 9, 2010, pp. 1B-2B (machines as stock-market traders); April 24, 2012, p. 3A (computer scoring of essays); Sept. 14, 2012, p. 4F; May 20, 2014, pp. 1A-2A; July

28, 2014, p. 6A; Oct. 29, 2014, pp. 1A, 9A; Feb. 11, 2015, p. 3B; Dec. 22, 2015, p. 1B; Feb. 21, 2017, p. 3B. *The Economist*, Sept. 10, 2011, p. 11 and "Special report: The future of jobs"; Nov. 19, 2011, p. 84. *The Atlantic, June* 2013, pp. 18-20. *Wall Street Journal*, June 13, 2013, p. 36. Davidson, pp. 60-70. Carr, pp. 78-80. Foroohar, "What Happened to Upward Mobility?," pp. 29-30, 34. Markoff, "Skilled Work Without the Worker," pp. A1, A19. Lohr, p. B3. Rotman (entire article). 로봇은 이전에 "인간의 개입"이 필요하다고 여겨진 역할까지 수행할 수 있다. 예를 들어, 로봇은 감정적 교감을 하는 동반자 역할을 인간과 똑같이 할 수 있다.*Popular Science, June* 2013, p. 28. *The Atlantic,* Jan./Feb. 2016, p. 31; March 2017, p. 29.

129. E.g.: *USA Today*, July 20, 2011, p. 3A ("Painful plan in R.I."); Sept. 29, 2011, pp. 1A, 4A; Oct. 24, 2011, p. 1A; Sept. 14, 2012, p. 5A (Spain); Sept. 24, 2012, p. 6B (several European countries); Sept. 28, 2012, p. 5B (Spain); Aug. 5, 2013, p. 3A; Oct. 16-18, 2015, p. 1A; April 26, 2017, pp. 1A-2A. *The Economist,* June 11, 2011, p. 58 (Sweden). *The Week*, April 6, 2012, p. 14 (Greece, Spain); July 29, 2011, p. 12 ("The end of the age of entitlements"). Drehle, p. 32. Sharkey, pp. 36-38. 필자의 친구는 2012년 10월 3일 이런 편지를 보냈다. "제 부모님은 장기요양을 받을 수 없습니다… 지금 많은 주들이… 재산환수를 비롯한 절차를 진행 중입니다… 이것은 즉, 아버지께서 요양원으로 가면, 그분의 재향군인 연금, 사회보장, 생활보조금은 요양비로 쓰일 것이고, 이는 어머니께서 생활비를 구할 길이 없음을 의미합니다. 다른 시나리오는 메디케이드(Medicaid)는 아버지가 돌아가셨을 때 그들의 집을 저당잡고, 어머니의 운이 나쁘면 메디케이드는 아버지가 받은 형편없는 요양 서비스에 든 비용을 집을 팔아 돌려받을 것입니다." 불멸을 추구하는 사람들의 예상되는 미래는 다음과 같다. "야구의 전설 테드 윌리엄스(Ted Williams)의 냉동 머리는 제대로 관리되지 않았다… 언젠가 생명을 되찾으리라는 희망을 품고 냉동보존을 희망했던 타자, 윌리엄스의 머리에는 어느 시점에 빈 참치캔이 들러붙었다. 캔을 떼어내기 위해… 직원이 스패너로 반복해서 내려쳤더니, '얼어붙은 머리 조각'이 사방으로 튀었다." The Week, Oct. 16, 2009, p. 14.

130. E.g.: *USA Today,* Sept. 29, 2011, pp. 1A-2A; Sept. 12, 2016, p. 3A. The Week, Sept. 30, 2011, p.21 ("Poverty: Decades of progress, slipping away"); July 27, 2012, p. 16 ("Why the poor are getting poorer"). Kiviat, pp. 35-37. 또한: "미국 노동자들의 절반의 2010년 수입은 26,364달러 미만이었다. 인플레이션을 고려하면, 1999년 이후 가장 낮은 중위소득이다." *The Week*, Nov. 4, 2011, p. 18. "미국 가정의 평균소득은 2007년~2010년 사이에 40%가량 떨어졌다." Ibid., June 22, 2012, p. 34. *USA Today*, Sept. 14, 2016, p. 1A, reports: "가계소득이 2007년 이 후 처음으로 상승하다." 이는 (2018년 1월) 현재 경제 순환의 고점을 반영한 것이라는 점에는 의심의 여지가 없다. 경제 순환이 다음 저점에 도달하면, 소득은 아마 다시 줄어들 것이다.

131. NEB (2003), Vol. 12, "Turing test," p. 56. 튜링 테스트에 관해서는 NEB가 Kurz-

weil, p. 294보다 더 정확하다. 테스트를 통과하기 위해 기계가 반드시 "인간 지능의 유연성, 미묘함을 모방"할 필요는 없다. 예를들어, *The Week,* Nov. 4, 2011, p. 18 참고.

132. Grossman, p. 44, col. 3. Vance, p. 6, col. 4. Kurzweil, pp. 24-25, 309, 377. 인간-기계 잡종은 "사이보그"라고 부를 수도 있다.

133. Kurzweil, p. 202는 동의하는 것 같다.

134. "종들은 지속적으로 생겼다가 사라진다. 존재했던 종들의 99.9%는 멸종했다." Benton, p. ii. 우리는 이것을 99.9%의 종들이 현재 생존한 어떠한 직계 후손도 남기지 못하고 멸종했다는 의미로 받아들인다. 이 추측과는 별개로, 일반적인 진화 패턴에 비춰봤을 때, 전체 종들 중 극히 일부만이 오늘날 살아있는 후손을 남길 수 있음은 명확하다. 예를 들어, NEB (2003), Vol. 14, "Biosphere," pp. 1154-59; Vol. 19, "Fishes," p. 198, 그리고 "Geochronology," 특히 pp. 750-52, 785,792,794-95, 797, 802, 813-14, 819, 820, 825-27,831-32, 836, 838-39, 848-49, 858-59, 866-67, 872 참고. 멸종은 몇 개의 "대멸종" 사건에만 발생하지 않았다. 비록 시기별로 비율의 차이는 있었지만, 멸종은 진화 과정을 걸쳐 지속적으로 발생했다. Benton, p. ii; NEB (2003), Vol. 18, "Evolution, Theory of," pp. 878-79; NEB (2007), Vol. 17, "Dinosaurs," p. 318 참고.

135. 우리에게는 이 주장을 뒷받침할 명시적 권위가 없지만, Sodhi, Brook & Bradshaw, p. 518이 어느 정도 근거가 될 수 있다. 이것이 상식과 진화와 관련된 사실들과 일반적으로 일치하므로 이런 주장을 했다. 우리는 대부분의 진화생물학자들이 이에 동의할 것이라고 내기할 수도 있다. 물론 그들이 이런저런 의문점과 단서 조항들을 붙이기는 할 것이다.

136. Grossman, pp. 44-46, 49. Vance, p. 6, cols. 3-5. Kurzweil, e.g., pp. 9, 25 ("1시간 동안 1세기의 발전을 이룰수도 있다.").

137. Vance, p. 7, col. 1 (700 years). "Mr. Immortality," *The Week*, Nov. 16, 2007, pp. 52-53 (1,000 years).

138. 이와 비슷한 단체로는 Foresight Institute(Keiper, p. 29; Kurzweil, pp. 229, 395, 411, 418-19) 와 Singularity Institute(Grossman, p. 48, col. 3; Kurzweil, p. 599n45)가 있다.

139. 물론 특정 기술 발전에 대한 기술광들의 믿음을 증명해줄 증거가 있다. 예를 들어, 컴퓨터 성능은 끝없이 가속되리라는 믿음, 또는 언젠가 인체를 영원히 살도록 유지하는 게 기술적으로 가능해지리라는 믿음 말이다. 하지만 미래 사회에 대한 기술광들의 믿음을 증명해줄 증거는 없다. 예를 들어, 우리 사회가 실제로 몇몇 사람들을 수백년간 살게 해주리라는 믿음, 또는 우주 전체로 뻗어나고자할 것이라는 믿음 말이다.

140. Grossman, p. 48, col. 3; p. 49, col. 1 ("특이점 이후의 미래를 예측하는 건 불가능하다"). Vance, p. 7, col. 4. Kurzweil, pp. 420, 424 참고.

141. "어떤 사람들은 컴퓨터의 미래를 일종의 천국으로 여긴다."Christian, p. 68. 유토피아에 대한 기술광들의 믿음은 *The New Atlantis*의 Keiper's journal에 나와있다. 이 이름은 분명히 기술적 "이상 국가"를 묘사한 프랜시스 베이컨의 1623년의 미완성 작품

의 제목으로부터 가져왔을 것이다.Bury, pp. 59-60&n1. 아마 대부분의 기술광들은 그들이 유토피아를 예측하지는 않는다고 말할 것이다. 하지만 그렇다고 해서 그들의 예측이 덜 유토피아스러워지는 것은 아니다. 예를 들어, Kelly, p. 358는 "테크늄은… 유토피아가 아니다."라고 적었다. 하지만 바로 다음 페이지에서 그는 유토피아 찬가를 읊는다. "테크늄은… 생명의 지고선(至高善)을 확장한다… 테크늄은… 정신의 지고선을 확장한다… 기술은… 세상을 무한대로 이해하는 모든 방향으로 가득 채울 것이다." 사실, 켈리의 책 자체가 일종의 간증서이다.

142. Kurzweil, p. 9.

143. 몇몇 사람들은 기술광들의 믿음에서 종교적 특징을 발견했다. Grossman, p. 48, col. 1. Vance, p. 1, col. 4. Markoff, "Ay Robot!," p. 4, col. 2 (광고가 실린 부분은 무시할 것). Keiper, p. 24. Kurzweil, p. 370는 그런 사람을 언급하고서는, 간단히 일축한다. "나는 대안 종교를 찾다가 이 예측에 도달한 것이 아니다." 하지만 그건 중요하지 않다. 성경 기록에 따르면, 사도 바울은 그가 개종했을 때, 새로운 종교를 찾고 있지 않았다. 사실, 그는 예수의 목소리를 듣는 순간까지 기독교인들을 열정적으로 박해하고 있었다.Acts 9: 1-31. Saul = Paul, Acts 13: 9. 분명히 많은, 아마도 대부분의, 개종한 사람들은 의식적으로 새로운 종교를 찾아다니지 않았다. 그저 종교가 그들을 찾아냈을 뿐이다. 커즈와일처럼, 많은 기술광들은 기술교로부터 금전적 이익을 얻고 있다. 하지만 종교로부터 이익을 얻으면서도 동시에 종교적 신앙을 갖는 것은 전적으로 가능하다. *The Economist*, Oct. 29, 2011, pp. 71-72 참고.

144. E.g., Grossman, p. 46, col. 2.

145.기독교가 초기 단계에 있었을 때, 통일된 교리가 없었다. 기독교 신앙은 대단히 다양했다.Freeman, passim, e.g., pp. xiii-xiv, 109-110, 119, 141, 146.

146. 특이점의 다른 버전으로는 나노기술 강화를 통한 "어셈블러 돌파(assembler breakthrough)"가 있다. Keiper, pp. 23-24.

147. 심판의 날과 예수의 재림이 동시에 일어날지, 아니면 수천년의 간격을 두고 일어날지는 확실하지 않다. Relevation 20:1-7, 12-13와 NEB (2003), Vol. 17, "Doctrines and Dogmas, Religious," p. 406 (referring to "the Second Coming… of Christ… to judge the living and the dead") 그리고 ibid., Vol. 7, "Last Judgment," p. 175를 비교해볼 것. 하지만 우리의 논점에는 별다른 영향을 주지 못한다.

148. 내 친구는 프롤레타리아는 소수가 아니었다고 반박했다. (아마 "하층"계급이 전부 프롤레타리아에 해당한다고 착각한 모양이다.) 맑스주의 문헌들은 누가 프롤레타리아인지에 대해 일관적이지 않다. 예를들어, 1899년 레닌은 가난한 소작농들이 "시골 프롤레타리아"를 구성한다고 주장했다. "The Development of Capitalism in Russia,"e.g., Conclusions to Chapter II, section 5; in Christman, p. 19 참고. 그러나 1917년 레닌은 가난한 소작농들을 포함한 소작농들이 "모든 착취받은 자들, 임금노동자들의 무장전위대"인 프롤레타리아에 포함되지 않는다고 분명하게 암시했다. "The State

and Revolution," Chapt. II, section 1; Chapt. III, sections 1 & 3; respec tively pp. 287-88, 299, 307 in Christman 참고. 우리가 맑스주의 신화의 선택받은 자들에 대해 이야기할 때, 이러한 의미의 프롤레타리아를 가리킨 것이다. 그리고 맑스주의 이론의 프롤레타리아는 이런 의미의 프롤레라타리아로 주로 이루어졌다는 것이 분명하다. 예를 들어, 레닌은 1902년에 적었다: "근대 (사회주의) 운동의 힘은 (주로 산업 프롤레타리아로 이루어진) 대중의 계몽에서 나온다..."""What is to be Done?," Chapt. II, first paragraph; in Christman, pp. 72-73. 스탈린의 저서 *History of the Communist Party* 는 산업 노동자들이 프롤레타리아라는 점을 분명하게 한다. 그리고 1917년 혁명 당시 산업 노동자들은 전체 인구의 극히 일부에 불과했다. e.g., first chapter, Section 2, pp. 18, 22; third chapter, Section 3, pp. 104-05 and Section 6, p. 126; fifth chapter, Section 1, p. 201 and Section 2, p. 211. 거의 확실하게, 어떠한 거대 국가에서도 산업 노동자들은 인구의 다수를 구성했던 적이 없다.

149. 종말론적 사교(邪敎)에 대해서는 NEB (2003), Vol. 1, "apocalyptic literature" 그리고 "apocalypticism," p. 482; Vol. 17, "Doctrines and Dogmas, Religious," pp. 402, 406, 408. 또한 성경, Revelation 20 참고.

150. NEB (2003), Vol. 8, "millennium," p. 133. 또한Vol. 17, "Doctrines and Dogmas, Religious," p. 401 ("종말론은 위기 상황에 특히 번성한다.…") 참고. Freeman, p. 15 참고. 중국의 종말론적 사교들에 대해서는 Ebrey, pp. 71, 73, 190, 240; Mote, pp. 502,518, 520,529,533 참고.

제3장

세상을 바꾸는 방법: 피해야 할 실수

"두 개 이상의 모순이 존재하는 복잡 과정을 연구할 때는, 가장 주된 모순을 최선을 다해 찾아내야 한다. 일단 주된 모순이 해결되면, 모든 문제들이 동시에 해결된다."

– 마오쩌둥[1]

"목표가 단순해야 인민이 받아들일 수 있다. 언제나 명쾌한 거짓말이 불분명한 진실보다 더 강한 힘을 가질 것이다."

– 알렉시스 드 토크빌[2]

이 장에서는 사회를 급진적으로 바꾸고 싶은 사람들이 반드시 주목해야 할 몇 가지의 규칙을 다룰 것이다. 모든 규칙을 기계적으로 정확히 적용할 수는 없을 것이며, 상황에 따라 적용할 수 없는 규칙들도 있겠지만 급진주의 운동이 이 규칙들을 고려하지 않으면 성공을 걷어찰 수도 있다.

이 장의 첫 번째 파트에서는 규칙들을 간략하게 설명할 것이다. 그 다음에 규칙의 의미를 검토하고, 사례를 조사하고, 한계에 대해 논할 것이다. 마지막 파트에서는 환경파괴를 비롯한 현대 기술로 인한 문제들을 상대하고자 하는 오늘날의 노력이 이 규칙들을 무시할 경우 어떻게 실패할지 보여줄 것이다.

I. 가정과 규칙

4개의 가정을 제시하는 것으로 시작하겠다. 가정에 대한 논의는 나중으로 미룬다.

가정1. 불분명하거나 추상적인 목표를 통해서는 사회를 바꿀 수 없다. 분명하고 구체적인 목표가 있어야 한다. 어떤 노련한 활동가는 이렇게 말했다. "불분명하고 지나치게 일반론적인 목표는 거의 언제나 실패한다. 공동체가 당신이 원하는 길을 따를 수밖에 없도록 만드는 구체적인 목표를 설정해야 한다."[3]

가정2. 그저 사상을 설파하는 것만으로는 극소수를 제외하고 인간 행동에 장기적이고 중대한 변화를 가져올 수 없다.[4]

가정3. 급진주의 운동은 성실하기는 하지만 운동의 목표와 별로 관계없는 목표를 추구하는 사람들을 유혹하는 경향이 있다.[5] 그 결과 운동의 기존 목표는 흐려지거나, 완전히 왜곡된다.[6]

가정4. 운동이 약소했을 때 가입한 초기 지도자들이 모두 죽거나 은퇴하면, 강한 힘을 가진 모든 급진주의 운동들은 타락하게 된다. 운동이 타락했다는 것은 운동의 조직원들, 특히 지도자들이 운동의 이상보다는 돈, 안정성, 사회적 지위, 권력, 직업적 경력 같은 개인의 영달을 추구한다는 것이다.

이 가정들로부터 급진주의 운동이 주의깊게 살펴야할 규칙들을 유도할 수 있다.

규칙1. 사회를 특정 방향으로 바꾸고자 하는 운동은 변화를 이끌어낼 단 하나의 분명하고, 단순하고, 구체적인 목표를 정해야 한다.

가정1로부터 운동의 목표는 분명하고 구체적이어야 한다는 결론을 얻을 수 있다. 가정3에 따르면 운동의 목표는 흐려지거나 왜곡되는 경향이 있다. 운동이 단 하나의 단순하고, 분명하고, 구체적인 목표를 갖고 있다면 이러한 경향을 손쉽게 막을 수 있을 것이다. 제3장 도입부의 인용구에 나와있듯이, 마오쩌둥은 어떤 상황에서든 중요한 것은 "주된 모순"을 찾는 것이라고 강조했다. 대부분의 경우에 주된 모순을 해결하는 것이 사회 변혁 운동의 하나의 결정적 목표가 된다.

승리를 장담하기 힘든 투쟁 상황에서는 모든 노력을 가장 중요한 하나의 목표에 집중시켜야 한다. 나폴레옹과 클라우제비츠 같은 군사전략가들은 결정적 지점에 힘을 집중시켜야 한다는 점을 알고 있었다.[7] 그리고 레닌은 이 원칙이 전쟁 뿐만 아니라 정치에도 적용된다고 말했다.[8] 하지만 이것은 굳이 나폴레옹, 클라우제비츠, 레닌을 인용하지 않고서도 알 수 있는 보편적인 상식이다. 여유가 없는 상황에서 필사적 투쟁을 마주하고 있다면 가장 좋은 결과를 낼 수 있는 단 하나의 가장 중요한 목표에 힘을 집중시켜야 한다.

규칙2. 운동의 목표가 사회 변혁이라면 일단 실현되면 되돌릴 수 없는 목표를 골라야 한다. 즉, 목표 달성을 통해 사회가 바뀌면 운동 측에서 추가적인 노력을 하지 않아도 사회가 바뀐 상태를 유지해야 한다.

사회를 바꾸기 위해 운동은 강한 힘을 얻어야 하므로 가정4에 의해 금방 타락하게 된다. 일단 타락하면 운동의 조직원들이나 그 후계자들은 더 이상 운동의 이상에 따라 변화된 사회를 유지하지 않고, 오직 개인의 영달만을 추구하게 될 것이며, 따라서 가역적 변혁은 유지될 수 없다.

규칙3. 일단 목표를 설정했으면, 소수의 인원을 설득해 단순한 이념 설파보다 더 강력한 목표를 추구해야한다. 다시 말하자면, 소수는 실용적인 행동을 위해 스스로를 조직해야 한다.

가정2에서 지적했듯이 사상 설파만으로는 사회를 바꿀 수 없으므로 사상 설파보다 더 강력한 수단을 추구하는 단체를 조직할 필요가 있다. 다시 한번 가정 2에 따라, 사상 설파만으로는 오직 극소수의 행동만 바꿀 수 있으므로 적어도 초기에는 이 단체의 숫자는 극소수에 불과할 것이다.

규칙4. 목표에 대한 스스로의 신념을 유지하려면 급진주의 운동은 부적합한 인원을 운동으로부터 제외할 수단을 개발해야 한다.

규칙4는 대단히 중요한데, 가정3에 따르면 부적합한 인원을 받아들일 경우 운동의 목표가 흐려지거나 왜곡될 것이기 때문이다.

규칙5. 일단 혁명 운동이 목표를 달성할 만큼 충분히 강력한 힘을 얻었다면, 그 목표를 최대한 빨리 달성해야 한다. 특히 운동이 비교적 약소했을 때 가입한 기존 혁명가들이 죽거나 정치적 불능상태가 되기 전에 달성해야 한다.

앞서 언급한 바, 목표를 달성하려면 운동은 대단히 강한 힘을 가져야 하므로, 가정4에 의해 금방 타락하게될 것이다. 일단 타락하면 그 운동은 더 이상 목표에 헌신하지 않을 것이므로 반드시 운동이 타락하기 전에 목표를 달성해야 한다.

II. 가정 검토

지금부터 가정들을 주의깊게 살펴보고, 이 가정들이 어느 정도 진실인지 살펴보자.

가정1. 이 가정을 살피기 위해 반드시 노련한 활동가의 의견에 의존할 필요는 없다. 일반론적으로 애매하거나 추상적인 목표로는 효과적 행동을 조직할 수 없다는 것은 분명하다.

예를 들어, 사람들은 "자유"를 저마다 다르게 이해하고 있으며 자유의 어떤 측면이 중요한지에 대해서도 저마다 다른 의견을 갖고 있기 때문에 자유 그 자체는 목표가 될 수 없다. 그러므로 불분명한 "자유"를 향한 효과적이고 지속적인 협동을 조직하는 것은 불가능하며 "평등", "정의", "환경보호" 같은 불분명한 목표들도 마찬가지다. 효과적인 협동을 위해서는 모두가 대략적으로나마 비슷하게 이해할 수 있는 분명하고 구체적인 목표가 필요하다.

그리고 목표가 불분명하거나 추상적이면 실제로는 별다른 성과를 얻지 못했음에도 마치 목표를 달성했거나, 목표를 향해 다가가고 있는 것처럼 위장하기 쉬워진다. 예를 들어, 미국 정치인들은 미국인들의 일상적 현실과는 상관없이 "자유"를 곧바로 미국적 생활방식으로 정의한다. 미국의 이익을 보호하기 위한 대외활동들은 "자유 수호"로 포장되고, 많은 미국인들, 아마 대부분의 미국인들이 실제로 이런 표현을 받아들일 것이다.

따라서 불분명하거나 추상적인 목표를 추구하는 급진주의 운동은 성공할 수 없다는 것은 대개 사실이다. 하지만 언제나 사실인가? 아닌 경우도 있다. 예를 들어, 미국 독립 혁명의 경우 1776년 5월 무렵 미국 혁명가들의 절대 다수는 가장 중요한 목표는 영국으로부터의 독립이라는 점에 동의했다.[9] 이 목표는 분명하고 구체적이었으며 실제로 이루는 데 성공했지만 미국 혁명가들의 목표는 미국의 독립 뿐만이 아니라, 미국에 "공화정"을 세우는 것이었다.[10] 수많은 형태의 정부들을 "공화정"으로 분류할 수 있기 때문에 공화정을 세우겠다는 것은 분명하고 구체적인 목표와는 거리가 멀다. 결과적으로 일단 독립을 이룩하자 혁명가들 사이에서 구체적으로 어떤 "공화정"을 세워야 할지를 두고 극심한 분열이 발생했으나[11] 미국 혁명가들은 오늘날까지 존속하고 있는 공화정을 세우는 데 성공했다.

하지만 미국 혁명가들이 오직 영국으로부터 독립하고 더 이상 방해를 받지 않는 상황이 오고 나서야 공화정을 세우는 데 성공했다는 것을 주목하라. 게다가 미국 혁명가들은 이미 어느 정도 공화적인 영국적 정부 모델을 갖고 있었다는 점에서 특별한 이점을 누릴 수 있었다. 토마스 제퍼슨은 영국의 정부 구조를 군주정과 "자유" 사이의 어딘가에 위치해 있는 "일종의 징검다리"라고 평했다.[12] 미국 혁명가들은 영국 전통으로부터 비롯된 비교적 "진보적" 정치 이념과 계몽주의 철학자들로부터 받은 유산을 공유했다.[13] 그리고 영국은 이미 오래 전부터 대의 민주주의를 향해가고 있었으며, 미국 독립 혁명가들은 그저 기존의 역사적 추세를 가속했을 뿐이다. 그리고 미국 혁명가들이 세운 정부는 여전히 완전한 민주주의와는 거리가 멀으므로 그렇게 빠르게 가속했던 것도 아니다.[14]

제3장 파트3에서는 불분명하고 추상적인 목표를 달성하는 데 성공한 운동 사례들을 살펴볼 것이다. 그러나 우리는 격렬한 저항에 직면한 상태에서, 기존의 역사적 추세의 이점을 누리지 못하면서도 운동이 성공한 사례를 알지 못한다.

기존의 역사적 추세의 도움을 받지 못하며 사회의 격렬한 저항을 받는 급진주의 운동들 역시 운이 좋다면 불분명하고 추상적인 목표를 달성할 수 있겠지만, 명확하고 구체적인 목표가 없는 급진주의 운동은 대단히 불리한 입장에 처하리라는 것은 사실일 것이다. 급진주의 운동이 마주하는 저항이 심할수록, 급진주의 운동은 모든 에너지를 단 하나의 목표에 집중하고 단결해야 하며, 집중하고 단결하려면 명확하게 정의된 목표가 필요하다.

그러나 가정1이 명확하고 구체적인 목표가 반드시 필요한 상황에서 추상적인 목표가 항상 쓸모없다는 말은 아니다. 대개 추상적인 목표는 운동의 구체적인 목표를 정당화하고 동기를 부여하는 데 핵심적인 역할을 한다. 단순한 예를 들면, "자유"를 향한 열망은 독재자를 타도하고자 하는 운동을 정당화하고 동기를 부여해줄 수 있을 것이다.

가정2는 일상적으로 경험할 수 있는 상식이다. 우리 모두 설교만으로는 사람의 행동을 바꿀 수 없다는 사실을 알고 있다. 사실 가정2에는 중요한 예외들이 있지만, 이를 논하기 전에 우리는 예외로 보이는 것들이 실제로는 전혀 예외가 아니라는 것을 주목할 필요가 있다.

예를 들어, 예수 그리스도의 가르침이 인간 행동에 효과적으로 영향을 주었다고 간주하는 것은 실수일 것이다. 초기 기독교인들은 실제로 그들의 해석에 따른 예수의 가르침에 따라 살고자 했던 것으로 보이지만 그 시대의 기독교인들은 극소수에 불과했다. 시간이 흐르면서 기독교적 생활방식은 기독교인의 숫자에 비례해 점진적으로 타락했으며[15] 로마 제국에서 기독교가 주류가 됐을 무렵에는 오직 소수의 기독교인들만이 기원후 1세기의 기독교인들이 살던 방식대로 살고 있었다. 세상은 늘 그러했듯이 전쟁, 욕정, 탐욕, 배신으로 가득했다.

당연하게도 기독교 교리는 그 시대마다 사회의 편의에 맞게 재해석되었다. "고리대금"을 금지하는 교리는 원래 돈을 빌려주고 이자를 받는 일체의 행위를 금지했으나[16] 기원후 200~250년부터 자주 위반되기 시작했다. 고리대금을 금지하는 교리가 경제성장을 방해하지 않았던 중세시대에는 이론적으로는 유효했지만, 이 교리가 경제성장에 걸림돌이 되자 폐기되었다.[17] 그리고 오늘날 돈을 빌려주고 이자를 받는 것은 기독교의 가르침에 어긋난다고 주장하는 기독교인은 거의 없을 것이다.

복음서들이 예수의 입장을 정확하게 반영했다는 가정 하에, 예수 그자신은 모든 형태의 재산 축적에 반대했으며[18] 초기 기독교인들은 예수의 가르침에 따라 살고자 했을 것이다. "많은 이들이 집과 땅을 판 돈을 가져와 사도들의 발 앞에 내려놓았다. 그리고 모두에게 각자 필요한 만큼 나누어 주었다."[19] 하지만 이는 오래가지 않았다. 기원후 2세기 초반에는 이미 부유한 기독교인들이 나타났고, 야고보서는 가난한 기독교인 동지들을 돕지 않는 부자 기독교인들을 비난하고 있다.[20] 시간이 흐름에 따라 부유한 기독교인들의 숫자도 늘어났고, 그들 중에는 탐욕스럽거나 빈자들을 위해 어떠한 일도 하지 않은 이들도 있었다.[21] 그리고 오늘날 미국에서 대다수의 기독교인들이 빈민 구제에 대부분 비기독교인인 좌익들보다도 무관심하다는 것은 분명하다.[22]

북미와 서유럽에서는 기독교의 가르침 덕분에 사회의 잔인함과 폭력성이 감소했다고 보는 경우가 많으며, 일반적으로 예수는 평화주의자로 알려져있다. 원래 예수의 "죽이지 말라"는 가르침은 모든 죽임을 금지하는 것이 아니라, 오직 "살인", 즉 정당화 할 수 없는 죽임을 금지하는 것이었다.[23] 그리고 기독교 사회들은 언제나 그들의 필요에 따라 무엇이 "정당화 할 수 없는" 죽임인지 그들만의 정의를 내렸고, 설령 예수가 태어나지 않았더라도 똑같이 했을 것이다. 유럽에서 기독교가 가장 강성했던 시대는 중세시대, 유난히 잔인하고 폭력적인 시대였으며[24] 잔인함과 폭력은 17세기부터 지금까지 기독교의 약세에 비례해 감소했다. 그러므로 이런 점들을 고려하면 예수의 가르침이 인간 행동에 중대한 영향을 준 것으로 보이지 않는다.[25]

또 하나의 사례로 칼 맑스를 살펴보자. 실용적 혁명가로서 맑스의 활동기간은 오직 12년1848~1852, 1864~1872에 불과했고 그다지 성공적이지 못했다.[26] 맑스의 주된 역할은 사상 설파, 즉 이론가로서의 역할이었으나 가끔씩 맑스가 20세기 역사에 결정적인 영향을 주었다고 주장하는 사람들이 있다. 실제로 결정적 영향력을 행사한 이들은 레닌, 트로츠키, 스탈린, 마오쩌둥, 카스트로 등 맑스주의의 이름으로 혁명을 조직한 활동가들이었으며 이들은 맑스주의자를 자처했지만, "객관적" 상황에 따라 필요하다면 망설임 없이 맑스의 이론을 유예했다.[27] 게다가 그들의 혁명을 통해 등장한 사회는 오직 어느 정도 사회주의적이었다는 점 외에는 맑스가 기대했던 사회의 모습이 아니었다.

맑스는 사회주의를 발명하지 않았으며, 그가 혁명을 시작한 것도 아니었다. 이미 맑스 생전에 사회주의와 혁명의 "기운"은 감돌고 있었으며 그 기운은 어떤 똑똑한 양반이 우연히 떠올려서 시작된 것이 아니다. 맑스 스스로 주장한 바[28] 그 기운은 그 시대의 사회적 조건들에 의해 발생한 것이다. 설령 맑스가 태어나지 않았다 하더라도 혁명가들은 여전히 존재했을 것이며 혁명가들은 다른 사회주의 이론가를 수호성인으로 내세웠을 것이다. 그 경우 용어와 세부적 이론은 달랐겠지만 뒤따르는 정치적 사건들은 아마 동일했을 것이다. 그 사건들은 맑스의 이론에 의해 결정된 것이 아니라, 사회주의 혁명을 조직한 혁명가들의 결정과 "객관적" 조건들이 결합해서 발생한 것이기 때문이다. 그리고 앞서 지적한 바, 혁명가들은 맑스의 이론보다는 혁명 작업의 실질적 사건에 따라 움직였다.

설령 칼 맑스가 없었더라면 역사가 다른 방향으로 흘렀으리라고 가정하더라도, 앞서 말했듯이, 사회주의 혁명을 통해 등장한 사회들은 맑스가 예측하거나 원했던 모습이 아니었기 때문에 그 역사적 사건들이 맑스의 사상을 대표하는 것은 아니다. 그러므로 맑스가 사상 설파를 통해 많은 것을 성취한 것 같지는 않다.

이와 유사한 이유로, 역사에 영향을 주었다는 "위대한 사상가"들의 사상이 그 목표를 달성한 사례들은 선지자 무함마드처럼 사상가가 동시에 자신의 사상을 실행할 줄 아는 활동가이기도 했던 사례들을 제외하면 극히 드물 것이다. 그러므로 선지자 무함마드 같은 행동할 줄 아는 사상가들은 사상 설파 그 자체로는 극소수를 제외하고 인간 행동에 중요하고 장기적인 변화를 줄 수 없다는 원칙의 반례가 될 수 없다. 그럼에도 불구하고, 가정2의 몇 가지 반례들을 언급할 필요가 있다.

어린이들은 부모와 그들이 존경하는 주변 어른들의 가르침을 대단히 잘 받아들인다. 그리고 어린이에게 설파한 원칙들은 일생에 걸쳐 그의 행동을 인도할 수도 있다.

사람들에게 설파된 사상이 많은 이들에게 개인적 이익을 줄 수 있다면, 인간의 행동에 중요하고 장기적인 영향을 줄 수도 있다. 예를 들어, 실증과학의 합리적 방법론은 처음에는 오직 극소수만이 설파했지만 그 사상을 받아들인 이들에게 엄청난 실용적 유용성을 주었기에 전 세계적으로 받아들여졌다. 그럼에도 불구하고, 과학적 합리성은 그것을 적용하는 이들에게 유용할 때만 적용된다. 예를 들어 비합리성이 더 유용한 경우, 현실을 정확하게 설명하는 것이 목표가 아니라, 특정 이념과 세계관을 지지하는 것이 목표인 특정 사회과학 분야에서는 과학적 합리성을 자주 무시한다.

현대 사회의 권력 구조는 유능한 프로파간다 전문가들과 대중 매체를 이용한 광범위한 사상 설파를 통해 인간 행동을 바꿀 수 있다. 기성 권력 구조 바깥에 있는 집단도 프로파간다를 사용해 인간 행동을 바꿀 수 있겠지만, 오직 그 집단이 정교한 대규모 미디어 캠페인을 감행할 수 있을 만큼 부유하고 강할 때만 가능할 것이다.[29] 그러나 프로파간다 전문가들이 인간 행동을 바꾸는 경우에도, 그 변화가 영구적인지는 의문이다.

그러한 변화는 프로파간다가 중단되거나, 반대의 프로파간다가 시작되면 손쉽게 뒤집히는 것으로 보인다. 그렇기에 나치 독일의 프로파간다, 소비에트 연방의 맑스-레닌주의 프로파간다, 중국의 마오주의 프로파간다의 효과는 그 프로파간다 시스템이 중단되자 빠르게 사라졌다.

가정3. 모든 급진주의 운동들은 어느 정도 운동의 목표와 상관 없는 사람들을 유혹하는 경향이 있을 것이다. "지구 먼저Earth First!"가 1980년대 창설되었을 당시의 목표는 그저 야생의 자연을 지키는 것이 전부였으나 야생의 자연보다는 사회운동에 더 관심을 갖는 좌파 부류의 사람들을 많이 끌어당겼다. 미국의 중앙 아메리카 개입 반대, 낙태 권리, 반핵 운동에 참여했던 레디컬 페미니스트 주디 바리Judi Bari가 좋은 사례이다. "마침내 그녀는 환경주의를 자신의 대의 목록에 추가했으며"[30] "지구 먼저"에 가입했다. 이런 부류의 사람들이 잔뜩 들어오자 "지구 먼저"의 기존 목표는 좌파적 "사회 정의" 목표에 심각하게 오염되어 흐려졌다.[31]

그러나 모든 급진주의 운동들이 다른 목표를 추구하는 사람들을 동일한 정도로 유혹하지는 않을 것이다. 불법적이고 탄압 당하는 운동은 개인적 위험을 수반하기 때문에 대부분의 괴짜, 선행가들에게는 매력이 없는 반면에 위험, 음모, 폭력을 자발적으로 추구하는 모험가들에게는 매력적일 것이다.[32] 반복하자면, 어떤 급진주의 운동이 그 합법성 여부와는 별개로 단 하나의 구체적이고 명확하게 정의된 목표를 향해 치열한 투쟁을 하는 데 전념하고 있다면 그 목표에 헌신할 각오가 없는 사람들을 유혹하지 않을 것이다.

위 문단의 진실 여부와는 별개로 운동의 목표가 단 하나의 단순하고, 구체적이고, 명확하며, 운동이 그 목표를 향해 전적으로 헌신하고 있다면 설령 산만한 목표를 추구하는 사람들이 들어와도 목표는 흐려지지 않는 것 같다. 예를 들어 대부분의 초기 페미니즘 지도자들은 금주, 반전주의, 평화주의, 노예제 폐지를 비롯한 소위 "진보적" 대의 전반을 추구하는 다양한 관심사를 지닌 전문 개혁가들이었다.[33] 그러나 일단 페미니즘 운동이 1870년 여성 참정권이라는 단 하나의 명확한 목표에 집중하기 시작하자, 1920년대 그 목표를 달성할 때까지 집중력을 완벽하게 유지할 수 있었던 것으로 보인다.[34]

그러므로 가정3의 "경향이 있다"는 서술은 이 가정이 절대적인 법칙이라는 것이 아니라, 사회운동이 처할 수 있는 위험을 강조하는 것이다. 하지만 그 위험은 심각한 것이다.

가정4. 가정4의 의미를 분명히 밝힐 필요가 있다. 다음과 같은 상황이 아니라면 운동이 반드시 철저하게 타락하지는 않을 것이다. (1) 운동 가입에 따르는 물리적 위험 또는 사회적 명성 상실 같은 위험이 없다. (2) 운동이 조직원들에게 돈, 안전, 지위, 경력, 운동 내부 뿐만 아니라 사회 전체에 통용되는 사회적 명성을 줄 수 있다. 운동이 사회의 지배적 힘이 되어 안정성을 얻게 되고 완벽하게 타락하기 전까지는, 운동의 이상은 어느 정도의 잔여 효과를 갖고 있을 수 있다.

검토의 대상이지만, 가정4는 언제나 참인 것으로 보인다. 급진주의 운동이 비교적 약소할 때 가입한 사람들은 운동의 목표와 어긋나는 저마다 다양한 개인적 목표를 갖고 있을 수도 있지만, 운동 가입을 통해 전통적 이익을 얻을 수 없기 때문에 그 사람들은 적어도 전통적 의미에서 이기적인 사람들이 아니다. 사실, 운동 가입으로 인해 심각한 위험에 처하거나 희생을 해야할 수도 있다. 그들은 부분적으로 권력에의 욕망에 의해 움직일 수 있지만, 그들은 그 욕망을 미래에 강해지고 목표를 달성하기를 희망하는 운동에 참여해 채우고자 한다.[35] 그들은 운동 내부에서 권력 투쟁을 할 수도 있지만, 그들은 권력적 지위를 통해 이미 강하고 견고해진 기성 사회 운동과 같은 안정성을 얻을 수 있으리라고 기대하지는 않는다.

하지만 일단 운동이 돈, 안정성, 지위, 경력, 권력적 지위 같은 이익들을 제공할 수 있게되면, 이는 기회주의자들을 강렬하게 유혹한다.[36] 이 단계에서 운동은 이미 거대한 행정 기구들을 갖추고 있기 때문에 기회주의자들을 배격하는 것은 사실상 불가능하다. 볼셰비키가 러시아를 지배하기 시작했을 때, 그 막강한 레닌조차도 당에 가입하는 기회주의자 무리들을 배격할 수 없었으며 트로츠키에 따르면 "이들은 스탈린 정권의 수호자가 되었다."[37] 또한 운동이 지나치게 강해지면, 심지어 진실했던 혁명가조차도 권력의 유혹에 굴복할 수도 있다. "자유 투사들의 역사는 그들이 공직을 맡고 권력 집단들과 교류하기 시작하면, 그들이 빈자들을 위해 권력을 부여받았다는 사실을 잊어버린다는 것을 보여준다. 자유 투사들은 대개 현실감각을 상실하고, 그들의 인민을 배신한다."넬슨 만델라[38]

역사를 보라. 우리는 교회가 강해지자 기독교가 어떻게 되었는지 대단히 잘 알고 있다. 성직자들의 타락은 그 시대 교회의 권력과 정비례하는 것으로 보이며 어떤 교황들은 실제로 타락했다.[39] 이슬람이라고 해서 나을 것은 없다. 선지자의 죽음 24년 후, 그의 사위, 칼리프 우스만 이븐 아판Uthman ibn Affan은 반란군의 손에 죽었고, 이후 이슬람 내부에서 장기간의 권력 투쟁과 폭력이 이어졌으며[40]그 후의 역사에서도 이슬람은 기독교보다 하등 나을 것이 없었다.[41] 프랑스 혁명은 나폴레옹의 독재로 이어졌고, 러시아 혁명은 스탈린의 독재로 이어졌다. 1910~1920년 멕시코 혁명 이후, 혁명적 이상은 점진적으로 그 내용물을 잃어갔고, 멕시코는 실제로는 혁명적이지 않으면서 "혁명"을 자처하는 당의 독재를 겪게 되었다.[42]

사회학자 에릭 호퍼는 이렇게 적었다.

> 국가사회주의 운동이 초기 단계일 때, 히틀러는 운동은 아무런 보상을 해줄 수 없을 때만 그 활기를 유지할 수 있다고 경고했다.… [43]

> 히틀러는 이렇게 말했다. '운동이 더 많은 지위를 건네줄수록, 열등한 자들을 더 많이 끌어당긴다. 결국 기회주의자들이 성공적인 당을 뒤덮게 되어, 옛날의 정직한 투사들이 더 이상 옛 운동을 알아볼 수 없는 지경에 이른다.… 이 단계에서 운동의 "사명"은 끝장난 것이다.'[44]

1949년 3월, 중국 공산당이 승리를 앞두고 있을 때 마오쩌둥은 경고했다.

> 승리와 함께, 오만함, 영웅심리, 타성, 무사태평함이 당 내부에 자라고 있다.… 동지들은 반드시 겸손하고 신중하게 남아있어야 하며, 오만함과 경솔함을 경계해야 한다. 동지들은 반드시 검소하고 투쟁적 삶을 유지해야 한다.[45]

당연히 마오쩌둥의 경고는 무의미했다. 이미 1957년 그는 불평했다.

최근 우리 동지들 사이에 인민과 희로애락을 함께하지 않고, 개인의 영달만을 추구하려는 위험한 분위기가 생겨나고 있다.[46]

오늘날 중국 공산당 정권은 그 부패로 악명높다. 당원들과 관료들은 공산주의 이상보다는 그들의 경력을 더 중요하게 여기며,[47] 중국 정부 내부는 노골적인 부정행위로 가득차 있다.[48]

미국 독립 전쟁이 끝나기 직전, 토마스 제퍼슨은 이렇게 적었다.

모든 법률적 기본권들을 수정할 최적의 시간은 우리 지도자들이 정직하고 우리가 단결하고 있는 지금이라는 사실을 몇번이고 지적해도 지나치지 않다. 일단 이 전쟁이 끝나면 우리는 내리막길을 걷게 될 것이다.[49]

실제로 전쟁이 끝나자 마자 13개 주 사이에서 신생국가가 분열될 정도의 불화와 다툼이 터져나왔다.[50] 1787년 헌법 제정을 통해 미국 혁명가들은 연방을 유지하는 데 성공했으나 1798년 반자유주의적 법률 이민-소요죄법Alien and Sedition Acts [51] 제정은 기존 혁명가들도 혁명적 이상을 잃었음을 보여준다. 그리고 기존 혁명가 대부분이 죽고난 후 미국 정치에는 일말의 이상도, 진실성도 남지 않은 것으로 보인다.[52] 왜 미국은 라틴 아메리카 국가들처럼 독재자나 과두정의 지배를 당하지 않았는지 질문해야 한다. 이에 대해서는 아메리카 식민지들은 혁명 전부터 다른 영국계 국가들 처럼 이미 어느 정도 민주적인 정부에 익숙해져 있었기 때문에 전체주의적인 정권을 용납하지 않았으리라는 것이 부분적 답변이 될 수 있다.

III. 규칙 검토

이 규칙들은 가정들로부터 직접 도출되었으므로, 규칙들에 관한 논의는 가정들에 관한 앞선 논의의 연장선에 불과하다.

규칙1에 따르면 운동은 단 하나의, 분명하고, 단순하고, 구체적인 목표가 필요하다.

멕시코의 시민사회 운동은 규칙1을 노골적으로 어긴 운동에게 어떤 일이 벌어지는지 잘 보여주는 사례이다. 시민사회 운동은 1985년에 시작됐다.[53] 시민사회 운동의 목표는 "집중된, 중앙화된 권력"에 반대[54]하고 "인권, 시민권, 정치개혁을 위해, 일당독재에 맞선 사회 정의를 위해" 싸우는 것이었다.[55] 그래서 이 운동은 탈중앙화와 "권력의 재분배"[56]를 추구했고, "약자의 편, 소작농과 노동자, 빈민과 인디언들의 편을 드는 경향"[57]이 있었다.

시민사회 운동이 단 하나의, 분명하고, 구체적인 목표를 갖고 있지 않았다는 것은 분명하다.[58] 시민사회 운동에서 비롯된 한 분파는 단 하나의 분명하고 구체적인 목표를 채택했는데, 예를 들어 멕시코 반핵 운동은 시민사회 운동의 일부였다.[59] 이 운동의 하나의 목표는 멕시코의 원자력 에너지 개발을 막는 것이었으나 멕시코에 한 개의 원자력 발전소가 세워졌으므로 완벽한 성공을 거두지는 못했다. 그러나 "반핵 운동은 멕시코의 미래 원자력 산업을 상대로 완전한 승리를 거두었다." 멕시코의 집권당이 "십수 개의 원자력 발전소를 지으려는 야심찬 계획을 폐기"[60]했기 때문이다.

하지만 멕시코 시민사회 운동이 시작된지 33년이 지난 오늘날2018 이 운동에 대해 들어본 이가 있는가? 이 운동은 위의 목표들을 향한 유의미한 성취를 얻지 못한 채 점차 사라진 것으로 보인다. 2000년도 선거에서 멕시코 대통령 비센테 폭스Vicente Fox의 "보수주의"라고 쓰고 "권위주의"라고 읽는다 정당 국민행동당PAN이 제도혁명당PRI의 권력 독점을 분쇄해 "일당독재"를 종식시킨 것으로 보였지만 사실 제도혁명당PRI의 기술관료들 대부분은 "국민행동당PAN과 권력을 공유"하기를 원했다. 멕시코를 기술관료들의 통제 하에 두면서도 표면적으로는 일당독재국가가 아닌 것처럼 보이게 만들고 싶었기 때문이다.[61] 기술관료들의 권력 공유 협정은 지금까지 유효하다. 국민행동당PAN은 두 차례2000~2012 대통령 집권을 했고, 이후 제도혁명당PRI이 다시 집권했다. 그러나 2018년 7월 1일, "좌파"로 알려진 마누엘 로페스 오브라도르Manuel López Obrador가 멕시코 대통령으로 당선되었고, 오브라도르의 국가재건운동당MORENA도 선출직에서 승리했으므로[62] PRI-PAN 체제가 힘을 잃었음은 분명하다. 그러나 한편으로는, 전통적으로 막강했던 멕시코 대통령과 중앙정부는 멕시코 주지사들의 권력이 증가하면서 어느 정도 약해졌다.[63] 이로써 멕시코의 "권력의 재분배"가 이루어졌으나 이는 시민사회 운동가들이 기대했던 권력의 재분배가 아니었다. "주지사들은 독자적인 감시, 입법 기관을 통해 '중세 영주'처럼 군림하고 있으며"[64] 대단히 부패했다.[65]

멕시코의 권력의 재분배는 다른 방향으로도 이루어졌다.

멕시코의 많은 지역에서 마약 카르텔들은 정부보다 강력하다. 멕시코의 세 개의 주요 마약 카르텔들이 태평양 연안, 산업 중심지, 멕시코만 연안의 관광지를 실질적으로 지배하고 있다. …카르텔들은… 뇌물과 협박이 통하지 않는 정치인, 경찰관, 언론인들을 망설임 없이 죽인다. … 그럼에도 카르텔들은 멕시코 빈민들에게는 민중 영웅이다. … 이제 카르텔 조직원들 중에는 멕시코 특수부대 대원 다수가 포함되어 있으며 멕시코 권력 구조의 상당 부분에 침투했다. … 그들은 지역 경찰관, 군 장성, 대통령 보좌관들까지 정부의 모든 계층을 부패시켰다.[66]

다시 말하지만 이는 시민사회 운동가들이 기대했던 형태의 "권력의 재분배"가 아니다.

멕시코의 새 대통령, 로페스 오브라도르는 혁명가가 아니다. 그는 빈민들을 구제하고 싶다고 말했으며 당연히 그렇게 하고자 하겠지만 동시에 대기업들에게서 지지를 받는 것도 중요하다고 느낄 것이다.[67] 그리고 빈민들을 구제하고자 하는 오브라도르의 노력이 이전 멕시코 대통령들의 노력보다 더 효과적일지는 심각하게 의심해 보아야 한다.[68] 여하간 "멕시코의 만연한 정부 부패를 종식"시키고 마약 카르텔의 살인을 멈추겠다는 오브라도르의 약속[69]은 정치인들이 선거철에 흔히 내거는 사탕발림에 불과하다. 멕시코 정부는 마약 카르텔들을 통제하기 위해 수년 간 노력해왔지만 성과를 내지 못했고[70] "만연한 부패"는 멕시코 정치 문화에 깊게 스며들었으며 좀처럼 사라지지 않을 것이다.[71]

그래서 멕시코 시민사회 운동의 성취는 무엇인가? 시민사회 운동의 일부 분파는 그들의 구체적인 목표를 달성했지만, 운동의 일반론적 목표는 거의 아무것도 달성하지 못했다.[72]

19세기 전반에 영국과 미국의 페미니스트들의 목표는 권력, 존엄성, 기회의 측면에서 여성과 남성을 동등하게 만드는 것이었다. 이 목표는 불분명하고 일반론적이었으므로 이들 초기 페미니스트들이 별다른 성취를 얻지 못한 것은 놀랍지 않다.[73] 하지만 앞서 살펴봤듯이, 대략 1870년 페미니스트들은 여성의 투표권 획득이라는 단 하나의 분명하고, 단순하고, 구체적인 목표를 정했다.[74] 페미니스트들은 여성의 투표권이 여성에게 힘을 줄 열쇠이며 그 힘으로 다른 목표들을 이룰 수 있다는 것을 깨달았던 것 같다. 1920년대에 그 목표를 달성할 때까지 페미니스트들은 여성 참정권에 노력을 집중했다.

1920년대 후로 페미니즘 운동은 더 이상 단 하나의 분명하고 구체적인 목표를 갖고 있지 않다. 페미니즘 운동은 다양한 목표들을 추구하는 여러 갈래의 분파들로 나누어졌으며, 서로 갈등을 겪는 경우가 많다.[75] 그러나 규칙1에도 불구하고, 페미니스트들에게는 규칙1을 무시해도 괜찮을 만큼 중요한 이점이 있었기에 여성이 남성과 동등한 권력, 존엄성, 기회를 갖게 한다는 일반론적 목표를 향해 꾸준히 전진할 수 있었다.[76]

무엇보다도, 초기 페미니스트들의 여성 투표권 달성 덕분에 여성은 집단적 힘을 갖게 되었다. 이제 선거에서 승리하고자 하는 정치인은 여성의 요구를 무시할 수 없다. 더 중요한 것은, 역사의 흐름이 페미니스트들에게 우호적이었다는 것이다. 산업 혁명이 시작된 이래 기술 체제에게 필요한 차별을 제외하고 개인 간의 모든 차별을 제거하고자 하는 "평등"을 향한 강력한 흐름이 있어왔다.[77] 수학자는 오직 그/그녀의 수학 실력만으로 평가받아야 하며, 정비공은 오직 그/그녀의 엔진 지식만으로 평가받아야 하며, 공장 관리자는 오직 그/그녀의 공장 관리 능력만으로 평가받아야 한다. 그리고 시간이 지나면서 수학자, 정비공, 공장 관리자의 종교, 사회 계급, 인종, 성별 등등의 중요성은 점차 줄어들기 시작했다. 페미니스트들의 성 평등 목표가 이러한 역사적 흐름과 조화를 이루었기에 페미니즘에 반대하는 힘은 점차 사라졌으며 최소한 1975년부터 언론, 문화, 정치 분위기는 성 평등에 압도적으로 우호적이다.

1945년 이전의 영국, 미국의 페미니즘과 멕시코 시민사회 운동을 비교하면 운동이 더 강한 저항에 부딪힐 수록, 모든 에너지를 단 하나의 명확하게 정의된 목표에 집중해야 한다는 원칙을 얻을 수 있다. 페미니스트들은 부분적으로 20세기 중반부터 더 이상 심각한 저항에 직면하지 않았기 때문에 성 평등이라는 불분명한 목표를 향해 조금씩 나아갈 수 있었다. 그러나 멕시코 시민사회 운동은 멕시코의 권력 구조로부터 대단히 강렬한 저항을 받았다. 단 하나의 분명하고 구체적인 목표가 없었던 시민사회 운동의 실패는 시작부터 예정되어 있었다.

규칙1과 관련해서 아일랜드의 역사를 살펴보는 것도 도움이 된다. 최소한 1711년부터 1880년대까지, 아일랜드 소작농들이 처한 가혹한 조건들로 인해 만성적인 농민 봉기가 발생했다.[78] 1798년 폭력적 혁명 시도가 있었으나 명확한 목표가 없는 비조직적, 비계획적인 봉기였기 때문에 처참하게 실패했다.[79]

아일랜드인들은 다니엘 오코넬Daniel O'Connell이 등장하고 나서야 성과를 얻기 시작했다. 오코넬은 정치 천재이자 매혹적인 연설가였으나[80] 대부분의 정치 천재들과는 달리 그는 진심으로 조국의 안녕에 헌신하는 진정한 애국자였다. 오코넬의 궁극적 목표는 "아일랜드 평민들의 생활 개선"이였다.[81] 이 불분명하고 일반론적인 목표를 이루고자 오코넬은 분명하고 구체적인 목표를 정했는데, 즉 "가톨릭 해방"[82]이다. 아일랜드 가톨릭 신자들에게 정치적 불이익을 가했던 법률들을 폐지하는 것이었다.[83] 예를 들어, 가톨릭 신자들은 법관, 의원이 될 수 없다. 가톨릭 해방은 오직 요직에 오르거나 의원으로 선출될 극소수 아일랜드인들에게만 직접적 이익을 줄 수 있었지만, 가톨릭 해방을 통해 의회에 아일랜드 대표자를 보낼수 있었고, 무엇보다도 영국 정부에게 아일랜드인들의 집단적 힘을 증명하므로써 간접적으로 수많은 아일랜드 가톨릭 소작농들에게 도움을 줄수 있었다.[84]

오코넬은 가톨릭 해방을 목표로 한 대단히 잘 조직되고 규율 잡힌운동을 만들었으며 6년만에 그 목표를 달성했다.[85] 가톨릭 해방은 페미니즘 운동을 도왔던 "평등"을 향한 역사적 흐름과 일치했기 때문에 오코넬이 아니었더라도 언젠가는 이루어졌을 것이다. 그러나 1829년의 가톨릭 해방은 억지로 받아낸 것이기 때문에 오코넬과 그의 조직이 없었더라면 가톨릭 해방은 아마 한참 후로 미루어졌을 것이다.[86] 그리고 오코넬이1798년 봉기와 같은 폭력 봉기가 또 일어날 수도 있다며 영국 정부를 압박하지 않았더라면 그 시대에는 해방을 얻을 수 없었을 것이다.[87] 그러므로 1798년의 반란은 무자비하게 진압당했지만, 무의미하지는 않았다는것을 주목할 필요가 있다.

당연하게도 단 하나의 분명하고, 단순하고, 구체적인 목표를 향한 뛰어난 조직을 만든다고 해서 성공이 보장되는 것은 아니다. 1840년, 오코넬은 영국과 아일랜드를 단일 의회 하에 두는 연합법Act of Union을 폐지하고자 폐지 협회Repeal Association를 창설했다. 폐지 협회의 목표는 아일랜드를 영국으로부터 독립시키는 것이 아니라, 아일랜드와 영국이 합방되어있는 상태에서 아일랜드만의 의회를 만드는 것이었다.[88] 다시 오코넬은 아일랜드인들의 광범위한 지지를 받는 잘 규율된 운동을 조직했으나영국 정부와 의회가 완강하게 거부하는 바람에 이번에는 목표 달성에 실

패했다.[89]

오코넬의 폐지 협회가 실패한 원인은 1846~1849년의 감자대기근이었다. 아일랜드인 소작농들이 굶주림으로 떼죽음 당하기 시작하자 오코넬의 정치적 목표는 그들과는 무관한 것으로 보이기 시작했다.[90] 1847년 기근 와중에, 폐지 협회의 한 분파가 아일랜드 연맹Irish Confederation이라는 새로운 조직을 결성했다.[91] 아일랜드 연맹은 구체적인 목표가 필요하다는 점을 인지했지만,[92] 유럽 대륙에서 1848년 혁명이 발생할 때까지 의견을 모으지 못했다. 유럽 대륙에서 발생한 혁명에 고무된 아일랜드 연맹은 아일랜드를 영국으로부터 독립시키는 것을 목표로 하는 듯한 폭력 혁명을 계획했다.[93] 그 해 급진주의자들의 봉기는 부분적으로는 그들의 무능함 때문에, 더 중요하게는 대중의 지지를 받지 못했기 때문에 실패했다. 아일랜드 민중에게는 지금 당장의 생존과 물질적 풍요만이 중요했으며 아일랜드 연맹의 민족주의는 아일랜드 민중의 관심사가 아니었다.[94]

1856년, 1848년 봉기에서 살아남은 지도자 제임스 스티븐스James Stephens는 아일랜드의 완전한 정치적 독립이라는 분명하고 구체적인 목표를 확정했다.[95] 독립 후에는 "공화정"을 수립할 생각이었는데[96] 어차피 독립을 얻지 못한다면 공화정을 수립하지 못할 것이기 때문에 두 번째 목표의 불분명함은 별로 중요하지 않을 것이다. 그러므로 공화정을 세운다는 불확실한 목표가 독립이라는 분명하고 구체적인 목표를 향한 노력을 방해하지는 않을 것이다. 위에서 논의한 미국 혁명가들의 사례와 비교하라.

훌륭한 조직가였던 스티븐스는 강력한 혁명 운동[97]을 조직했고, 1867년 아일랜드 독립을 위한 봉기를 시도했다. 지금의 주제와는 무관한 이유로 인해 봉기는 처참하게 실패했지만[98] 이 때부터 1916년까지 영국으로부터의 완전한 독립을 향한 열망은 아일랜드 대중의 지지를 전혀 받지 못하는 극소수의 극단적 민족주의자들을 통해 이어졌다.[99] 아일랜드 소작농들에게는 당장 지주들의 압제에서 벗어나는 게 중요했으며 민족주의적 이상에는 무관심했다. 서구 문명의 전반적인 해방 경향에 따라 아일랜드 소작농들의 고통이 결국엔 해소되리라는 것은 확실했지만 파넬 Parnell과 글래드스턴 Gladstone은 그 해소를 앞당겼다.[100] 1910년까지 소작농들의 생활조건은 점차 개선되었고, 급진적 행동을 지지하게 될 만큼의 심각한 불만도 사라지게 되었다.[101]

그러므로 1920년대 무렵 아일랜드에게는 영국으로부터 독립할 명분도 없었고, 아일랜드의 독립이 역사적 필연이었던 것도 아니었지만 완전한 독립을 향한 극단주의자들의 완강한 고집은 결국 빛을 보게 되었다. 처음에는 유의미한 지지를 받지 못했던 극소수의 극단적 민족주의자들이 1916~1921년에 아일랜드 민중 대다수를 그들의 편으로 만들 수 있었다는 것은 놀라운 사실이다. 극단적 민족주의자들이 테러와 게릴라 투쟁을 전개하자 영국 정부는 가혹하게 대응했고, 영국 정부의 폭정 때문에 아일랜드 민중은 영국 정부에게서 등을 돌리고 혁명에 동참했다.[102] 그러나 군사적 상황으로 인해 혁명가들은 영국과 캐나다의 관계와 유사한 "자치령 dominion status"이라는 지위를 받아들이고 혁명을 일시적으로 중단할 수밖에 없으며 아일랜드는 즉각적이고 완전한 독립을 얻지 못했다.[103] 자치령 지위는 아일랜드를 영국과의 상징적 관계만 유지한 실질적 독립국으로 만들었지만 혁명가들은 이에 만족하지 않았고 훗날 얻게 될 완전한 독립의 발판으로 여겼다.[104]

그럼에도 불구하고, 에이먼 데 발레라 Eamon de Valera의 정치적 지도를 따르는 강력한 민족주의 집단은 자치령 지위를 거부했고 내전을 통해 간신히 진압되었다.[105] 일부 반체제 집단은 여전히 남아있었으나, 대부분은 아일랜드 의회의 평범한 구성 요소로서 통합되었다.[106] 데 발레라는 수년간 아일랜드의 총리로 지냈으며 늦어도 1949년 무렵 영국의 묵인 하에 그의 조국을 완전한 독립국가로 만들었다.[107]

결과적으로 극단적 아일랜드 민족주의자들은 그들이 수십 년 간 꿈꿔왔던 단 하나의 분명하고, 단순하고, 구체적인 목표를 성취했다.[108] 앞서 지적한 바, 민족주의자들의 존재를 제외하면 아일랜드가 독립해야 할 역사적 필연성은 없었기 때문에 민족주의자들의 노력이 아니었다면 아일랜드는 결코 독립하지 못했을 것이다.[109]

1922년 자치령 지위를 얻을 때까지 극단적 민족주의자들의 주요 목표는 독립이었지만, 그들의 다른 목표들은 어떠한가? 극단적 민족주의자들의 다른 목표들은 그들이 굳이 노력하지 않았더라도 역사의 일반적 흐름에 따라 어쨌든 이루어졌을 수도 있으며, 혹은 그러한 목표는 그저 상징에만 머물렀을 수도 있으며, 혹은 기존 혁명가들이 만족하지 않았을 불완전한 성취였을 수도 있다.

19세기 아일랜드 혁명가들의 목표 중 하나는 소작농들의 고통을 덜어주는 것이었다. 그리고 혁명가들 덕분에 영국 정부는 혁명적 폭력이 발생할지도 모른다는 두려움을 갖게 되었고, 덕분에 파넬 같은 개혁가들의 일이 쉬워졌고 그들의 목표 달성이 앞당겨졌을 수도 있다.[110] 하지만 이미 지적한 바 소작농들의 고통 경감은 서유럽 역사 전반에 존재했던 역사적 흐름을 따라 어차피 이루어졌을 것이다.

극단적 민족주의자들의 또 하나의 목표는 "공화정" 수립이었다. 미국 혁명과 관련해 언급한 바, 수많은 국가 체제가 "공화정"으로 분류될 수 있으므로 이 목표는 불분명한 것이다. 영국, 스페인, 네덜란드 같은 입헌군주국들은 엄밀히 따지자면 공화국이 아니지만 실질적 측면에서는 그들의 체제는 프랑스, 미국 같은 명백한 공화국과 크게 다르지 않다. 아일랜드가 1949년 공식적으로 공화정을 선포했을 때 거의 아무것도 바뀌지 않았으며111 "공화정"은 그저 빈말이나 상징에 불과했다.112 "공화정"이라는 용어를 "대의 민주주의"라고 해석한다면 아일랜드는 공식적으로 공화정을 선포하기 한참 전부터 공화국이었다. 그리고 일단 독립을 얻은 이상 아일랜드는 서유럽의 모든 국가들이 그랬듯이 기존의 역사적 흐름에 따라 대의 민주주의를 향해 움직였을 것이다. 그리고 아일랜드 혁명가들은 더 사회주의적인 국가를 기대했던 것 같기 때문에 지금의 아일랜드가 혁명가들이 원했던 형태의 공화국인지도 확실하지 않다.113

그리고 혁명가들은 아일랜드의 "영국화"를 막고, 아일랜드의 언어와 문화를 보존하기를 원했다.114 이 경우 혁명가들이 완전히 실패했다고 할 수는 없겠지만, 그들의 성공은 잘 봐줘도 초라하다. 오늘날 아일랜드 인구의 소수만이 아일랜드 게일어를 모국어로 사용하고 있다. 학교에서 게일어를 가르치고 있으며, "2003년 현재 20세기에 비해 더 널리 사용"115 되고 있지만, 대부분의 아일랜드인들은 학교에서만 게일어를 배우고, 게일어에 능통한 아일랜드인들은 많지 않다. 기본적으로 아일랜드는 영어권 국가이므로 다른 영어권 국가들에게서 엄청난 문화적 영향을 받을 수밖에 없다. 이것을 아일랜드의 "영국화"라고 불러야할지는 모르겠지만, 아직도 현대화되지 않은 몇몇 고립된 지역을 제외하고는 아일랜드가 다른 서유럽 국가들처럼 문화적 동질화를 겪은 것은 분명하다. 그리고 현대 아일랜드가 서유럽 국가들과 문화적으로 다른 정도는 서유럽 국가들이 서로 간에 다른 정도 이상으로 다르지 않을 것이다. 민족주의자들의 노력 덕분에 아일랜드 전통 예술, 공예, 음악 등이 아일랜드에서 더 자주 공연되고 있을 수는 있겠으나, 확실히 오늘날 아일랜드의 기본 문화는 현대 산업사회의 보편적 문화이다.[116] 그러므로 전통 예술과 공예는 관광객들을 접대하기 위한 수단, 또는 아일랜드인들에게 현대 사회에서 벗어났다는 일시적 환상을 주기 위한 수단에 불과하다.[117]

19세기와 20세기 초반의 혁명가들이 이 정도의 언어, 문화 보존 수준에 만족했겠는가? 아마 아닐 것이다. "오늘날 아일랜드인 대부분은 아일랜드 민족주의자들의 성취는 아일랜드인들이 그토록 오랫동안 갈구해왔던 신비주의적 이상에 한참 못미친다고 생각할 것이다."[118]

그러므로 아일랜드 혁명가들이 모든 영역에서 실패했다고 할 수는 없지만, 아일랜드 혁명가들은 그들이 수십 년 간 추구해온 아일랜드의 완전한 정치적 독립이라는 단 하나의 분명하고, 단순하고, 구체적인 목표를 달성하는 데 완벽하게 성공했다.

페미니즘과 아일랜드 민족주의를 비롯한 사례들을 살펴보면, 규칙1은 어떤 사회 운동이 단 하나의 분명하고, 단순하고, 구체적인 목표에 전적으로 집중하지 않으면 무조건 실패하리라는 것을 의미하지는 않는다. 그러나 우리가 살펴 본 사례들은 무언가 이루고자 하는 모든 운동들은 규칙1을 주의깊게 살펴보아야 하며, 규칙1을 어길 때는 확실한, 강력한, 설득력 있는 이유가 있어야만 한다는 것을 보여준다.

규칙2는 운동이 사회를 바꾸고자 한다면 그 성질상 목표 달성을 통한 사회 변혁을 되돌릴 수 없는 목표를 선택해야 한다고 말하고 있다. 운동이 일단 힘을 갖게 되면 "타락"하기 때문에 즉, 더 이상 기존의 목표와 이상에 헌신하지 않기 때문에 운동 측이나 다른 사람들의 추가적인 노력 없이도 변혁 상태가 유지되어야 한다는 것이다.

예를 들어 페미니스트들이 달성한 여성 참정권은 불가역적이다. 무엇보다도 이제 여성은 투표권을 갖고 있으므로 다수의 여성들이 동의하지 않는 이상 민주적 절차를 통해 여성에게서 투표권을 박탈하는 것은 불가능하다. 그리고 효과적이고 진실한 페미니즘 운동이 없다 하더라도 여성들이 투표권 박탈에 동의하지는 않을 것이다. 물론 페미니스트들의 성취가 절대 불가역적인 것은 아니며, 민주주의의 종식 같은 광범위한 사회 변혁 사태로 인해 여성은 투표권을 빼앗길 수도 있다.

아마 칼뱅이 제네바에 세운 신정 공화국[119]이 운동이 목표 달성을 통해 이룩한 사회 변혁이 운동의 타락과 함께 취소된 사례일 것이다. 그리고 운동이 목표를 이루기 전에 타락하는 바람에 목표가 완전히 달성되지 않는 상황이 더 자주 벌어지는 것으로 보인다. 그래서 러시아의 볼셰비키/공산주의 운동은 사회주의 사회 건설 초기 단계에서 타락했고, 기존 볼셰비키들이 기대했던 사회주의 사회는 건설되지 않았다.[120] 프랑스 혁명은 혁명가들이 기대했던 사회를 만들기 한참 전부터 타락해 있었다.

필자는 혁명 운동이 모든 노력을 단 하나의, 분명하고, 단순하고, 구체적인 목표에 집중했으며, 목표를 달성했음에도 불구하고 운동의 타락과 함께 성취가 취소된 확실한 사례를 단 하나도 알지 못한다. 일단 분명하고, 단순하고, 구체적인 목표를 달성하면, 그 성취를 되돌리는 것은 그 모습이 분명하게 드러나기 때문에 불분명하고 복잡한 목표를 되돌리는 것보다 훨씬 어렵다. 이는 운동이 규칙1을 준수해야할 또 하나의 이유이다.

오늘날 수많은 형태의 정부들이 "민주적"인 것으로 여겨지기 때문에 민주적 정부 수립은 그다지 분명하고 정확한 목표가 아니지만, 적어도 "자유", "평등", "사회주의", "환경보호"보다는 분명한 목표이다. 우리는 전 세계 곳곳의 수많은 국가들의 역사를 통해 민주주의 성취가 어떤 식으로 취소될 수 있는지 알고 있다. 라틴 아메리카와 아프리카에서 군사 쿠데타로 인해 민주적 정부가 전복되었다는 소식은 한 때 너무나 흔해서 서유럽과 미국은 눈 하나 깜짝하지 않았다. 군사 쿠데타는 보통 민주주의의 타락이 아니라, 애초에 민주주의를 원치 않았던 세력의 승리이다. 그러나 우리가 사용하는 의미에서 타락으로 인한 민주주의의 죽음은 군사 쿠데타보다 아마 더 흔할 것이며 이런 경우에는 그 국가가 사실상 독재국가라 하더라도 민주주의의 표면적 형태는 남아있는 게 보통이다. 우리는 이 현상을 소비에트 연방 붕괴 후 러시아에서 목격했다. 블라디미르 푸틴은 원래 보리스 옐친의 후계자이자 러시아 민주주의의 위대한 챔피언이었고 러시아는 지금도 의회 민주주의의 외형을 유지하고 있으나 푸틴은 이제 사실상 독재자이다.[121]

라틴 아메리카의 민주주의는 타락을 반복했다. 아르헨티나 학자들이 이 과정을 다음과 같은 전형으로 묘사했다.

통제의 무게 중심이 서서히, 은밀하게 특권층들의 경제적, 사회적 기관 내부 집단으로 옮겨간다.… 수입과 환전이 부동산 투기와 함께 가장 **빠르게** 돈을 모을 수 있는 수단이 된다. 이런 식으로 금융계 유력 가문들이 정치계에 들어오는 것이다.… 국가와 협상하기 위해 일시적 동맹을 맺은 '가문

집단'이, 특권 체제를 세우기 위해… 안정적이고 불가분의 관계를 맺은 과
두집단이 되어… 정부, 정당들의 정치 활동을 통제하는 유기체로 변신한
다.122

민주주의는 복잡한 역학이고 "민주주의"라는 개념 자체가 구체성과
는 거리가 멀기 때문에 민주적 정부를 전복시키는 것은 쉽다. 교묘하고
은밀한 변화가 시간에 걸쳐 축적되다가 어느 날 인민은 그들이 살고있는
나라가 더 이상 민주적이지 않다는 사실을 깨닫게 된다. 페미니스트들과
아일랜드 민족주의자들의 분명하고 단순한 성취, 즉 여성 투표권과 아일
랜드의 정치적 독립을 각각 민주주의와 비교해보라. 이 성취들은 명확하
고 단순하기 때문에 은밀하게 되돌릴 수 없다. 그러나 아일랜드의 형식상
정치적 독립을 해치는 건 분명하게 드러나겠지만, 아일랜드가 경제적으
로 영국에 종속되거나 다른 방향으로 영국에 종속 될 수도 있다는 점을
주목하라.

민주적 정부 수립은 가역적인 사회 변화라는 사실이 여러 차례 밝혀
졌지만, 민주화 그 자체는 가역적이라고 할 수 없다. 민주화가 가역적인
가, 불가역적인가의 문제는 민주적 정부가 수립된 나라의 문화와 역사,
그리고 그 나라가 처해있는 국제적 상황에 달려있다. 미국 혁명가들의 혁
명적 이상은 사라졌음에도 불구하고 아메리카 식민지들이 오래 전부터
어느 정도 민주적인 정부에 익숙해져 있었기에 민주주의 체제는 살아남
았다. 오늘날 라틴 아메리카의 민주적 정부들은 수십 년 전보다는 더 성
공적인 것 같은데, 아마 현대화에 따른 문화적, 경제적 변화로 인해 사회
질서가 안정되었기 때문인 것 같다.123 또 다른 요인은 국제적 분위기가

개인이나 정당에 의한 노골적인 독재를 불호하기 시작했다는 것이다. 그리고 지금 국가들은 형식적으로나마 민주적 외양을 갖추라는 압박을 받고 있다. 예를 들어, 감비아에서 1994년 군사 쿠데타가 발생하자 국제구호기구들이 떠났으나 민주적 형식을 갖추자 구호를 재개했다.[124] 케냐는 1986년 정치 개혁을 조건으로 IMF의 원조를 받을 수 있었다.[125] "서구 금융 기관들은 원조의 대가로 정치적, 경제적 개혁을 요구한다." 그래서 1991년에는 케냐에서 "다당제 선거를 복구하는 개헌"[126]이 있었다. 다른 한편으로는, 그러한 국가들의 민주주의가 실제로 기능을 하는지는 심각하게 의심해보아야 한다. 적어도 케냐[127]는 서유럽과 미국이 이해하는 의미의 민주국가가 아니다. 감비아는 표면적으로는 민주적 형식을 갖추고 있지만 1994년부터 2017년까지 독재를 겪었다.[128] 현재2018 감비아는 다시 한번 민주주의를 시도하고 있는데, 이 시도가 성공할지는 지켜볼 일이다.

지금까지의 논의가 보여주는 바, 어떤 경우에 사회 변혁이 가역적인지, 불가역적인지 예측하는 문제는 모호하고 어려우므로 규칙2를 실제로 적용하는 것은 힘들 수도 있지만, 그래도 규칙2는 중요하다. 이 규칙의 요점은, 권력자들의 이기심에도 불구하고 운동이 자신의 이상에 영원히 헌신할 것이라는 가정 하에 전략을 세우는 운동은 모래성을 쌓고 있다는 것이다. 초기 단계의 운동들이 스스로에게 물어보아야 할 질문은 목표를 통해 이룩한 사회 변혁이 모든 사회들이 그렇듯이 단기적 자기이익을 추구하는 사람들 사이에서 살아남을 것인가이다. 이 질문에 자신있게 대답하기 어렵겠지만, 진지하게 질문하고 고민할 필요가 있다.

규칙3은 일단 목표를 정했으면 소수 인원이 단순한 사상 설파가 아니라 목표를 향한 실용적 행동을 조직해야 한다는 것이다.[129] 그러나 먼저 세 가지를 짚어볼 필요가 있다.

첫째, 사상 그 자체는 사회를 바꿀 수 없지만, 사상의 개발과 전파는 반드시 사회 변혁을 위한 노력에 포함되어야 한다. 행동을 지도할 정돈된 사상이 없으면 운동은 목표 없이 방황할 것이다. 그런 운동이 소란을 일으킬 수는 있겠지만, 행운 없이는 아무것도 이루지 못할 것이다.

18세기 아일랜드의 백의당 운동Whiteboy Movement은 소작농들이 야간에 기습적으로 지주들과 지주에게 순응하는 소작농들에게 보복을 가하는 운동이었다.[130] 하지만 이들은 무식했기 때문에 폭정에 국지적으로 저항하는 것을 넘어선 무언가를 떠올릴 수 없었다.[131] 1790년대, 프랑스 혁명 사상을 접하고 나서야 아일랜드 소작농 저항 세력은 사회 변혁이라는 개념을 알게 되었다.[132] 1798년의 혁명 시도 당시 그들의 사상은 분명한 목표를 갖기에는 여전히 너무나 혼란스러웠으며,[133] 그 혁명이 실패한 이유는 분명한 목표가 부재했기 때문이었을 것이다.[134]

1798년 아일랜드 소작농들과 1917년 상트페테르부르크 노동자들을 비교해보자. 볼셰비키는 이미 이 노동자들에게 맑스주의 사상을 주입했으므로 그들의 봉기는 목적성 있었고 성공적이었다.[135]

둘째, 모든 합리적이고 성공적인 사회 변혁 운동은 사상과 실용적 행동을 위한 조직이 필요하지만, 실용적 행동을 조직하는 활동가와 사상을 개발하고 전파하는 이론가가 반드시 동일인물일 필요는 없다. 다시 아일랜드로 돌아오면, 아일랜드 민족주의 사상은 1917년 마이클 콜린스Michael Collins가 등장하기 전부터 소수의 극단주의자들 사이에서 이미 잘 개발된 상태였다.[136] 콜린스는 이론가는 아니었던 것 같지만, 실제로 성

공적인 게릴라 투쟁을 조직해 1922년 아일랜드의 독립을 얻어낸 사람은 콜린스였다.[137]

하지만 직접 실용적 행동을 조직하지 않는 이론가들에게는 심각한 위험이 도사리고 있다. 이론가의 사상을 위해 복무한다고 알려진 활동가가 사상을 재해석하거나 왜곡해 이론가가 기대했던 것과는 전혀 다른 결과를 가져올 수도 있다. 마틴 루터는 그의 사상으로 인해 촉발된 반란을 보고 경악했다.[138] 그리고 앞서 레닌, 트로츠키, 마오쩌둥, 카스트로 같은 맑스주의 혁명가들이 편의에 따라 맑스의 사상에서 이탈했음을 지적했다. 여기서 다시 한번 단 하나의 단순하고, 구체적인 목표가 필요하다는 규칙1의 중요성을 확인할 수 있다. 맑스와 루터는 단 하나의 단순하고, 구체적인 목표를 제시하지 않았으며, 맑스와 루터의 사상은 복잡했기 때문에 착각하거나 왜곡하기도 쉬웠다. 반면에 마이클 콜린스Michael Collins가 아일랜드 민족주의 운동의 지도자가 되었을 때, 아일랜드 민족주의자들은 이미 영국으로부터의 완전한 정치적 독립을 그들의 핵심 목표로 삼았다. 이렇게 분명하고 단순한 목표는 착각하거나 왜곡하기 어렵다.

셋째, 사상 설파는 사회 변혁을 위한 노력에서 가장 쉬운 부분이다. 실용적 행동을 조직하는 것이 훨씬 어렵다. 과거에는 아니었을 수도 있지만 적어도 오늘날에는 그러하다.

마틴 루터는 사상적 지도자였으나, 활동가는 아니었다. 심지어 그 스스로가 유발한 "체계적인 교회 개혁"을 거부하기도 했다.[139] 그럼에도 불구하고 루터의 대담한 신학 사상은 엄청난 소요사태를 일으켰고, 결과적으로 군대가 조직되고 전쟁이 발발했다.[140] 일단 루터의 사상이 널리 알려지자 실용적 행동은 손쉽고 빠르게 조직된 것으로 보인다. 당시에는 비교적 소수의 사람들만이 교육 받을 수 있었고, 반체제 사상을 드러내는 것은 대단히 위험했다. 루터의 사상적 선배 얀 후스Jan Hus는 그의 사상으로 인해 화형당했다.[141] 그러므로 새로운 사상은 희귀품이었고, 민중의 불만은 이를 설명해줄 사람이 없었기 때문에 심하게 곪아 들어가고는 했다. 반체제 사상을 공개적으로 드러낼 만큼 용감한 사상가가 이 불만을 잘 설명해준다면 억눌린 분노를 터뜨릴 수도 있었다. 그 시대의 사람들은 현대인들만큼 순종적이고, 얌전하고, 수동적이지 않았기 때문에 상황이 일단 여기까지 오면 반란을 조직하기는 지금보다 쉬웠을 것이다. 사실 현대의 기준으로 보면 루터 시대의 사람들은 사실상 무법자들이었다.[142]

그러나 오늘날에는 반체제적이고 충격적인 사상들이 넘쳐난다. 예술가들과 작가들은 전통적 가치를 누가 더 잘 짓밟는지 경쟁하고 있으므로 새로운 사상은 그것이 얼마나 충격적이더라도 대부분의 사람들은 지루해하며, 나머지 사람들에게는 그저 오락거리에 불과하다. 후스와 루터가 살던 당시 그들의 사상은 새 시대를 열 수 있었지만, 오늘날에는 새로운 사상이 너무나 흔해서 아무도 진지하게 받아들이지 않기에 그럴 수 없다. 물론, 기술적 사상은 여기서 예외이다.

오늘날 실용적 행동을 조직하는 것은 새로운 사상이 격한 반응을 일으키지 못하기 때문에 더욱 어려울 뿐만 아니라, 현대인들이 순종적이고, 수동적이고, "학습된 무기력"[143] 상태에 있기 때문에 더욱 어렵다. 물론 정치 전문가들이 그들의 당, 후보, 운동을 위해 사람들의 불만을 써먹기는 하지만, 이는 정치 전문가들을 상대로 경쟁할 능력이 없는 아마추어들의 작업을 더 어렵게 만든다. 따라서 과거 사례가 무엇이 됐든 간에, 현대의 사회 변혁을 원하는 이들이 겪을 중대한 도전은 사상 전파가 아니라,

실용적 행동을 조직하는 것이다.

규칙4는 운동은 목표를 향한 신념을 유지하기 위해, 부적합한 인원을 제외할 수단을 개발해야 한다는 것이다.

부적합한 인원을 제외하기 위한 두 가지 수단을 떠올려 볼 수 있다. (a) 처음부터 조직원을 신중하게 모집한다. (b) 운동의 계획과 대중 메시지를 부적합한 인원을 쫓아내는 방향으로 설계한다. 필자가 아는 바에 따르면 이와 관련된 역사적 증거는 부족하며, 오직 공산주의 운동 사례만이 부적합 인원을 제외하는 명시적 정책을 갖고 있었던 것으로 보인다. 그럼에도 불구하고 많은 운동들이 이러한 명시적 정책 없이도 위 두 가지의 수단을 통해 부적합 인원들의 유입을 막았던 것으로 보인다. 부적합 인원들을 그저 문전박대했을 수도 있고, 운동의 전략과 대중 메시지가 의도치 않게 부적합 인원들을 쫓아냈을 수도 있다.

볼셰비키는 부적합 인원을 제외하기 위해 (a)와 (b)를 전부 사용했던 것 같다. 레닌은 "당 구성 문제에 언제나 극도로 예민했다."[144] 레닌은 "조직원을 엄격하게 선별"해야 하며, "진정한 혁명 조직은 바람직하지 못한 조직원을 망설임 없이 쫓아내야 한다."[145]고 말했다. 필자는 볼셰비키가 어떻게 "조직원을 엄격하게 선별"했고 어떻게 "바람직하지 못한 조직원"을 식별하고 당에서 쫓아냈는지 알지 못한다. 여하간 레닌은 모든 당원들은 당 조직에 머물러 있어야 하며, 당의 규칙에 복종[146]해야 한다고 주장했다. 부분적으로는 이 요구 때문에 "불안정 요소들"은 당원이 되고 싶지 않았을 것이다.[147]

중국 공산당이 승리하기 전, 마오쩌둥은 당에 숨어들어 온 "출세주의자", "훼방꾼", "부적합자", "배신자"들을 제거해야 할 필요를 여러 차례 반복했다.[148] 그러나 마오쩌둥 선집 어디에서도 마오쩌둥은 "훼방꾼", "부적합자"가 누구를 뜻하는지 설명하지 않았고, 어떻게 이들을 찾아내고 제외할지 설명하지도 않았다.

지금까지의 내용을 제외하면, 필자는 볼셰비키와 중국 공산당이 어떻게 부적합 인원들이 운동에 들어오지 못하도록 막았는지 알지 못한다. 그들이 어떻게 부적합 인원들을 막았는지는 모르겠지만, 앞서 지적한 바, 괴짜들과 선행가들은 불법적이고 탄압받는 운동에 찾아오지 않는다는 사실의 도움을 받았다는 것은 확실해 보인다.

1841년, 메사추세츠의 브룩 농장Brook Farm에 유토피아 공동체를 세우려는 시도가 있었다. 이 공동체는 초월주의자 클럽Transcendental Club의 걸출한 지식인들과 관계를 맺고 있었지만, 몇 년 만에 실패했다.[149] * 아마 부분적으로 너무나 많은 "세상에 적응하지 못했으면서 이 곳에서는 적응할 수 있으리라는 성급한 결론을 내린 교만한 자, 신경질적인 자, 이기주의자, 고집 센 자, 싸움꾼, 배은망덕한 자, 허약자, 게으름뱅이, 아무짝에도 쓸모없는 자"[150]들이 있었기 때문이었을 것이다. 브룩 농장 실험에 "참가 기준"이 있었더라면 더 성공적이었을 것이라는 주장이 있었다.[151] 브룩 농장은 한 지역의 비교적 작은 공동체였으니, 소수의 지도자들이 지원자들과 개인적으로 교류하며 평가하기 쉬웠을 것이다. 그러나 일단 조직이 여러 지역에 걸쳐 수천 명의 인원을 갖고 있을 정도로 성장하면, 각 지역의 하위 간부들에게 지원자 평가를 맡겨야 할 것이며, 이 간부들은 충분한 안목을 갖고 있어야 할 것이다. 이런 상황에서 엄격한 기준을 유

---

* 번역자 주: 초월주의는 19세기 미국인 사상가들이 주장한 이상주의적 관념론에 의한 사상개혁운동이며, 이 사상가들의 모임을 초월주의자 클럽이라고 불렀다.

지하기는 대단히 힘들 수 있다.

스탈린 시대의 비공산권 국가들의 공산당들은 조직원을 가려 뽑았으며[152] 그들은 적절한 기준을 유지할 수 있었던 것으로 보인다. 하지만 이 당들은 모스크바의 지령에 따라 움직이는 소비에트 연방의 도구였으며[153] 잘 조직되고 규율 잡힌 계층 질서를 갖추고 있었다.[154] 강력한 중앙 권력 없이 성장하고 있는 새로운 운동은 철저하게 규율 잡힌 질서를 만들기 어려울 것이므로 개별 지원자를 평가할 일관된 기준을 유지하기도 힘들 것이다. 그래서 우리는 그러한 운동은 계획과 대중 메시지를 부적합 인원들을 쫓아내는 방향으로 설계하는 (b) 방법을 사용해야 한다고 강조한다.

규칙1을 따르는 운동은 그러한 계획을 설계하는 첫걸음을 내딛은 것이다. 가정3에 관한 논의에서 지적한 바, 단 하나의 구체적이고, 명확하게 정의된 목표를 추구하는 운동은 그 목표에 헌신하지 않을 사람들을 유혹하지 않을 것으로 보인다.

19세기 페미니즘 운동이 사기꾼 심령술사이자 기괴한 사회주의 분파를 추종하던 빅토리아 우드헐Victoria Woodhull [155]을 지지했다는 사실은 페미니스트들이 조직원을 신중하게 모집하지 않았다는 점을 보여준다. 그게 사실이라면 페미니스트들은 여성 참정권이라는 단 하나의 구체적이고, 명확히 정의된 목표 덕분에 성공할 수 있었을 것이다.

규칙4에 관련해 부적합 인원을 쫓아낼 "운동"의 경계를 어디에 긋느냐는 질문할 수도 있다. 운동이 내부 조직과 외부 조직으로 이루어져 있으며, 내부 조직이 외부 조직을 철저하게 통제하고 있다면, 내부 조직의 부적합 인원만 쫓아내면 외부 조직은 아무나 받아들여도 괜찮을 수도 있다.

아일랜드 애국자 다니엘 오코넬은 6년 동안1823~1829 가톨릭 해방 운동을 철저하게 그의 개인 통제 하에 두었을 가능성이 높다.[156] 하지만 오코넬의 개인 통제력이 어느 정도였는지와 상관없이, 그의 훌륭하게 조직되고 대단히 규율[157] 잡힌 운동은 공식적/비공식적 선별 모집을 통해 "순수성"을 유지한 내부 조직의 통제를 받았을 것이다. 외부 조직에는 약간의 비용만 내면[158] 누구나 가입할 수 있었으나 외부 조직을 통제하는 내부 조직은 운동의 목표에 계속해서 헌신할 수 있었다.

1908~1912년의 극단적 아일랜드 민족주의 운동에 대해 역사학자들은 이렇게 적었다.

> 신 페인(Sinn Fein)은… 아일랜드의 온갖 부류의 급진주의자, 현실에 실망한 민족주의자들이 모이는 장소였으며 시인, 기인, 아일랜드 공화국 형제단(Irish Republican Brotherhood) 조직원, 게일어 연맹(Gaelic League) 조직원, 절망한 의회주의자들이 모여있다는 것이 이 운동의 주된 특징이었다. 아일랜드 역사는 아일랜드를 지나치게 사랑하는 사람들과 낭만적인 외로운 늑대들을 낳았다. 현 시대에 실망한 사람들은 신 페인에 끌렸으며 반항아들을 유혹하는 모든 운동들이 그렇듯이, 심리적 동기가 불확실한 이들도 있었다.[159]

당연하게도 "영국의 아일랜드 지배"[160]에 반대하는 모든 아일랜드인들은 신 페인에 가입할 수 있었으며 다른 급진주의 운동들과 마찬가지로 온갖 기인들이 모여들었다. 하지만 신 페인에게 활력을 준 요소들을 충분히 합리적으로 확신할 수 있다. 첫째, 신 페인은 아일랜드의 완전한 정치적 독립이라는 단 하나의 명확하고, 단순하고, 구체적인 목표에 집중했다.[161] 앞서 지적한 바, 그러한 목표는 불분명한 목표만큼 쉽게 왜곡되지 않으며 게다가 1917년 초, 마이클 콜린스의 내부 조직은 점차 이 운동을 효과적으로 통제하기 시작했다.[162] 그리고 그 내부 조직은 비교적 작았기 때문에 공식적인 선별 기준 없이도 "순수성" 즉, 운동의 목표에의 헌신을 유지하기 쉬웠을 것이다. 당연히 콜린스와 그의 내부조직이 게릴라 전투원들의 모든 행동을 통제하지는 못했지만[163] 게릴라 투쟁 자체가 목표를 향한 집중력을 유지하게 만들어주는 강력한 요소였다. 모든 운동에는 필사의 투쟁에 처했을 때, 조직원들이 운동의 지도자와 목표 하에 단결하는 경향이 있기 때문이다.[164]

요약하자면, 필자는 과거 급진주의 운동들이 부적합 인원을 제외하기 위해 사용한 공식적/비공식적, 의식적/무의식적 수단들에 대해 거의 알지 못하지만 운동의 조직원들이 운동의 성격에 중대한 영향을 끼치거나, 그 목표를 바꿀 수 있다는 것은 분명하다. 지금까지 살펴 본 운동들 중에서 부적합 인원을 제외할 사전 계획 없이 목표를 향한 헌신을 유지할 수 있었던 운동이 있다면 그저 운이 좋았을 뿐이다. 행운에만 의지할게 아니라면 초기 단계의 운동들은 어떤 부류의 사람을 받아들일지 신중하게 고민해야 한다.

규칙5는 일단 혁명 운동이 목표를 달성할 만큼 강해지면 가정4에 따라 운동이 타락하기 전에 **빠르게** 달성해야 한다고 말한다.

가정4에 관한 논의에서 언급한 바, 필자는 급진주의 운동이 지나치게 강해지면 금방 타락한다는, 즉, 더 이상 원래의 목표와 이상을 따르지 않는다는 법칙의 예외를 찾지 못했다. 이 법칙에 따라 규칙5는 명확하게 도출되지만, 지금까지 살펴 본 사례들이 규칙5와 어떤 연관이 있는지 알아 볼 필요가 있다.

러시아 혁명가들이 꿈꿨던 사회주의는 빠르게 달성할 수 있는 것이 아니었다. 결과적으로 규칙2에 관한 논의에서 지적한 대로 사회주의 사회 건설의 초기 단계에 볼셰비키/공산주의 운동은 타락했으며 기존 볼셰비키가 생각했던 사회주의는 결국 실현되지 않았다.

모든 민주화 운동들은 일단 권력을 얻으면 대개 즉시 의회 민주주의를 시도하는 것 같다. 앞서 살펴 본 대로, 이러한 민주주의가 살아남을지는 별개의 문제다. 그러나 1790년대의 프랑스 혁명가들은 제대로 기능하는 민주적 정부를 즉시 세울 수 없었다. 프랑스 혁명이 타락한 정확한 시점이 언제인지는 논쟁의 여지가 있지만 나폴레옹이 제1통령이 됐을 시점에는 확실히 타락했다. 일단 이렇게까지 타락한 이상, 의회 민주주의를 수립하기에는 너무 늦었다.

1910~1920년의 멕시코 혁명 이후, 혁명가들은 소작농들을 위한 사회정의를 일시에 실현하지 않고 "점진적 진화와… 정부의 안정성을 추구했다."[165] 소작농들을 위한 사회정의는 초기 혁명가 라사로 카르데나스 Lázaro Cárdenas 대통령의 임기가 1940년 끝날 때 함께 끝났으며 혁명적 이상의 실현을 미루는 바람에 부분적인 실현에 그쳤다. 심지어 부분적으로 실현된 이상 조차도 카르데나스의 임기가 끝나자마자 공격 대상이 되었으며, 살리나스 데 고르타리 Salinas de Gortari의 집권 1988~1994이 숨통을 끊어버렸다.[166]

영국과 미국의 페미니즘 운동은 충분한 힘을 얻고 즉시 여성 참정권이라는 핵심 목표를 달성했다. 제3장의 전반부에서 언급한 바, 여성 참정권 획득 이후 페미니즘 운동은 다양한 분파로 나누어졌지만 완전한 성 평등을 향해 점진적으로 나아갈 만큼 충분한 힘을 유지하고 있다. 그러나 필자가 아는 바에 따르면, 페미니즘 운동은 그 조직원이나 지도자들이 성평등보다는 개인적 영달을 추구할 정도로 심각하게 타락하지 않았다.

그러나 규칙5는 혁명 운동에 대한 것이고, 오늘날의 페미니즘은 혁명 운동이 아니다. 19세기 초반에 등장한 페미니즘은 그 당시 페미니스트들의 요구를 즉시 받아들일 경우 사회가 상당히 급진적으로 변했을 것이기에 혁명적이라고 볼 수도 있다.그러나 앞서 지적한 바, 페미니즘은 "평등"을 향한 역사적 흐름을 탈 수 있었으며, 1920년대 여성 투표권을 획득한 이후 더 이상 혁명적이라고 볼 수 없다. 여성 참정권이 사회에 심각한 충격을 가져다 주었다고 말할 사람은 별로 없을 것이며 오늘날 성평등이라는 페미니스트들의 목표가 혁명적이라고 말할 사람은 더욱 없을 것이다.

그 목표가 혁명적이지 않기 때문에, 페미니즘 운동은 기회주의자들을 유혹할 정도로 강해질 필요가 없었다. 오늘날 어떤 여성이 페미니즘 단체에 가입한다고 해서 엄청난 돈, 권력, 사회적 지위를 갖게 되지는 않는다.[167] 그러한 이익을 추구하는 여성은 기업, 정부, 정치에 뛰어들거나 전문직에 종사하지, 페미니즘 단체에 가입하지는 않을 것이므로 가정4와 규칙5는 페미니즘에는 적용되지 않는다.

아일랜드 민족주의 운동의 사례는 상당히 복잡하다. 1922년 자치령 지위를 통해 아일랜드 민족주의자들은 그들의 핵심 목표를 달성했으며, 목표를 달성할 만큼 충분히 강해지자마자 달성했다.

아일랜드 민족주의 운동이 더 이상 목표에 헌신하지 않을 만큼 타락했다고 볼 수 있을지는 확실하지 않지만, 아일랜드 민족주의 운동은 일단 힘을 갖게 되자 아일랜드 의원들이 영국 왕실에 해야하는 충성 맹세를 두고 두 편으로 나뉘었다.[168] 에이먼 데 발레라를 따르는 극단적인 세력은 맹세를 받아들인 반대파를 이렇게 중대한 상징적 사안에서 영국에게 굴복했다며 우리가 말한 의미에서 "타락"한 변절자들이라고 간주했다.[169]

마침내 데 발레라 세력은 힘을 갖게 되었음에도 아일랜드의 완전한 독립이라는 목표를 향해 집중력을 유지했다. 1949년 불쾌한 충성맹세는 사라졌으며, 아일랜드는 공식적으로 공화국을 선포했고, 영국에 종속된 정치 기관들은 깨끗하게 사라졌다. 하지만 이 모든 일은 데 발레라의 지도 하에 이루어졌다.[170] 그는 기존 혁명가들 중 하나였다.[171] 가정4는 기존 혁명가들이 활동하고 있을 때 성공적인 혁명 운동은 절대 타락하지 않는다는 의미가 아니다.

하지만 아일랜드 일부"북아일랜드"는 오늘날에도 여전히 영국의 지배를 받고 있기 때문에 어떤 측면에서는 데 발레라의 아일랜드 민족주의 운동도 타락했다고 볼 수 있다.[172] 기존 아일랜드 혁명가들은 조국이 그런 식으로 분열되는 것을 절대 용납하지 않았을 것이다. 기존 혁명가들의 목표는 아일랜드 전체의 독립이었다.[173] 적어도 1998년까지는, 아일랜드 공화국은 북아일랜드의 명목상 영유권을 주장해왔지만 아일랜드 주류 정치인들은 그 명목상 영유권을 실효지배로 바꾸려는 노력을 하지 않았다.[174] 이 정치인들은 정치인들이 으레 그렇듯이, 당연히 자신의 경력에 더 관심이 많을 것이다. 그들은 우리의 의미에서 "타락"한 것이다.

힘을 얻자 마자 북아일랜드를 되찾는 데 실패한 아일랜드 민족주의자들은 그 영토를 잃게 되었으며, 적어도 근미래에 그 영토를 되찾을 일은 없을 것이다.[175]

아일랜드 전체의 독립을 추구하는 순수한 본래의 아일랜드 민족주의 운동의 분파들[176] 신 페인, IRA 임시파, IRA 진정파, IRA 실효파 등 분파들의 분파들의 분파들이 여전히 있기는 하지만, 이 분파들은 강한 힘을 갖고 있지 않으므로, 가정4는 이들에게 적용되지 않는다.

종교개혁은 하나의 운동의 결과가 아니라, 루터, 츠빙글리, 칼뱅 같은 서로 경쟁하는 다수의 신학 운동들이 얽힌 복합적 사건을 통해 등장한 것이며[177] 종교개혁에 개입한 영주들은 종교적 신념보다는 실용적 이익을 따라 개입했다.[178] 그러므로 가정4와 규칙5를 종교개혁과 관련해 검토하는 것은 어려울 것이며 그 시대에 대한 자세한 지식이 필요할 것이다.

* * * *

지금까지 검토한 사례들에서 볼 수 있듯이, 다섯가지 규칙을 모든 급진주의 운동들이 실패를 감수해가며 무조건 의식적으로 따라야만 하는 엄격한 법칙으로 받아들여서는 안된다. 많은 상황에서 이 규칙들은 해석하기 어렵고 복잡할 것이며 어떤 규칙들은 적용하기 어렵거나 불필요할 것이다. 그럼에도 불구하고 이 규칙들은 적어도 모든 급진주의 운동들이 주의깊게 연구해야 할 문제들을 제시하기 때문에 중요하다. 이 규칙들이 제시한 문제들을 의식적으로 고려하지 않는 운동은 운이 좋으면 성공할 수도 있겠지만, 이 규칙들에 대해 고민하는 운동보다 성공할 가능성이 훨씬 낮을 것이다.

다음 구간에서는 환경파괴 문제를 포함해 현대 기술로 인해 발생하는 문제들을 해결하고자 하는 현재의 노력들이 이 다섯가지 규칙들을 무시하면 왜 실패할 수밖에 없는지 살펴볼 것이다.

IV. 응용

데이비드 스커비나David Skrbina의 선집에 수록된 첼리스 글랜드닝 Chellis Glendinning의 "네오 러다이트 선언문에 보내는 수기"에서 시작하자.179* 네오 러다이트주의의 목표에 대한 글랜드닝의 서술은 길고, 복잡하고, 지독하게 모호하다. 그 일부는 다음과 같다.

우리는 정치, 도덕, 생태, 기술이 지구 생명체들의 이익을 위해 공존하는 기술의 창조를 지지한다.

• 자연과 공동체의 관계를 증진시키며 재생 가능한 공동체 기반의 태양광, 풍력, 수력 에너지 기술.

• 자연 모델과 시스템을 직접 본따서 만든… 유기적, 생물학적 기술.

• 협동, 공감, 관계의 연속성을 강조하는 갈등 해소 기술.

• 사람들에게 참여, 책임, 권한을 부여하는 탈중앙화 사회 기술.

---

* 번역자 주: 데이비드 스커비나는 2000년대 초반부터 이 책의 저자 카진스키의 옥중 집필 작업을 도운 미시간 대학교 철학과 교수이다.

… 우리는 서구 기술 사회가 생명증진적 세계관을 개발하기를 원한다. 우리는 기술 사회에 창의적 표현, 영적인 경험, 합리적 생각과 기능의 역량을 지닌 공동체를 통합시킬 생명, 죽음, 인간 잠재력에 대한 인식을 주입하기를 원한다. 우리는 인간의 역할을 타 생물들의 지배자가 아니라, 생명의 신성함에 대한 경탄과 함께 자연세계와의 통합으로 인식한다.

단 하나의 분명하고, 단순하고, 구체적인 목표가 필요하다는 규칙1을 이 정도로 노골적으로 무시하기는 어려울 것이다. 게다가 이런 모호하고 일반론적인 목표들이 심각한 저항 없이 기존 역사의 흐름을 탈 수 있는 것도 아니다. 정 반대로, 현대 사회는 깊이 헌신하는 수많은 과학자, 공학자, 관리자들의 활발하고 확고한 노력과 거대 조직들의 치열한 권력 투쟁을 따라 현재의 기술 발전의 길을 따라가고 있다. 이러한 상황에서, 글랜드닝의 목표들의 모호함과 복잡성은 그 자체로 실패를 보장하기에 충분하다.

혁명이 성공하려면 혁명 운동이 타락하기 전에 목표를 즉시 달성해야한다는 규칙5는 어떠한가? 글랜드닝이 제안한 비폭력적이더라도 혁명이라고 칭할 만큼 충분히 급진적인 철저한 사회 재구성은 광범위한 기술 발전을 필요로 하며, 이 기술 대부분은 오늘날 존재하는 기술들과는 크게 다르다. 이 기술들이 실현 가능하기나 하다면, 이를 발명하려면 광범위하고 체계적인 연구, 대규모 자원, 많은 시간이 필요하다. 네오 러다이트 운동은 거대하고, 강력하고, 잘 조직되어 타락하기 좋은 상태가 되었을 때만 필요한 자원들을 통제할 수 있을 것이며, 목표에 맞게 사회를 재구성하려면 사회를 지배하는 힘이 되어야 할 것이다. 사회를 재구성하는

데 최소 수십 년은 걸릴 것이며, 그 시간을 최소 40년이라고 치자. 가정4에 따라, 그 무렵이면 네오 러다이트 운동의 기존 지도자들은 더 이상 활동하지 않을 것이며, 네오 러다이트 운동은 진작에 타락했을 것이므로, 네오 러다이트 원칙에 따른 사회 재구성은 영원히 미완으로 남을 것이다.

그래도 한번 글랜드닝이 원하는대로 사회가 변했다는 비현실적인 가정을 해보자. 그러한 변혁이 규칙2의 요구대로 불가역적인가? 다시 말해서, 네오 러다이트들의 추가적 노력 없이도 사회가 변화 상태를 유지할 것인가? 천만에! 제2장에서 논한대로, 네오 러다이트 유토피아 건설 후 자연선택으로 인해 권력을 둘러싼 갈등과 경쟁이 다시 시작될 것이다. 설령 제2장의 주장을 거부한다고 하더라도, 인간사는 사회 내부 혹은 다른 사회들 사이의 갈등과 경쟁으로 점철되어 있다는 것은 관측가능한 사실이다. 글랜드닝은 어떻게 해야 네오 러다이트 유토피아를 파괴할 갈등과 경쟁을 막을 수 있을지 설명하지 않았다. 현실적으로 봤을 때, 네오 러다이트 운동은 사회의 지배 세력이 된 모든 급진주의 운동들이 타락했듯이 타락할 것이며 네오 러다이트적 이상은 잊혀지거나, 립서비스에 그칠 것이다. 그리고 글랜드닝이 보존하고자 하는 현대 기술 때문에 사회는 필연적으로 현재의 파괴적 궤도로 되돌아올 것이다.

글랜드닝은 규칙3에 따른 실용적 행동에 헌신하는 조직적 행동을 구축해야 할 필요성을 모르고 있다. 그녀는 사상 설파를 통해 사회를 바꿀 수 있다고 생각하고 있거나, 다른 누군가가 효과적인 운동을 조직하는 힘든 일을 대신해주리라고 기대하고 있는 것이 분명하다. 앞서 지적한바, 사상 설파는 쉬운 것이고, 실용적 행동을 조직하는 작업이 어려운 것이다. 글랜드닝 같은 사람들은 이런 작업에 직면하면 겁에 질린다. 그들은 기술 체제의 성장으로 인한 재앙에 경악하고, 그에 맞서 무언가를 하고 싶어하지만, 운동을 조직하는 어려운 도전 앞에서는 너무나도 무기력하고 비효율적이다. 그래서 그들은 자신이 "무언가를 하고 있다"는 환상을 얻기 위해 기술의 문제 혹은 환경파괴 문제를 해결할 방법을 설파한다. 그 결과 우리에게는 세계를 구할 꿈만 같은 유토피아적 계획들이 한가득 있지만, 현실에서는 아무 일도 일어나지 않는다.

물론 제한적인 영역에서 상당히 분명한 목표를 추구하기 위해 조직된 단체들이 있다. 예를 들어, 시에라 클럽Sierra Club 같은 단체들은 야생의 자연을 보존하고자 하며 실제로 무언가를 약간 이루기는 하지만, 그들의 성취는 기술의 문제 전체에 비하면 보잘 것 없다. 그들의 목표가 제한적이기 때문에, 그들의 성취 역시 하찮을 수밖에 없다.

글랜드닝은 조직적 운동을 만들 필요를 언급조차 하지 않기 때문에, 급진주의 운동은 부적합 인원들을 제외할 수단을 찾아야 한다는 규칙5의 질문은 나오지 않는다.

그러나 최악은 글랜드닝이 어이가 없을 정도로 순진하다는 것이다. 그녀는 규칙1에서 규칙5까지의 문제들이 있다는 것을 생각조차 못하고 있으므로 그녀의 네오 러다이트 계획은 플라톤이 유토피아 국가를 꿈꾼 이후로 수많은 어리석은 이들을 잘못된 길로 인도한 비현실적인 유토피아 환상에 불과하다.

스커비나의 선집에는 아르네 네스Arne Naess의 에세이도 있다. 아르네 네스는 "심층 생태학Deep Ecology"라는 단어를 만든 노르웨이 철학자이다.[180] 네스의 기술 체제 비판 자체는 상당히 건실하지만, 네스는 현실 세계에서 기술 체제가 작동하는 방식을 광범위하게 근본적으로 바꾸고 싶어하는 것으로 보이며 그가 제안한 계획은 아무 짝에도 쓸모가 없다.

그것이 실현 가능하기나 하다면, 네스의 목표는 글랜드닝이 제안한 것보다 더 산만하다. 사실, 네스는 그의 에세이에서 그의 목표를 명시적으로 밝히지도 않았지만 이렇게 적기는 했다.

> 미래의 핵심 목표는⋯ 지역 자율성의 증진의 수단으로써, 그리고 궁극적으로 인간 사람의 풍요로운 잠재력을 펼치기 위한 수단으로써의 탈중앙화와 분산화이다.[181]

"인간 사람의 풍요로운 잠재력을 펼친다"는 궁극적 목표는 참으로 아름답다. 진부한 말을 이 정도로 우아하게 하기는 힘들 것이다. 그러나 실용적 목표로는 무의미하다. "탈중앙화"와 "지역 자율성"은 중간 단계의 목표로써 의미가 있지만 효과적인 운동을 조직하기에는 여전히 지나치게 불분명하다.

또한 네스는 "인간 생명 필요의 만족과 자연에 대한 불간섭" 사이에서 "일종의 균형 상태를 찾는 것이 핵심 문제"라고 적었다.[182] 이는 구체성과는 멀어도 한참 멀다. 네스가 요한 갈퉁Johan Galtung이 제안한 8쌍의 목표를 인용할 때는 살짝 나은데[183] 그 목표 중 두 쌍은 다음과 같다.

> 의복: 국제 섬유 업계를 해체. 지역 수공업 패턴을 복구. 식량 생산과의 공생.

> 이동/통신: 탈중앙화, 양방향, 집단 이동 수단. 걷기, 말하기, 자전거 같은

이동 패턴을 복구. 자동차 금지 구역 확대, 케이블 TV, 지역 언론.

갈퉁의 목표들 대부분은 효과적 운동의 기반이 되기에는 여전히 너무 불분명하다. 적어도 몇개는 충분히 구체적이기 때문에 개별적으로는 더 구체적인 목표를 개발하기 위한 출발점으로 사용할 수는 있겠지만, 8쌍의 목표는 너무 많다. 그리고 설령 갈퉁의 목표들을 전부 성취했다 하더라도 기술 전반의 문제는 전혀 해결하지 못하므로, 네스의 계획은 글랜드닝 만큼이나 규칙1을 정면으로 어긴다.

네스는 규칙5를 모르고 있다. 그는 "거대한, 중앙화된, 계층적" 사회 구조가 "점진적으로 사라질 수 있다"고 생각한다.[184] 그가 사회 변혁이 적어도 몇 세대에 걸쳐 이루어질 것이라고 전망하는 것은 분명하다. 그러나 이 경우 "심층 생태학"은 변혁이 완전히 이루어지기 한참 전에 타락할 것이다. 일단 "심층 생태학"이 타락하면 권력자들은 개인의 영달을 추구할 것이며, 그 때도 "심층 생태학" 개념이 남아있다면 오직 프로파간다 용도로만 사용될 것이므로 네스가 전망하는 변혁은 결코 완성되지 않을 것이다.

네스의 계획은 규칙2도 어긴다. 설령 사회가 네스가 원하는 방향으로 변화한다고 하더라도, 그 변화는 불가역적이지 않을 것이다. 네스가 첨단 기술의 상당 부분을 보존하고자 하는 것은 분명해 보인다.[185] 그렇다면 기술이 네스가 원치 않는 방향으로 쓰이는 것을 막으려면 지속적으로 감시해야할 것이다. 네스의 운동은 필연적으로 우리의 의미에서 타락할 것이기 때문에 현실적으로 그러한 감시는 오래 가지 않을 것이다.

네스는 규칙3에 따른 실용적인 행동을 위한 "심층 생태학" 운동을 조직해야할 필요성을 느끼지 못하고 있는 것 같기 때문에 글랜드닝과 마찬가지로 그저 사상 설파만으로 세상을 구할 수 있다고 생각하는 것으로 보인다.

* * * *

이 분야의 다른 저술가들의 저서들도 검토해볼 수 있다. 이반 일리치 Ivan Ilich, 제리 멘더Jerry Mander, 커크패트릭 세일Kirkpatrick Sale, 다니엘 퀸 Daniel Quinn, 존 저잔John Zerzan 같은 쓸모없는 작자들. 그러나 글랜드닝과 네스에게 했던 비판을 반복하는 것에 불과하기에 큰 의미는 없을 것이다.186 이 문헌들 전부 이 둘의 저서와 동일한 결함을 갖고 있다. 이 저술가들은 기술 체제에 대해 합리적인 두려움을 표현하지만 그들이 제안하는 해결책은 완전히 비현실적이다. 그들의 해결책이 비현실적인 이유는 많지만, 제3장에서는 사회 운동의 역학에 관한 다섯가지 규칙들만을 논했다. 그러나 제1장, 제2장과 다른 곳에서187 글랜드닝, 네스, 일리치, 멘더 등의 해결책이 현실에는 절대 적용될 수 없는 강력한 이유들을 제시했다.

독자들은 다섯가지 규칙들을 벗어나지 않는 기술 체제 문제에 대한 해결책을 떠올리는게 가능하기나 한지 의문일 수도 있다. 우리는 가능하다고 생각한다. 우선 마오쩌둥의 조언에서 출발해 우리가 처한 상황의 주된 모순이 무엇인지 물어보자. 명백히 야생의 자연과 기술 체제 사이의 모순이 주된 모순이며, 앞서 설명한 기술 체제를 "죽이는" 것이 우리의 목표라는 것을 암시한다.188 다시 말해서, 혁명가들은 가능한 모든 수단을 동원해 기술 체제를 무너뜨려야 한다.

규칙1. 이 목표는 효과적인 운동의 기반이 될만큼 충분히 분명하고, 구체적이고, 단순하다.

규칙5. 일단 반기술 운동이 기술 체제를 파괴할 만큼 충분히 강해졌다면, 빠르게 파괴할 수 있을 것이다. 파괴는 건설보다 훨씬 쉽다.

규칙2. 기술 체제를 철저하게 파괴했다면 새로운 기술 체제가 등장하기까지 수백 년은 걸릴 것이기 때문에 상당히 오랜기간 불가역적일 것이다.[189] 게다가 어떤 사람들은 기술 체제가 한번 무너지면 지구에 기술 체제를 영원히 다시 건설할 수 없으리라고 생각한다.[190]

규칙4. 기술 체제를 "죽이고자" 하는 혁명 운동은 부적합 인원을 쫓아낼 방법을 찾아야 한다. 가장 심각한 위험은 "대의"를 무차별적으로 쫓는 ISAIF[191]에서 정의한 좌익들일 것이다.[192] 좌익의 믿음, 목표, 사상을 향해 지속적인 언어적, 이념적 공격을 가하면 그러한 사람들을 운동으로부터 쫓아낼 수도 있을 것이다.[193] 이것만으로는 좌익을 쫓아내기 부족하거나, 우익들처럼 다른 부류의 부적합자들이 운동에 이끌린다면, 운동의 "순수성"을 유지할 다른 수단들을 강구해야할 것이다.

규칙3. 어려운 부분은 실용적 행동을 조직하는 것이다. 이 작업에 대한 공식이나 비결을 줄 수는 없지만, 다음에서 이어지는 제4장의 아이디어와 정보들을 적용한다면 일이 훨씬 쉬워질 것이다.

후주

1. Mao, p. 112.
2. Tocqueville, Vol. I, p. 172.
3. Huenefeld, p. 6.
4. "선전가들은 합리적 주장, 귀에 꽂히는 슬로건 그 어느 쪽도 그 자체로는 인간 행동에 영향을 주지 못한다는 점을 알아야 한다." NEB (2003), Vol. 26, "Propaganda," p. 175.
5. Smelser, pp. 345n5, 356-57 참고.
6. NEB (2003), Vol. 16, "Collective Behavior," p. 563 참고. 운동의 목표가 점차 흐려진 다는 브리태니커 백과사전의 설명이 충분히 진실하다는 것에는 의심의 여지가 없다. 그럼에도 불구하고, 브리태니커 백과사전의 서술은 이 장의 사례들로 뒷받침되지 않 는다. 브리태니커 백과사전이 지나치게 일반화하고 있는 것은 아닌지 의심해야 한다.
7. NEB (2003), Vol. 29, "War, Theory and Conduct of," p. 649.
8. Trotsky, Vol. Three, p. 179.
9. Currey, p. 344; W.S. Randall, pp. 215, 250, 262 참고.
10. 사례, McCullough, pp. 102, 163.
11. Ibid., pp. 374-381, 397-98. W.S. Randall, pp. 480-83. Chernow, pp. 227-239, 241, 243-44, 261-68.
12. W.S. Randall, p. 512.
13. Ibid., p. 201.
14. 공화국 초기, 대통령을 선출하는 선거인단이 반드시 인민에 의해 선출된 것은 아니었 다. 대부분의 주들은 주 의회에서 선거인단을 임명했다. Ibid., p. 544. NEB (2003), Vol. 29, "United States of America," p. 223. 그리고 1913년까지는, 상원의원 역시 인민이 선출하지 않고 주 의회가 임명했다. Constitution of the United States, Article I, Section 3; Amendment XVII. 주 의회 선거는 완전히 민주적이지는 않았는데, 대부분의 주들 이 재산을 기준으로 투표권을 제한했기 때문이다. NEB (2003), Vol. 29, "United States of America," pp. 217, 223, 269, 277, 283, 299, 302 참고. 또한 Haraszti, pp. 32-33; Trees, p. 7A.
15. 초기 기독교인들의 도덕적 엄격주의와 그 점진적 완화 과정에 대해서는 NEB (2003), Vol. 16, "Christianity," pp. 258, 262 참고. 적어도 기원후 100년 경까지는, 그리고 다 음 세기 대부분을 걸쳐 기독교인들의 숫자는 많지 않았다. Harnack, p. 5. Freeman, p. 163. Harnack은 콤모두스 황제(기원후 180~192년)의 치세가 기독교 성장의 전환점이 었다는 것을 발견했다.Harnack, pp. 27ff. 그리고 기원후 300년 무렵 로마 제국 인구의 7%에서 10%가 기독교인이었다. Freeman, p. 215. 콘스탄티누스 황제의 지원 덕분에 4세기 전반 기독교는 폭발적으로 성장했고 로마 제국의 주류가 되었다. Ibid., pp. 219, 222, 225ff.
16. Exodus 22:25. 킹 제임스 성경은 "고리대금업(usury)"라는 단어를 사용한다. 새 영

어 성경(New English Bible), 개정 영어 성경(Revised English Bible), NIV(New International Version) 성경에서는 사용하지 않는다. 엄밀하게 말해서, 모든 버전들의 성경은 "가난"하거나 "궁핍"한 사람들에게서 이자를 취하는 것을 금지하고 있다. 그러나 예수의 "아무것도 바라지 말고 꾸어 주라."(즉, 아무 것도 받지 마라. Luke 6:35, King James Version)는 가르침은 모든 이자를 금지한 것이 분명하다. Weber, p. 59n1; Bouwsma, p. 198 참고. (하지만 마태 25:14-28; 누가 19:12-25 참고.)

17. 이 문단 전체는 World Book Encyclopedia, 2011, Vol. 20, "Usury," p. 229 참고; NEB (2003), Vol. 12, "usury," p. 216; Pirenne, pp. 251-52&n4; Bouwsma, pp. 198, 202-03; Weber, pp. 56-58n1. 기원후 200~250년 경, 어떤 기독교인 과부들은 터무니 없이 높은 이자로 돈을 빌려주었다. Harnack, p. 131. 이 후 세기에서 이자를 받고 돈을 빌려준 기독교인들에 대해서는 사례, Pirenne, loc. cit.; Runciman, pp. 304-05; D. Jones, p. 384 참고.

18. 사례, Matthew 6:19-24, 19:21-24; Luke 6:20-25, 12:15-21.

19. Acts 4:34-35 (King James Version). 또한 Acts 2:44-45, 4:32 참고. 많은 학자들이 사도행전(Acts)의 역사적 가치를 부정한다. Freeman, p. 40. 하지만 Harnack, 사례, p.116 은 그렇지 않은 게 분명하다. 사도행전의 가치가 어떻든 간에, 초기 기독교인들이 부를 경멸하고 재산을 공유할 의무가 있었다는 것만은 충분히 확실하다. 사례, Freeman, pp. 163-64, 165.

20. Freeman, p. 115. Harnack, p. 26&n3. James 2:1-16, 4:13-16, 5:1-3. 야고보서는 늦어도 2세기 초에는 쓰여졌다. Freeman, p. 105.

21. Freeman, passim, 사례, pp. 169, 187-88 (greed), 211-12 (greed, failure to help starving brethren), 261, 266 (greed). Harnack, passim, 사례, pp. 21, 23, 25-32, 39 (greed), 106-08 (greed, total decadence), 116. 반면에 Freeman, pp. 267-69 (5세기 초반에 대한 서술)에 따르면, 초기 기독교인들이 이교도들보다는 빈민을 더 많이 도왔다는 것은 사실이다. 그러나 이는 기존 사회 구조를 안정시키기 위해서는 빈민을 도와야 한다는 사실에서 부분적으로 기인한 것으로 보인다. Ibid 참고. 아마 이런 이유로 "로마는 (교회를 빈민 구제에) 이용했다." Ibid, p. 225. 로마는 일부 주교들에게 "빈민에게 나누어 줄 곡식"을 주었다. Ibid., p. 228. 또한, 빈민 구제를 오직 기독교 교리만의 특성으로 볼 수 있을지 확실하지 않다. 정통 유대교와 이슬람(Neusner & Chilton, pp. 38-39, 74-77) 역시 빈민 구제를 중시하기 때문이다. 그 외의 수많은 종교들 또한 그러하다. 필자는 이런 측면에서 기독교가 다른 주요 종교들보다 더 잘했으리라고 볼 이유를 알지 못한다. "공식적 빈민 구제와 실업자 고용이 (잉글랜드) 스튜어트 왕조, 특히 찰스 1세 치하의 (캔터베리 대주교) 윌리엄 로드(William Laud) 정권 하에서 체계적으로 개발되었다. 반면에 청교도들의 전투함성은 '구호를 베푸는 것은 자선이 아니다(Giving alms is no charity)'였다…" Weber, p. 177n3.

22. 사례, Freeman, p. 225 ("megachurch complexes") 참고.

23. 킹 제임스 성경의 출애굽기 20:13은 "죽이지 말라"고 한다. 그리고 마가 10:19와 누가 18:20 둘 다 예수는 "죽이지 말라"고 말한다. 그러나 마태 19:18에서 예수는 "살인하지 말라"고 말한다. 하지만 위 후주 16에서 인용한 더 현대적인 번역본들은 모두 "죽임(kill)"이 아니라 "살인(murder)"를 사용하고 있다. 예수는 최소한 자기방어를 위해 죽이는 것은 정당하다고 생각했을 것이다. 그가 제자들에게 검을 소지하라고 말했을 때(누가 22:36), 검을 장식용으로 쓰라는 의도는 분명히 아니었을 것이다. 예수가 말한 "검"은 문자 그대로의 의미가 아니라 비유였다는 주장은 이 맥락에서는 말이 안된다. 그렇다면 돈, 외투, 신발, 지갑, 보따리, 옷 등(마태 10:9~10; 마가 6:8~9; 누가 10:4, 22:35~36)을 전부 문자 그대로가 아니라 비유로 받아들여야 할 것이다. 그런 논리대로라면 복음서를 모든 내용을 문자 그대로 받아들여서는 안될 것이며, 아무도 예수가 한 말을 제대로 이해할 수 없을 것이다. 그렇다면 우리의 주장은 더 강하게 뒷받침된다. 예수의 가르침은 인간 행동을 지도할 수 없었을 것이다. 물론 예수가 실제로 평화주의자였다고 가정해도, 그의 사후 기독교 세계가 얼마나 폭력적이었는지 고려하면, 그의 가르침이 비효과적이었다는 우리의 주장은 강해진다.

24. 사례, Elias, pp. 162-65, 171.

25. 여기서 기독교에 대한 논의는 복음서의 내용이 실제 예수의 가르침이라는 가정 하에 진행한 순진한 논의이다. 간결함을 위해 단순화할 필요가 있었다. 구체적인 논의는 부록6 참고.

26. NEB (2003), Vol. 23, "Marx and Marxism," pp. 533-34 참고.

27. 사례, ibid., pp. 539-542 참고.

28. "사람들은 사회 혁명 사상에 대해 논할 때, 새 사회의 요소들이 낡은 사회에서 생겨났으며, 낡은 존재 조건들의 해체에 비례해 낡은 사상들도 해체되었다는 사실을 놓친다." Marx & Engels, Chapt. II, p. 91.

29. "중대한 변혁을 목표로 하는 프로파간다는 엄청난 시간, 자원, 인내, 기만이 필요하다. 다만 낡은 이념이 산산조각나는 혁명적 위기 상황에서는 그렇지 않다…" NEB (2003), Vol. 26, "Propaganda," p. 176.

30. M.F. Lee, pp. 119, 136.

31. M.F. Lee가 한 이야기다.

32. 초기 볼셰비키 중, 크라신(Krasin)과 보그다노프(Bogdanov)는 본질적으로 모험가였다. Ulam, pp. 90, 95, 101-02. (알렉산더 말리노프스키는 보그다노프라는 가명을 사용했다. 로만 말리노프스키와 착각해서는 안된다.) 오토 바우어(Otto Bauer)의 의견에 따르면 1930년대 독일의 반나치 운동에는 많은 모험가들이 있었다. Rothfels, pp. 64-65. Packer, p. 62 (많은 무슬림 지하드 전사들이 "모험감"에 자극된다고 한다.) 참고.

33. NEB (2003), Micropaedia articles on Anthony, Susan B.; Bajer, Fredrik; Blatch, Harriot Eaton Stanton; Braun, Lily; Catt, Carrie Chapman; Gage, Matilda Joslyn; Garrison, William Lloyd; Grimké, Sarah (Moore) and Angelina (Emily); Mott, Lucretia;

Phillips, Wendell; Rankin, Jeanette; Stanton, Elizabeth Cady; Stone, Lucy; Truth, Sojourner; Woodhull, Victoria. Also Vol. 9, "prostitution," p. 737 참고.

34. ibid., articles on Anthony, Catt, and Gage, plus: Vol. 9, "Pankhurst, Emmeline," pp. 115-16; Vol. 19, "Feminism," p. 160 ("페미니즘 운동은... 여성 참정권이라는 단 하나의 이슈에 집중하기 시작했다…") 참고. 1890년대 말 "레디컬 페미니스트들이 여성 참정권을 향한 집중력을 훼방하기 시작했다."는 것은 사실이다. ibid., p. 161. 그러나 적어도 1870년대부터 1920년대까지는, 여성 참정권이 영국과 미국의 페미니즘 운동에서 압도적으로 지배적인 목표였다는 것은 분명해 보인다.

35. ISAIF, ¶ 83 참고.

36. "이탈리아 파시즘 운동과 관련해서, 로시(Rossi)는 1922년 초부터, 파시즘 운동은 조직원들에게 다양한 이익을 줄 수 있을 만큼 충분히 성공적이었다. '파시스트들에게는 제복, 무기, 탐험, 보조금, 전리품, 우월감을 비롯한 이익들이 보장되어 있었다.' 이러한 매력들이 운동의 이념에 무관심한 사람들을 유혹했을 것이다." Smelser, p. 357n1, quoting Rossi, p. 180.

37. Trotsky, Vol. Two, pp. 309-310. "기회주의자"라는 용어는 보통 도덕적, 정치적 원칙과는 상관없는 개인적 이익을 얻기 위한 기회를 추구하는 개인을 의미한다. 하지만, 맑스-레닌주의 이론에서 "기회주의자"는 원칙없는 개인주의자들이 아니라, 사회 전반을 바꾸려는 혁명적 목표보다는 노동자들의 경제력을 개선하는 것과 같은 개별 사회주의적 목표에 집중하는 사회주의자들을 의미한다. 사례: Stalin, *History of the Communist Party*, passim; 특히 제1장 Section 3, p. 30 ("'경제학자'들은… 대표적인 절충주의자들이자 기회주의자들이다…") 참고. Lenin, "What Is to Be Done?," Chapt. I, Part D ("유행을 따르는 기회주의"); in Christman, p. 69. Selznick, passim, 사례, p. 308 ("기회주의는 단체의 궁극적 특성에 미칠 결과를 고려하지 않고, 주어진 상황에서 즉각적인 보상을 얻으려는 준비가 되어있는 상태이다."). 결국 스탈린은 누군가를 비난할 때마다 "기회주의자"라는 용어를 남용하기 시작했다. 스탈린의 *History of the Communist Party*, seventh chapter, Section 2, p. 261 참고(카메네프Kamenev , 지노피에프Zinoviev 등을 기회주의자라고 비난한다.); Conclusion, pp. 483-84. Trotsky, loc. cit.는 "기회주의의 본질"은 "기성 권력에의 복종"이라고 설명한다. 트로츠키의 의미가 무엇이었든 간에, 볼셰비키가 권력을 얻자마자 당에 물밀듯이 들어온 대부분의 사람들은 일반적인 개인주의적 의미에서의 기회주의자들이었을 것이다.

38. Sampson, p. xxv.

39. 사례, P.P. Read, pp. 58-60 참고. 그 힘의 성장과 비례한 초기 기독교의 (우리가 사용하는 의미에서) 점진적 타락은 여기에서 확인할 수 있다. Freeman, 사례, pp. 187-88, 201, 225 (especially), 237, 253, 261, 266, 269, 270, and Harnack, 사례, pp. 39, 106-08, 136, 241, 256, 259-260, 287.

40. NEB (2003), Vol. 12, "Uthman ibn Affan," p. 219; Vol. 22, "The Islamic World," pp. 110-11.

41. R. Zakaria, 사례, pp. 59, 282-83, 296 참고.

42. La Botz, pp. 43-63, 127. 또한 NEB (2003), Vol. 6, "Institutional Revolutionary Party," p. 333, 그리고 Vol. 24, "Mexico," pp. 48-49; Agustín, both volumes, entire 참고. 멕시코 "혁명"당의 혁명적 단계는 1940년에 끝났다. 아래의 후주 166 참고.

43. Hoffer, § 116.

44. Ibid., § 7, quoting Hitler, p. 105.

45. Mao, pp. 362-63.

46. Ibid., p. 475.

47. *The Economist,* June 25, 2011, p. 14 ("이러한 젊은 출세주의자들의 공산당 가입은 당의 영향력을 보여주는 것이지만, 그들의 야심은 옛 이론가들과는 판이했다.") Ibid., "Special Report" on China: 이 글에서 느껴지는 전반적 감상은 중국 정치인들은 다른 국가들의 정치인들과 똑같다는 것이다. 그들은 개인적 권력과 이익을 얻기 위해 경쟁한다. 그들은 옛 마오주의 이념을 오직 그 목적을 위한 수단으로써만 사용한다.

48. 사례, *The Economist*, April 2, 2011, p. 34, and April 23, 2011, p. 74; Folger, p. 145; *USA Today*, Sept. 3, 2014, p. 7A.

49. W.S. Randall, p. 357.

50. NEB (2003), Vol. 29, "United States of America," pp. 216-18.

51. McCullough, pp. 504-06, 536, 577.

52. Buckley, p. 7A ("하지만 공화주의적 이념이 미국에 얼마나 오래 지속되었는가? 1829년 즈음이면… 거의 남지 않았다.") NEB (2003), Vol. 29, "United States of America," pp. 221, 223-24; McCullough, p. 398 참고.

53. 이는 La Botz, p. 66에 근거한 것이다.. 하지만 Agustín, Vol. 2, p. 121은 시민사회 운동이 이미 1976년에 "초기" 형태로 존재했었다고 주장한다.

54. La Botz, pp. 66, 81.

55. Ibid., p. 72.

56. Ibid., p. 70.

57. Ibid., p. 81.

58. ibid., p. 234 참고.

59. Ibid., p. 78.

60. Ibid., p. 80.

61. Ibid., p. 232.

62. *USA Today*, July 3, 2018, p. 3A.

63. Ibid., July 3-4, 2012, p. 2A.

64. Ibid.

65. Ibid., May 10, 2017, p. 5A.

66. *The Week,* March 21, 2008, p. 11. also ibid., March 13, 2009, p. 16; Caputo, pp. 62-69; Padgett & Grillo, pp. 30-33 참고.

67. Foer, p. 45 (로페스 오브라도르가 "기업친화적 페르소나를 받아들이다."). *USA Today*, July 3, 2018, p. 3A ("그는 금융 시장을 안심시키고자 했다.").

68. 아래의 후주 166 참고. 물론, 로페스 오브라도르의 빈민 구제 노력이 대단히 성공적인 것으로 밝혀지더라도, 그것이 시민사회 운동의 성취가 되는 것은 아니다. 시민사회 운동은 멕시코에서 오래 전에 사라진 것으로 보인다.

69. *USA Today*, May 10, 2018, p. 5A; July 3, 2018, p. 3A.

70. 위의 후주 66 참고. 그리고 USA Today, Feb. 6, 2013, pp. 1A, 5A; Oct. 9, 2014, p. 7A; Oct. 20, 2014, p. 7A; Nov. 22, 2014, p. 8A; May 10, 2018, p. 5A. 또한 제2장의 후주 21과 Hayes, p. 3A (last paragraph) 참고.

71. ISAIF, ¶ 100; 위의 후주 66; Agustín (the entire work); La Botz (the entire work); *USA Today,* May 10, 2017, p. 5A, May 10, 2018, p. 5A, and July 3, 2018, p. 3A 참고. Guillermoprieto, pp. 87-88는 (합법 정부 구조 입장에서는 부패한) 비공식적 caciques(족장) 체제가 멕시코 질서에서 큰 역할을 하고 있다고 설명한다. Guillermoprieto의 설명은 1994년의 것이지만, 필자는 그 후로 그 체제가 바뀌었으리라고 생각할 이유를 알지 못한다. La Botz, p. 28 참고.

72. 초기 시민사회 운동은 1976년 언론의 자유를 구속하던 정부 규제들을 해소시킨 일련의 사건들에 분명히 기여했다. Agustín, Vol. 2, pp. 119-121, 그리고 그 연장선상에서 이 역시 운동 측의 성공이라고 볼 수도 있을 것이다. 그러나 2008년에는 정부 규제의 역할을 마약 카르텔들이 대신하고 있다. 그들은 자신을 모욕하는 언론인들을 살해하고 있다. 위의 후주 70 참고.

73. NEB (2003), Vol. 19, "Feminism," p. 160 참고.

74. 위의 후주 34 참고.

75. NEB (2003), Vol. 12, "women's movement," pp. 734-35; Vol. 19, "Feminism," pp. 161-62.

76. 후주 75에서 인용한 글을 참고할 것.

77. 이런 식의 평등을 향한 경향이 기술 체제에 이익이 되는 이유에 대해서는, Kaczynski, "The System's Neatest Trick." 참고.

78. Kee, pp. 24-25.

79. Ibid., pp. 101-09, 114-121, 126, 128-29, 151.

80. Ibid., p. 204.
81. Ibid., p. 179.
82. Ibid., pp. 181-82.

83. Ibid., pp. 181, 186.
84. Ibid.
85. Ibid., pp. 181-86.

86. 가톨릭 해방은 "분노한" 국왕의 재가를 받았다. Ibid., pp. 185-86. 왕은 "마지 못해서" 허가했다. NEB (2003), Vol. 29, "United Kingdom," p. 80.

87. Kee, pp. 184-85. Churchill, pp. 27-30.

88. Kee, pp. 152, 193, 201, 227.

89. Ibid., pp. 193-242.

90. Ibid., p. 246.

91. Ibid., p. 257.

92. Ibid., p. 261.

93. Ibid., pp. 264-67.

94. Ibid., pp. 270, 304-05.

95. Ibid., pp. 305-06.

96. Ibid.

97. Ibid., pp. 308-310, 315-320.

98. Ibid., pp. 335-340.

99. Ibid., pp. 351-564, especially p. 391.

100. ibid., pp. 352-53 참고.

101. Ibid., pp. 351-470, 특히 p. 352.

102. Ibid., pp. 548-709. 아일랜드 역사를 잘 아는 사람들은 이 문단의 전반부가 지나치게 단순하다고 느낄 것이다. 그러나 Kee의 설명에 오해의 소지가 없다는 가정 하에, 그리고 아일랜드 민족주의자들의 예상되는 반발에도 불구하고 (그들은 객관적 판단을 내릴만한 위치에 있지 않다), 지금의 목적상 이 문단이 충분히 진실에 가깝다고 생각한다. 나는 역사 교과서를 쓰고 있는게 아니다. 나는 특정 사안들을 설명하기 위해 아일랜드 역사를 사용하고 있으며, 이를 위해 단순한 그림을 그려야 했다. 이 책에 걸쳐 사용한 다른 역사적 사례들도 마찬가지이다.

103. Ibid., pp. 719, 726.

104. Ibid., p. 728.

105. Ibid., pp. 728n *, 730, 732-745.

106. Ibid., pp. 748-49. 그러나 몇몇 완고한 이들은 IRA를 자처하며 불법 조직을 유지하고 있다. Ibid.

107. Ibid., pp. 748-751.

108. 6개의 주로 구성된 북아일랜드가 영국의 일부로 남아있다는 점을 고려하면 민족주의자들의 승리는 불완전한 것이다. 이 사실은 현재의 논의에는 중요한 것이 아니다. 하지만 차후 이 부분을 다시 살펴볼 것이다.

109. ibid., pp. 389-390 참고.

110. Ibid., pp. 353-54, 368-376.

111. ibid., pp. 750-51 참고.

112. ibid., pp. 732-33, 752 참고.

113. Ibid., p. 303 (스티븐스의 "정치 사상이 사회주의 혁명가들의 사상으로부터 영향을 받았다는 것은 명백하다."); p. 334 ("공화국은… 인민의 노동 가치를 온전히 보존해야 한다."); p. 751.

114. Ibid., p. 446. NEB (2003), Vol. 21, "Ireland," p. 1004 ("문화 부흥운동은 20세기 초

기 아일랜드 민족주의 투쟁을 고취시켰다.")

115. Ibid., p. 1001.

116. McCaffrey & Eaton (2002년과 그 직후를 다루고 있음.), pp. 5, 120, 203, 219 (더블린의 버거킹) 참고. 한편으로는, 아일랜드가 현대 문화를 느리게 받아들였다는 점은 인정해야 한다. Ibid., pp. 21, 23, 120.

117. 현대로부터 일시적으로 탈출하기 위해 어떤 아일랜드인들은 마치 자신이 그 시대 사람인 것처럼 청동기 시대의 전통을 재현하기도 한다. Ibid., pp. 44-47. 유럽 다른 지역들의 비슷한 게임들과 비교해볼 것.

118. Kee, p. 751.

119. NEB (2003), Vol. 15, "Calvin and Calvinism," p. 436; Vol. 19, "Geneva," p. 743; Vol. 26, "Protestantism," p. 212, and "Rousseau," p. 939 참고.

120. 1970년대 스페인 공산당 서기장은 소비에트 연방의 국가 체제는 "노동자 민주주의"로 볼 수도 없고 "레닌이 상상했던 체제"도 아니었다고 적었다. Carrillo, pp. 201, 202. 또한 Carrillo는 소비에트 연방의 "관료적 층위가… 노동 계급보다, 심지어 당 전체보다도 상위에서 작동한다."고 지적했다. Ibid., pp. 207-08. 따라서, 소비에트 연방은 프롤레타리아 독재도, 프롤레타리아 당의 독재도 아니라, 관료들의 독재 체제였다.

121. 푸틴이 러시아에서 어느 정도까지 권력을 독점하고 있는지는 확실하지 않지만, 권력의 분산 정도와 상관없이, 2018년 현재의 러시아는 민주주의 국가가 아니라는 것에는 아무도 이의를 제기하지 않을 것이다.

122. Tella, Germani, Graciarena et al., p. 266n15, quoting Fluharty, quoting in turn García.

123. Kaczynski, Letter to David Skrbina: Nov. 23, 2004, Part IV.C 참고.

124. NEB (2003), Vol. 29, "Western Africa," p. 841.

125. Ibid., Vol. 17, "Eastern Africa," p. 810.

126. Ibid., p. 803.

127. 제2장 후주 22 참고. 그리고 NEB (2003), Vol. 17, "Eastern Africa," p. 798. *National Geographic*, Sept. 2005, p. 15. *Denver Post*, Feb. 26, 2009, p. 11A. Time, Aug. 23, 2010, p. 19. *USA Today,* Aug. 6, 2009, p. 7A; Aug. 7, 2017, p. 3A; Aug. 10, 2017, p. 3A 참고.

128. S.A. Reid (the entire article). *USA Today*, Jan. 18, 2017, p. 5A. Ibid., Jan. 20-22, 2017, p. 10A, "자메를 쫓아내기 위해 군이 감비아에 투입되다." 야히아 자메(Yahya Jammeh)는 독재자였다.

129. "레닌에게 있어서, 조직은 이념의 필수적인 부속품이었다." Selznick, p. 8. Lenin, "What Is to Be Done?," Chapt. IV, Parts C, D, E; in Christman, pp. 147-48, 151-52, 157 참고.

130. Kee, pp. 21-27. "백의당"이라는 이름은 그들이 입고 있던 흰 셔츠로부터 따온 것이 분명하다. Ibid., p. 24.

131. Ibid., pp. 24, 26, 27.

132. Ibid., pp. 44, 57, 68-69, 73.

133. Ibid., pp. 57, 59, 61, 68-69, 73, 126, 151.

134. ibid., pp. 101-09, 114-121, 128-29 참고.

135. Trotsky, Vol. One, pp. 136-152, especially p. 152. 프랑스 혁명에서 사상들이 한 역할에 대해서는 Haraszti, p. 22, citing opinion of M. Roustan 참고.

136. Kee, pp. 450-611.

137. Ibid., pp. 595-742.

138. NEB (2003), Vol. 20, "Germany," pp. 89-90; Vol. 23, "Luther," p. 310. Dorpalen, pp. 113-14, 117, 119&n49.

139. Dorpalen, p. 113.

140. Ibid., pp. 114-121&nn44, 49. NEB (2003), Vol. 10, "Schmalkaldic League," p. 527; Vol. 20, "Germany," pp. 88-90; Vol. 23, "Luther," pp. 310-11; Vol. 26, "Protestant-ism," pp. 208-211, 213.

141. NEB (2003), Vol. 20, "Germany," p. 83.

142. Elias, 사례, pp. 166-171. Cf. Graham & Gurr, Chapt. 12, by Roger Lane 참고.

143. 학습된 무기력에 대해서는 Seligman 참고.

144. Trotsky, Vol. Two, p. 309.

145. Lenin, "What Is to Be Done?," Chapter IV, Part E; in Christman, p. 162.

146. *Stalin, History of the Communist Party*, second chapter, Section 3, pp. 60-61.

147. Ibid., Section 4, p. 68.

148. Mao, pp. 143-44, 172, 175, 258.

149. NEB (2003), Vol. 2, "Brook Farm," p. 549.

150. Smelser, pp. 356-57, quoting Noyes, p. 653.

151. Smelser, p. 357n1.

152. Selznick, pp. 24, 60.

153. Ibid., passim, 사례, pp. 120-21, 132-33, 178, 216, 221.

154. Ibid., pp. 21-36, 177.

155. NEB (2003), Vol. 12, "Woodhull, Victoria," p. 743. Buhle & Sullivan, pp. 36-37 ("우드헐은 잉글랜드로 떠나, 부자와 결혼하고나서 그녀의 급진적 사상을 포기했다.")

156. 역사학자들은 오코넬이 폐지 협회를 철저하게 자신의 통제 하에 두었다고 명시했다. Kee, p. 193. 오코넬은 (가톨릭 해방을 위한) 가톨릭 협회를 창설했다. 그리고 가톨릭 협회는 대단히 잘 규율된 조직이었다. ibid., pp. 179-186. 오코넬의 엄청난 카리스마에 비추어 보았을 때, 그는 가톨릭 협회를 한 사람이 통제할 수 있는 최대한 통제했을 것이다.

157. Ibid.

158. Ibid., p. 182.

159. Ibid., p. 456.

160. ibid., p. 450 참고.

161. 이 설명은 실제 상황을 살짝 단순화한 것이다. 비교적 "온건파"에 속했던 신 페인 지도자 아서 그리피스(Arthur Griffith)는 부분적 독립을 추구하는 아일랜드인들에게 어느 정도 양보할 생각도 했었다. Ibid., pp. 451, 720. 하지만 그리피스 자신은 부분적 독립은 불충분하다고 믿었다. Ibid., p. 451. 아일랜드 독립 전쟁에 대한 설명 전반에 걸쳐, Kee가 그리피스 세력을 두고 사용한 "온건파"라는 단어는 분명히 완전한 독립을 얻을 수단과 시기에 대한 의견차이를 두고 사용한 것이다. 운동 내부에는 궁극의 목표는 완전한 독립이라는 일반적 합의가 있었던 것으로 보인다. 사례, ibid., pp. 609 ("신 페인은 '완전한 독립'을 추구한다고 알려졌다."), 626.

162. Ibid., pp. 606, 608, 610, 611, 621-22, 630, 641, 647-48, 651, 652, 654, 661, 680, 711, 732, 733.

163. Ibid., pp. 606, 613-14, 641, 654, 661, 662, 732.

164. ibid., p. 730 참고. 일단 영국과의 적대관계가 중단되자, 아일랜드 독립 운동은 분열하기 시작했다. 이는 "(적에게 맞서 통일전선을 구축하기 위해 필요했던)부자연스러운 만장일치를 유지해주던 것이 사라졌기 때문이다."

165. NEB (2003), Vol. 6, "Institutional Revolutionary Party," p. 333. 그러나 브리태니커 백과사전의 서술은 라자로 카르데나스를 제외한 멕시코 혁명 지도자들을 지나치게 관대하게 바라보고 있는 것일 수도 있다. Tannenbaum, pp. 198-224의 더 자세한 설명과 비교할 것.

166. La Botz, pp. 43-63. Agustín, Vol. 1, pp. 7-19, 49-52, 56-57, 68, 155-57. 로페스 마테오스(López Mateos, 1958-1964) 대통령은 토지 개혁 프로그램을 되살리려는 제스처를 취했지만, 대부분 비효과적이었다. Ibid., pp. 173, 196, 269. 에체베리아 알바레스(Echeverría Álvarez, 1970-1976) 대통령과 로페스 포르티요(López Portillo, 1976-1982) 대통령도 마찬가지로 토지 개혁을 시도했다. 그들의 노력은 아마 진실했겠지만 (La Botz, p. 128는 진실하지 않았다고 생각한다), 그러나 또 비효과적인 것으로 드러났다. Agustín, Vol. 2, pp. 20-23, 98-101, 146, 166, 171, 174, 229-232, 279, 289. 살리나스 데 고르타리(Salinas de Gortari)의 최후의 일격은 La Botz, p. 118 참고.

167. 몇몇 여성 개인들은 페미니즘 책을 써서 부자가 되기는 했지만, 그들은 페미니즘 단체들과는 별개로 그 책들을 쓸 수 있었다. 그 여성들이 실제로 페미니즘 단체에 가입하기는 했다면 말이다.

168. Kee, pp. 726-27, 733-34.

169. Ibid., pp. 728&n*, 730-33, 748-49.

170. Ibid., pp. 748-751.

171. Ibid., 사례, pp. 610-12.

172. Ibid., pp. 750-51.

173. Ibid., 사례, pp. 592-93, 721, 745, 748.

174. ibid., p. 749, and NEB (2003), Vol. 10, "Sinn Fein," p. 837 참고.

175. Kee, pp. 713, 747, 749, 751, 752.

176. 후주 174 참고.

177. NEB (2003), Vol. 26, "Protestantism," pp. 206-214 참고.

178. Dorpalen, pp. 108, 113, 121, 124, 125&n65 참고.

179. Skrbina, pp. 275-78. 스커비나 박사와의 개인적 연락에 따르면, 글랜드닝의 글은 1990년 3월/4월, Utne Reader에 수록되었다고 한다. 나는 원본을 읽지는 못했다. 나는 스커비나 박사의 선집에 의존하고 있다.

180. Skrbina, pp. 221-230. 이 "에세이"는 원래 Naess, pp. 92-103의 한 구획이었다.

181. Naess, p. 97. Skrbina, p. 225.

182. Naess, p. 98. Skrbina, p. 226.

183. Naess, p. 99, Table 4.1. Skrbina, p. 226.

184. Naess, p. 98. Skrbina, p. 226.

185. "심층 생태 운동의 목표들이 기술이나 산업을 거부하지는 않는다…" Naess, p. 102. Skrbina, p. 229.

186. 필자는 글랜드닝과 네스의 글을 조금밖에 읽지 못했다. 글랜드닝과 네스가 다른 곳에서 (예를 들면) 더 구체적인 목표를 설정하거나 실용적 행동을 조직할 필요성을 인식하는 방식으로 여기서 지적한 결함들을 어느 정도 보완했을 수도 있다. 그러나 지금의 목적상, 이는 별로 중요하지 않다. 우리의 관심사는 글랜드닝이나 네스 개인이 아니라, 그들이 대표하는 분야 전반이다. 그리고 여기서 지적한 글랜드닝과 네스의 결함은 해당 분야의 특징이다.

187. 사례, ISAIF, 99-104, 111-12, and Kaczynski, Letter to David Skrbina: March 17, 2005 참고.

188. Kaczynski, Letter to David Skrbina: April 5, 2005, Part II, and Extract from Letter to A.O., June 30, 2004.

189. ISAIF, 207-212 참고.

190. 예를 들어, 이는 저명한 천문학자 프레드 호일(Fred Hoyle)의 의견이다. (Hoyle, p. 62) 채굴 가능한 석탄, 석유, 고품질 광석들 같은 천연 자원들이 고갈되었기 때문에 새로운 산업 혁명은 불가능하므로 기술적으로 진보한 사회는 두번 다시 없으리라는 것이다. 불행하게도 나는 여기에 동의하지 않으며, 지금의 기술 사회가 이미 많은 양의 금속들을 지표면에 남겼기 때문에 "석탄, 석유, 고품질 광석들"이 없어도 기술적으로 진보한 사회가 다시 나타날 수 있다고 생각한다. 하지만 기술적으로 진보한 사회를 석탄, 석유 같은 자원들 없이 다시 세우는 것은 처음보다 훨씬 어렵고 느릴 것이라는 점은 분명히 사실이다.

191. ISAIF, 6-32, 213-230.

192. Kaczynski, Preface to the First and Second Editions, point 3 참고. 주디 바리의 사례에 대해서는 가정3에 대한 위의 논의를 참고.

193. ISAIF, 6-32, 213-230; Kaczynski, "The System's Neatest Trick;" and (in the 2010 Feral House edition of Kaczynski) "The Truth About Primitive Life."

제4장

반기술 운동을 위한 전략적 가이드라인

"힘은 최후의 결정권자이다. 활발한 개입이 핵심이다. 마지막까지 용기와 규율을 유지하는 측이 승리한다. 이것은 사회의 모든 힘들이 그들에게 반대하는 것처럼 보이는 상황에서, 새로운 역사를 쓰는 집단들의 특징이다."

–필립 셀즈닉Philip Selznick 1

1

사전에 반기술 운동Anti-Tech Movement이 승리하는 방법을 찾는 것은 불가능하며, 반기술 운동은 기술 체제를 무너뜨릴 기회를 기다려야한다. 그 기회의 특성상 언제 올지 예측하는 것은 불가능하므로 반기술 운동은 그러한 기회들을 성공적으로 이용하기 위해 준비하고 있어야한다.

첫째, 반기술 운동은 자신의 내부 역량을 강화시켜야 하며, 기술 체제 제거에 깊이 헌신하는 개인들로 이루어진 강하고 응집력 있는 조직을 만들어야 한다. 숫자는 부차적인 문제이다. 수준 높은 구성원들로 이루어진 수적으로 작은 조직이, 다수의 수준 낮은 구성원들로 이루어진 거대 조직보다 훨씬 더 효과적이다.2 그 조직은 사회 운동의 역학을 이해하고, 기회가 왔을 때 기회를 알아차리고 이용할 방법을 알고 있어야 한다.

둘째, 반기술 운동은 사회 환경에 대한 힘을 가져야 하며, 자신의 이념, 활력, 효과성을 통해 알려져야 한다. 대중이 이 운동을 두려워하고 미워할수록 좋지만, 반체제 운동들 중에서 가장 순수하고 가장 비타협적인 혁명 운동이라는 평가를 받아야 한다. 그래야 심각한 위기가 닥쳐 사람들이 현존 사회에 대한 일체의 존중과 자신감을 잃고 절망에 빠졌을 때, 많은 사람들이 반기술 운동을 찾을 것이다.

셋째, 반기술 운동은 기술 체제에 대한 대중의 믿음을 비하해 기술 체제에 대한 존중과 자신감 상실을 유발해야 한다. 이 작업의 많은 부분들이 반기술 운동 측에서 굳이 노력하지 않아도 저절로 이루어질 것이기 때문에 이 부분은 아마 반기술 운동이 수행해야할 작업 중 가장 쉬울 것이다. 무엇보다도, 기술 체제는 스스로의 실패로 인해 자신감을 잃게 될 것이다. 또한 실망한 지식인들, 특히 환경 문제를 걱정하는 지식인들의 말과 글들은 현존 사회 질서에 대한 사람들의 자신감을 무너뜨릴 것이며, 지금도 그렇게 하고 있다. 이 지식인들 중 극소수만이 잠재적 혁명가[3]들이므로 반기술 운동은 이들을 직접적으로 지지해서는 안된다. 하지만 반기술 운동은 체제의 실패가 만연하고 불가역적이라는 점을 강조하고, 시간이 날 때마다 기술 체제가 약하게 보이도록 만들어 현존 사회 질서의 자신감 붕괴를 가속시킬 수 있다.[4]

제4장에서는 앞서 간략하게 언급한 부분들을 구체적으로 설명할 것이다.

2

혁명이 실제로 일어나기 한참 앞서 혁명을 미리 계획할 수 있는 경우는 거의 없으며, 이는 일반적으로 역사적 사건들을 예측하는 것은 불가능하다[5]는 원칙을 통해 알 수 있다. 어빙 호로위츠Irving Horowitz는 혁명들이 사전 계획 없이 발생하거나, 심지어 사전 계획을 정면으로 위반하며 발생한다고 말했으며, 허버트 매튜스Herbert Matthews는 "근대의 모든 혁명가들 중, 오직 히틀러만이 혁명을 계획대로 성공시켰다."[7]라고 적었다. 혁명가들은 시행착오를 겪다가 주로 예상치 못한 기회를 붙잡아가며 전진해야 한다. 레닌은 이렇게 적었다. "우리는 앞을 더듬어가며 나아가야 한다.… 거대한 혁명을 어떻게 완수할지 미리 아는 것은 불가능하다." 1917년 1월, 레닌은 자신의 생전에는 러시아에서 혁명이 일어나지 않을 것이라고 믿었다.[10] 그가 1917년 2월 상트페테르부르크 봉기로 인해 나타난 예상치 못한 기회를 알아보고 이용할 능력이 있었기에 볼셰비키는 러시아의 지배자가 될 수 있었다.[11]

3

하지만 중대한 기회는 한참 기다려야 올 수도 있으며, 반기술 활동가들은 그 기회가 올 때까지 기다려야 할 수도 있다.[12] 그렇다고 해서 그 동안 반기술 활동가들이 마음 편히 쉬어도 괜찮다는 것은 아니며, 오히려 기회를 기다리는 동안 열심히 노력해야 한다. 스스로의 힘을 키워 기회가 왔을 때 기회를 온전히 사용할 수 있도록 준비해야할 뿐만 아니라, 비활동적인 운동은 죽어 사라지거나 비관주의자 모임으로 퇴화할 것이기 때문이다. 조직원들에게 그들이 몰두할 목적성 있는 작업들을 주지 않으면, 대부분의 조직원들은 흥미를 잃고 떠날 것이다.[13]

반기술 운동이 계속 활동해야만 하는 또 하나의 이유는, 혁명가들이 그저 기회를 수동적으로 기다리는 것만으로는 불충분하기 때문이다. 혁명가들 스스로가 기회를 부분적으로 만들어야 할 수도 있다. 아마 현존 사회 질서의 심각한 위기는 부분적으로 혁명가들과는 무관하게 발생하겠지만, 그러한 위기가 기술 체제를 날려버릴 만큼 충분한 기회를 가져올지의 여부는 혁명가들이 앞서 해왔던 활동에 달려있을 수도 있다. 예를 들어, 러시아 차르 정권의 약점은 혁명가들이 만든 것이 아니었으며, 오직 러시아가 제1차세계대전에서 패배한 덕분에 러시아 혁명을 일으킬 수 있었다. 그러나 "교전국들 중 어느 국가도 러시아만큼 후방에서 효율적인 전쟁 수행을 방해하는 극심한 정치적 갈등"을 겪지 않았던 점을 고려하면 혁명가들의 활동이 러시아의 패배를 어느 정도 재촉했을 것이다. [14] 그 후, 상트페테르부르크에서의 자생적으로 발생한 예상치 못한 노동자 봉기는 볼셰비키에게 큰 기회를 주었다. 만약 볼셰비키가 미리 노동자들에게 맑스주의 이념을 주입[15]하고, 목적을 주고, 조직적이고 효율적으로 만들지 않았더라면, 그 봉기는 조직적이지 못하고 비효율적인 일시적 폭력 사태에 그쳤을 것이다.

4

구획 2로부터 혁명 운동은 예상하지 못한 사태에 성공적으로 대응하기 위해 준비해야 한다는 결론을 낼 수 있다. 수정할 수 없거나 폐기할 수 없는 계획을 세워서는 안된다. 다시 말하자면, 반기술 운동은 유연해야 한다.

군사전략가들은 옛날부터 유연함의 중요성을 알고 있었다.[16] 레닌은 혁명 작업은 "전략적 유연성"이 필요하다고 말했고[17] 트로츠키는 볼셰비키의 힘이 "최상의 유연함과 혁명을 향한 굳건한 단결"으로부터 나온다고 말했다.[18] 마오쩌둥은 이렇게 적었다.

사회 변혁의 과정에서 … 혁명가들의 기존 생각, 이론, 계획이 변경없이 실현되는 경우는 거의 없다.… 실행 과정에서 예상하지 못한 상황이 발생하기 때문에 생각, 이론, 계획은 보통 부분적으로 수정되거나, 가끔씩 통째로 수정되기도 한다. 즉, 생각, 이론, 계획이 현실과 부분적으로, 또는 전체적으로 어긋나는 경우가 생긴다. 많은 경우에, 오류를 수정하고... 예상한 결과를 실제로 얻기 전에… 많은 실패를 겪어야 한다. … 진정한 혁명가들은 오류가 발견됐을 때 자신의 생각, 이론, 계획을 수정하는 데 뛰어나야 할 뿐만 아니라… 새로운 혁명 작업과 계획들이 새로운 상황에 일치하도록 해야한다.[19]

이것이 바로 유연성의 중요함이다.

5

제3장에서 말했듯이, 오늘날 혁명 운동의 단 하나의 궁극적 목표는 전 세계 기술 체제의 완전한 붕괴여야 한다.[20] 필자의 동료들 중 한 명은 기술 체제가 붕괴했을 때 모두에게 심각한 물리적 위협과 고통이 따를 것이며, 그러한 붕괴를 목표로 삼는 운동에 세계 인구 절대 다수가 저항할 것이므로 아무것도 이룰 수 없을 것이라고 말했다.

물론 기술 체제를 무너뜨릴지 결정하는 국민 투표를 오늘 연다면, 당연히 산업국가 거주자들의 최소 90%는 "아니오"에 투표할 것이다. 설령 위기 상황에서 사람들이 기술 체제에 대한 모든 존중과 모든 자신감을 잃었다 하더라도, 비록 이전보다는 훨씬 작겠지만, 여전히 대다수는 완전한 붕괴에는 반대할 것이다. 하지만 이것이 혁명을 심각하게 방해할 것이라는 주장은 "민주적 오류"를 저지르고 있다. 사람들이 어느 후보를 더 많이 지지하는지가 민주적 선거 결과를 결정하는 것처럼 사회 투쟁의 결과도 사람들이 어느 쪽을 더 많이 지지하는지가 결정하리라는 발상이다. 실제로 사회 투쟁의 결과는 지지자 숫자가 아니라 사회 운동의 역학에 의해 결정된다.

6

혁명 운동의 핵심부를 구성하는 깊이 헌신적인 지도자들은 어떠한 고통이나 위험도 감수할 각오 뿐만 아니라 대의를 위해 복무하다가 죽을 각오까지 해야한다. 초기 기독교의 순교자들, 알 카에다, 탈레반, 이슬람 자살폭탄 테러리스트들, 러시아 혁명의 암살자들을 떠올리면 된다. 사회 혁명당 당원 칼리야예프Kalyaev가 1905년 러시아 대공을 암살하자, 대공의 아내가 감옥에 갇혀있는 칼리야예프를 찾아와 말했다.

"뉘우치세요.… 그러면 당신을 살려달라고 청원할게요."

칼리야예프는 대답했다. "천만에! 나는 뉘우치지 않을 것이오. 나는 내 행동으로 인해 죽어야만 하며, 실제로 죽을 것이오… 대의에게 있어, 나의 죽음은 대공의 죽음보다 가치있을 것이오."[21]

이 후 1918년, 페니 카플란Fanny Kaplan이 레닌에게 총 두발을 쐈을 때, 카플란은 분명히 자신이 죽을 것을 알고 있었을 것이다.[22] 프랑스 혁명 당시 샤를로트 코르데Charlotte Corday가 장폴 마라Jean-Paul Marat를 암살했을 때, 코르데는 자신이 단두대형에 처해질 것을 알고 있었을 것이다.[23] 극단적 아일랜드 민족주의자들이 1916년 4월 반란을 일으켰을 때 분명 그들이 심각한 위험에 처하리라는 것을 알고 있었을 것이며, 일부는 의도적으로 순교를 자처하였다. 그들 대부분은 사형당할 때 "유언으로… 그들의 죽음이 일종의 승리라며 기뻐했다."[24]

7

하지만 극소수의 핵심 혁명가들만 그들이 생각하기에 중요한 목표를 위해 고통과 최악의 위험을 감수하는 것은 아니다. 수많은 평범한 사람들도 사회가 심각하게 붕괴되거나, 중요한 가치가 심각하게 위협당하거나, 숭고해 보이는 목표에 고무되었을 때, 믿기 힘든 용기를 보이고 영웅이 된다.

"고통에 의미와 목적이 있다고 느낄 때, 인간은 고통을 초인적으로 견뎌낼 수 있다."는 사실은 널리 알려져 있다.[25] 이 주장은 프랑스 혁명, 러시아 혁명 같은 역사적인 혁명 뿐만 아니라, 다른 상황에서도 증명되었다. 예를 들어 제2차세계대전 당시, 러시아인들은 독일군 침략자들의 살인, 파괴, 야만한 잔혹행위에 맞서 싸우고자하는 의지를 절대 잃지 않았다.[26] 연합군이 독일의 많은 도시들을 잿더미로 만들었으며, 단 한번의 작전으로 수만명을 죽인 끔찍한 폭격작전을 펼쳤음에도 불구하고, 독일인들의 사기는 절대 꺾이지 않았다.[27] 유럽에서 폭격을 비롯한 임무를 수행하던 연합군 항공기 승무원들은 끔찍한 사상률을 겪었다. 예를 들어, 제2차세계대전 당시 독일령 폴란드에서 임무를 수행하던 미국인 조종사들은 4명 중 3명 꼴로 전사했으나[28] 그럼에도 불구하고 생존자들은 계속해서 임무를 수행했다. 지상에서도 많은 보병들이 심각한 물리적 고통을 겪었지만, 그들은 계속해서 싸웠다.[29]

위 문단에서 언급한 민간인들은 고통과 위험을 자발적으로 선택하지 않았다. 그들의 통제를 벗어난 상황이 강요한 끔찍한 환경에서 그들은 그저 제 역할을 훌륭하게 수행함으로써 용기를 보여주었다. 물론 병사들 중 일부는 자진입대했겠지만 이들 대부분은 무슨 일을 겪게 될지 몰랐을 것이다. 제2차세계대전에 가장 많은 훈장을 받은 미군 병사, 오디 머피Audie Murphy가 바로 그 사례다. 머피는 입대할 때 전쟁에 대해 전혀 아는 바가 없었다.[30] 그리고 극소수의 핵심 혁명가들 뿐만 아니라, 평범한 대다수의 사람들도 위기 상황에서 앞으로 무슨 일이 벌어질지 알면서도 대의를 위해, 그들의 의무라고 믿는 일을 위해 자발적으로 극단적인 위험에 뛰어든다. 1922년, 아일랜드 독립전쟁이 충분히 진행되어 그 전쟁이 얼마나 참혹한지 널리 알려졌음에도 불구하고 자원입대자들이 넘쳐났다. "열정적인 젊은 전사들은 선배들을 모방하고 싶어 안달했다."[31] 제2차세계대전 당시 프랑스와 폴란드의 레지스탕스 역시 자원입대자들이 넘쳐났다. 레지스탕스 활동에는 아일랜드인들이 겪었던 죽음의 위험 뿐만 아니라, 잔혹한 고문의 위험도 있었다. 샤를 드 골Charles de Gaulle의 대변인이었던 프랑스 레지스탕스, 장 물랭Jean Moulin은 게슈타포에게 붙잡혀 죽을 때까지 고문당했지만,[32] 그는 어떠한 정보도 내놓지 않았다.[33] "1941년 자유 프랑스는 임무를 위해 스카마로니Scamaroni 대위를 코르시카에 파견했다.… 불행하게도, 우리의 용맹한 사절은 이탈리아인들의 수중에 넘어갔으며… 잔혹하게 고문당했지만, 그는 죽을 때까지 비밀을 지켰다."[34]

심지어 대의가 자신에게 아무런 이익이 되지 않는 상황에서도 어떤 사람들은 죽음, 혹은 죽음보다 나쁜 것조차 감수한다. 수천 명의 비유대계 폴란드인들이 유대인들을 나치에게서 지키고자 했다. 유대인들을 도우면 자신의 목숨 뿐만 아니라, 가족의 목숨도 잃을 수 있었다.[35] 2500명의 유대인 어린이들을 구했던 폴란드인 여성 이레나 샌들러Irena Sendler는 "1943년 나치에게 붙잡혀 고문당했으나, 끝까지 협력자들을 밝히지 않았다. 심문자들은 그녀의 발과 다리를 부러뜨렸다.…" 그녀의 레지스탕스 동지들이 게슈타포 장교에게 뇌물을 준 덕분에 그녀는 살아남을 수 있었다.[36]

희생할 가치가 있다고 믿는 목표를 위해 극단적인 위험과 고통을 겪을 때 사람들은 자신의 "영웅적" 행동을 통해 깊은 만족감을 느낀다는 것을 주목해야 한다. 심지어 그걸 즐길 수도 있다. 제2차세계대전 독일 포로수용소에 갇혔던 어떤 연합군 포로는 수차례의 탈출 실패와 마지막의 성공적인 탈출에 대해 이렇게 적었다.

> 나는 그 짜릿함에 중독됐던 것 같다.… 성공하면 자유, 삶, 사랑하는 이들을 보상으로 받을 수 있고, 실패하면 무조건 죽는 이 게임보다 더 재미있는 게임은 없을 것이다.[37]

제2차세계대전 막바지의 분위기는 다음과 같았다.

> 구체적인 목표를 추구했던 공산주의 지도자들과는 달리, 레지스탕스 전투원들은 혼란스러워 하는 것 같았다. 적이 후퇴할 때… 마치 괴테의 파우스트처럼, 그들은 이렇게 말하고 싶은 유혹을 느꼈다. '떠나지 마. 너희들이 얼마나 멋있었는데!'… 그들은 향수를 느꼈다. 특히 열정적이고 용감했던 이들은 최악의 위험 속에서 거부할 수 없는 어두운 매력을 느꼈다.[38]

최근 북아일랜드에서 "어두운 매력"이 사라지고 평화가 찾아오자, 아일랜드인 청년들이 대단히 부정적인 영향을 받은 것으로 보인다. 2009년, 가톨릭 성직자 아이단 트로이Aidan Troy 신부와 인터뷰한 언론인은 이렇게 보도했다.

> 분쟁이 끝나자 벨페스트에서 청년 자살률이 급격하게 높아졌다. 트로이 신부는 민병대들이 가져다주던 동지애와 투쟁의 느낌이 사라지고, 그 자리에 권태감과 절망감이 들어섰기 때문이라고 믿는다. '너무나 많은 청년들이 어린 나이에 술과 마약에 빠집니다.' 트로이 신부가 말했다.[39]

쿠바의 게릴라 혁명가였던 실리아 산체스Celia Sánchez는 1965년 시에라 마에스트라Sierra Maestra에서 피델 카스트로의 전우들과 함께 겪었던 역경에 대해 이렇게 회상했다. "그래도 그 때가 최고의 시간이었지? 그때 우리 모두 정말 즐거웠어. 다시 그렇게 행복해질 날이 있을까? 없을거야....."[40]

감상적인 글들을 제외하고서도, 어떤 이라크 전쟁 참전용사는 민간 생활로의 복귀가 마냥 좋지는 않다고 인정했다. "생사를 넘나들며 목적감을 느낄 수 있었던 그 시절이 그립습니다. 일상생활에서는 그런 느낌을 받을 수 없어요."[41]

8

고통과 전쟁을 미화하기 위해 위의 사례들을 보여준 것이 아니다. 평시에는 안전함과 편안함을 추구하던 현대 기술 사회의 구성원들도 사회가 혼란에 빠져 절망했거나, 분노했거나, 더 이상 평소의 생활을 유지할 수 없다고 느낄 때 반드시 가장 쉬운 길이나 가장 안전한 길을 찾지는 않으리라는 것을 보여주고자 위의 사례들을 보여준 것이다. 사람들을 복돋아주고, 조직하고, 목표의식을 줄 지도자들이 있다면, 그러한 상황에서 많은 사람들이 영웅적인 행동을 선택할 것이다. 심지어 그 행동으로 인해 사랑하는 이들과 스스로를 엄청난 위험과 고통에 처하게 만들더라도 말이다. 체제가 위기에 처했을 때, 반기술 혁명가들이 그러한 지도력을 제공해야 한다.

위기가 찾아왔을 때 반기술 혁명가들이 그들의 작업을 잘 해왔다면 혁명에 수반되는 모든 위험과 고통에도 불구하고 광범위한 지지를 얻을 수 있을 것이다. 물론 반기술 혁명가들이 인구 대다수의 지지를 받을 수는 없을 것이며, 오직 상당히 작은 소수만을 조직하고 이끌 수 있을 것이다. 하지만 "물리적 숫자가 언제나 결정적인 것은 아니며, 오히려 정신적 사기가 정치적 균형을 결정한다."시몬 볼리바르 Simón Bolívar 42 현존 사회 질서가 충분히 심각한 위기에 처했을 때, 인구 대다수는 사회에 대한 모든 존중과 자신감을 상실할 것이므로 사람들은 굳이 사회 질서를 지키려는 노력을 하지 않을 것이다. 알린스키Saul Alinsky는 대중이 과거의 방식과 가치에 환멸을 느끼는 순간이 "혁명을 일으킬 최적의 시간"이라는 점을 대단히 분명하게 밝혔다.

사람들은 무엇이 가능한지는 모르지만, 적어도 현존 체제가 자멸하고 있으며, 현존 체제에는 희망이 없다는 것은 알고 있다. 그들은 변혁을 시도하지는 않겠지만, 변혁에 적극적으로 반대하지도 않을 것이다.43

그러한 상황에서 절대 다수의 사람들은 희망을 잃을 것이며, 대부분은 사랑하는 이들과 자신의 목숨을 지킬 궁리만 할 것이다. 기성 권력 구조는 혼란에 빠지고 내부 갈등으로 인해 분열될 것이므로 여전히 기술 체제를 수호하고자 하는 소수를 제대로 조직, 지도할 수 없을 것이다. 그러므로 혁명가들이 그들을 따르는 소수 집단을 효과적으로 고취하고, 조직하고, 지도한다면 결정적인 힘을 갖게 될 것이다.

9

반드시 기성 사회 질서가 실패해야만 혁명가들이 기회를 얻을 수 있는 것은 아닐 수도 있다. 1916년~1922년의 혁명 이전에 아일랜드의 사회 질서가 심각하게 무너진 것 같지는 않다. 혁명가들이 겨냥했던 영국의 권력은 전혀 혼란하지도 않았고 약하지도 않았으나 그래도 혁명은 일어났다.44 하지만 대부분의 경우, 혁명의 기회는 기성 사회 질서의 심각한 실패에 달려있다. 오직 부패한 가톨릭 교회가 사람들의 존중을 잃었기에 종교개혁이 가능했다. 스페인 왕조가 나폴레옹에게 패배해 그 약점을 보이지 않았더라면 19세기 초반 스페인령 아메리카 식민지들의 독립혁명은 불가능했을 것이다. 만주족 왕조淸 왕조가 서구 열강과 일본의 침략에 반복적으로 수치스러운 패배를 당한 결과 1911년 신해혁명이 일어났다. 러시아 혁명가들은 차르 정권이 제1차세계대전에서 처참하게 패배했기에 기회를 얻을 수 있었다. 대공황 이전에 나치는 독일의 소수 정당에 불과했으며, 히틀러는 오직 독일 정부가 경제공황 앞에서 약하고 무능했기에 권력을 잡을 수 있었다.45

위에서 언급한 상황에서 기성 사회 질서가 광범위하게 존중을 상실했다는 것은 확실하다. 러시아 제국의 패전과 독일의 대공황 당시 대중 사이에는 분노와 절망감이 만연했다. 오늘날의 세계에서 혁명을 일으키기 좋은 시점에도 대중 사이에 분노와 절망감이 만연할 것이며, 반기술 혁명가들은 이러한 상황을 잘 이용해야 한다.

수십 년 후 기술 진보로 인해 인간 노동자들이 일자리를 잃게 되어 선진국들이 심각하고 만성적인 실업 문제에 시달리게 된다고 가정해보자.[46] 만성적 실업문제에 대해 사람들은 무관심과 냉소로 일관할 것이기 때문에 이 문제가 반드시 기술 체제의 존속을 위협할 만큼 심각한 위기를 일으키지는 않을 것이다. 분노한 사람들이 2011년~2012년 스페인과 그리스에서 발생한 것과 유사한 폭동을 일으킬 수도 있으나, 이것은 비조직적인 절망감 분출에 불과했으며 거의 아무것도 이루지 못했다.

비효과적이었던 스페인, 그리스 폭동을 2011년 이집트의 "아랍의 봄"과 비교해보자. 아랍의 봄은 지적인 지도자들이 대중의 분노를 활용해 권력구조로부터 중대한 양보를 얻어냈다. 결과적으로 이집트 혁명은 실패했으나 지금의 논점과는 무관하며, 요점은 유능한 혁명가들이 대중의 분노와 절망을 이용해 유익한 목표를 이룰 수 있다는 것이다.

물론 반기술 혁명가들은 권력구조로부터 양보를 얻어내는 것에서 만족해서는 안되며, 권력구조를 무너뜨려야 한다. 위에서 가정한 것처럼, 기술적으로 진보한 국가들이 만성적인 실업문제에 시달리게 된다면 여전히 직업을 갖고 있는 사람들 대부분은 일자리를 잃을까봐 겁에 질려있을 것이며 기술 체제에 대한 존중을 상실할 것이다. 하지만 그들은 직업을 최대한 오래 붙잡을 궁리만 할 것이며, 실업자들은 냉소에 빠지거나, 분노하거나, 절망할 것이다. 광범위한 폭동이 발생한다면 권력구조는 압박을 받겠지만 생존을 심각하게 위협받지는 않을 것이다. 그러나 잘 준비된 혁명가들은 분노하고 절망한 사람들을 조직하고 지도해서 단순 폭력 사태를 넘어 유의미한 행동을 이끌어낼 수 있을 것이다. 지금 우리의 입장에서 유의미한 행동은 추측의 영역일 수밖에 없지만, 한번 상상력을 발휘해보자. 반기술 혁명가들이 이집트인들처럼 권력구조에게서 양보를 받아낼 수도 있을텐데, 이집트와의 차이점은 그 양보가 너무나 중대해서 권력구조가 큰 수치심을 느끼리라는 것이다. 이런 식으로 권력구조 구성원들의 사기를 저하시키고 권력구조 내부에 심각한 분열과 갈등을 유발시킬 것으로 기대할 수 있다. 일단 이 단계에 도달하면, 권력구조를 붕괴시킬 전망은 밝을 것이다.

하지만 위의 시나리오는 설명을 위해 제시한 가상의 사례임을 명심하자. 현실의 혁명은 전혀 다른 노선을 걷게될 수도 있다.

10

어쩌면 성공적인 반기술 혁명 운동은 자신들 외에 어느 누구도 진지하게 여기지 않는 모두가 경멸하는 자그마한 "미치광이" 모임에서 시작할 수도 있다. 그 운동은 기회를 찾고 혁명을 일으킬 때까지 오랜 기간 하찮고 힘없는 상태로 남아있을 수도 있다. "잠재적으로 혁명을 일으킬만한 믿음은 그 믿음이 가치지향적 운동의 결정 요인이 될 만큼의 갈등이 발생하기 한참 전부터 존재할 수도 있다. 혁명 조직들은 그들이 활용할 수 있는 조건들이 갖추어질 때까지 기다려야 할 수도 있다."[48]

1847년, 칼 맑스와 프리드리히 엥겔스는 회원이 수백명에 불과했으며, 얼마 안 가 해체된 무명의 조직 공산주의자 동맹Communist League을 위해 공산당 선언을 작성한 괴짜들이었다.[49] 아일랜드 혁명에 불을 지핀 1916년 4월의 봉기 이전까지 아일랜드 민족주의는 수십 년 동안 극소수의 극단적 민족주의자들만이 신봉했으며 일반 아일랜드 대중에게서 거의 어떠한 지지도 받지 못했다.[50]

피델 카스트로는 말했다. "나는 혁명을 82명으로 일으켰으나, 다시 한번 일으켜야 한다면 절대적 신념을 지닌 10명 또는 15명으로 시작하겠다."[51] 사실 82명이 쿠바에 상륙한지 3일 후 독재자, 바티스타의 군대의 공격을 받아 대부분이 죽거나 사로잡혔기 때문에 카스트로는 고작 12명으로 혁명을 일으켰으며 오직 12명~15명[52]만이 시에라 마에스트라Sierra Maestra에서 투쟁을 이어나갈 수 있었다. 2년 후 게릴라 전성기에도 그 규모는 800명 정도에 불과했으며, 반면에 바티스타의 군대는 3만에 달했다.[53] 그럼에도 불구하고 최종적으로는 카스트로가 승리했다.

물론 카스트로가 전적으로 게릴라 투쟁만을 통해서 승리를 거둔 것은 아니며, 카스트로의 게릴라 군대가 홀로 달성한 것도 아니다. 카스트로의 승리는 주로 정치적이었으며, 오직 쿠바인들이 바티스타 정권에 일체의 존중과 자신감을 갖지 않았기에 가능했던 것이다. 바티스타는 정치적으로 무능했으며, 심지어 자기 군대의 충성심조차 얻지 못해 반란군과 제대로 싸울 수 없었다. 그리고 바티스타는 연합한 여러 개의 힘들에 의해 쫓겨났으며, 카스트로의 게릴라 군대는 그 힘들 중 하나에 불과했다. 카스트로가 유능한 정치가, 선동가, 조직가였기에 카스트로는 다른 힘들을 제치고 쿠바의 지배자가 될 수 있었다. 카스트로의 게릴라 활동은 중요한 역할을 수행했지만, 그 역할은 주로 정치적, 심리적인 것이었다.[54]

하지만 여기서 강조할 점은 카스트로가 12명에 불과한 그의 작은 군

대 앞에서, 시에라 마에스트라를 바라보며 이렇게 말했다는 것이다. "이
제 바티스타는 패배할 것이다!"[55] 사람들이 그 모습을 봤다면 그가 미쳤
다고 생각했겠지만, 바티스타는 실제로 패배했으며, 카스트로는 실제로
쿠바를 손에 넣었다.

20세기 초반, 러시아에서 혁명가들은 극소수에 불과했으며 "괴짜"
취급을 받았다.[56] 볼셰비키가 속해있던 러시아 사회민주당은 수백명 정
도에 불과했다.[57] 레닌은 이렇게 적었다.

> 1905년 1월 22일까지… 러시아 혁명당의 인원은 소수에 불과했다. 그 당
> 시 개혁주의자들은 우리를 '종파sect'라고 부르며 조롱했다.… 그러나 불
> 과 몇개월 만에, 상황은 완전히 바뀌었다. 수백 명의 사회민주당 혁명가들
> 은 '순식간에' 수천명으로 불어났다. 그 수천명은 2백만~3백만 프롤레타
> 리아의 지도자가 되었다.…[58]

1905년의 혁명은 실패했지만 덕분에 1917년의 혁명을 성공시킬
수 있었다. 그럼에도 불구하고, 1917년까지 볼셰비키의 힘은 미미했다.
1914년 제1차세계대전이 발발했을 때, 상트페테르부르크 볼셰비키 위원
7명 중 3명은 경찰이 심어놓은 밀정이었으며 얼마 후 볼셰비키 중앙조직
은 두마러시아 의회에 있던 볼셰비키 대표자들이 체포되면서 와해되었다.
1917년 혁명 발생 직전까지, 볼셰비키 지도자들은 여기저기 흩어졌으며,
경찰을 제외하면 어느 누구도 그들에게 관심을 주지 않았다. 하지만 1년
만에 볼셰비키는 러시아 제국의 광활한 영토, 남극을 제외한 세계 육지
면적의 6분의 1에 달하는 영토를 손에 넣었다.[61]

볼셰비키는 혁명이 발생하기 오래 전 부터 준비하고 있었으며, 그 동안 자제력 있고, 결단력 있고, 의욕적이고, 충성심 있고, 충분히 단결한 응집력 있는 핵심 전문 혁명가 조직을 만들었다. 볼셰비키는 유능한 조직가들이었으며, 어느 세력보다도 사회 운동의 역학을 잘 이해하고 있었기에 성공적인 규칙을 만들 수 있었다. 볼셰비키의 주요 라이벌, 사회혁명당은 훨씬 많은 인원을 갖고 있었으나, 사회 운동의 역학을 이해하지 못했다. "멘셰비키와 사회혁명당의 선동은 산발적이고, 자기모순적이고, 애매했던 반면에 볼셰비키의 선동은 집중력 있었고 신중하게 설계되어 있었다."[62] 트로츠키는 어떻게 3~4명의 볼셰비키가 훨씬 거대했지만 비교적 소심한 사회혁명당 조직을 여유롭게 압도할 수 있었는지 설명했다.[63] "볼셰비키는 기술 자원들과 무관했으며, 정치적으로 가벼웠으므로 소수의 볼셰비키가 압도적인 영향력을 가질 수 있었다."[64]

반면에 케렌스키 같은 "부르주아-민주주의" 개혁주의자들에게는 단결된 조직도 없었고, 집중할 목표도 없었고, 1917년 러시아의 대격변 상황에서 무엇이 가능하고 무엇이 불가능한지에 대한 기초적인 개념조차 없었기 때문에 아무것도 이루지 못했다. 러시아에 남아 구 차르 체제를 수호하던 이들은 완전한 혼란에 빠졌으며 사기는 바닥을 기었다. 볼셰비키는 모든 적들을 압도할 수 있었으며 러시아의 정치적 지배자로 등극했다.

이 모든 것이 반드시 볼셰비키가 러시아인 대다수의 적극적 지지를 받았음을 의미하지는 않는다. 소작농들의 지지는 최대일 때도 불안정했으며, 오직 볼셰비키가 소작농들에게 원하는 것을 줄 때만 일시적으로 지지했다.[65] 그러나 일단 볼셰비키가 1917년 10월[66] 권력을 잡았을 때, 볼셰비키에게 맞서는 효과적이고 조직된 유일한 저항은 혁명에 반대하며 해외로 망명한 사람들 뿐이었다. 망명자들은 여러 국가들의 지원을 받으며 반혁명 군대를 조직했고, 볼셰비키를 쫓아내고자 러시아를 침략했다. 1918년~1920년의 내전은 이러했다. "붉은 군대의 탈영률은 대단히 높았다. 트로츠키는 탈영을 막기 위해 참된 공포 정치를 시작했다. 그 중 하나는 후방에 기관총을 설치해 도망가는 인원을 사살하라는 지시였다."[67] 하지만 볼셰비키에게 충성하는 소수가 없었다면 분명히 볼셰비키는 불만에 빠진 다수를 통제할 수 없었을 것이다. 기관총 사수들이 볼셰비키의 대의에 헌신하지 않았더라면, 동료 병사들을 쏘라는 트로츠키의 명령을 듣지 않았을 것이다. 볼셰비키는 그들을 따르는 소수를 훌륭하게 조직하고 훈련시켰으며[68] 결과적으로 형편없이 조직된 침략자들을 물리칠 수 있었다.[69]

러시아 혁명의 핵심 사건들은 주로 상트페테르부르크에서 발생했다는 점을 주목해야 한다. 1917년 2월의 자생적 반란과 그 해 10월 볼셰비키의 집권 역시 마찬가지다. 볼셰비키는 하나의 도시에 노력을 집중시킬 수 있었으며, 일단 상트페테르부르크에서 승리하자, 러시아의 다른 지역들을 얻는 것은 비교적 쉬웠다.[70] 이것은 가장 중요한 한 지역에서의 승리가 전체적인 승리로 이어진다는 것을 보여주는 사례이며, 수적으로 작은 혁명가들이 거대한 세력을 상대로 승리할 수 있다는 것을 보여주는 사례이기도 하다.

11

요약하자면, 반기술 혁명은 다음과 유사할 것이다.

A. 깊게 헌신하는 핵심 혁명가들로 이루어진 응집력 있는 작은 반기술 운동은 스스로를 조직하고 규율을 개발해 내부 역량을 강화할 것이다. 반기술 운동은 미국, 중국, 서유럽, 러시아, 라틴 아메리카, 인도 같은 세계 주요 국가들마다 지부를 설치해야 하며, 세계 각국에 반기술 사상을 전파하며 혁명의 길을 준비할 것이다. 반기술 운동의 메시지는 대중적 인기가 아니라, 건실함을 기준으로 선택될 것이다. 반기술 운동은 가장 비타협적인 혁명적 진실성을 증명하기 위한 고통을 겪어야할 것이며, 현존 체제에 저항하는 모든 운동들 중에서 가장 효과적인 운동이라는 사실을 증명하기 위해 노력할 것이다.

B. 일부 사람들은 반기술 혁명가들의 주장에 어느 정도 일리가 있음을 인정하겠지만, 그 해결책에 대해서는 냉소적인 태도를 보이거나, 두렵다는 이유로, 혹은 익숙한 생활방식을 바꾸기 싫다는 이유로 거부할 것이다.

C. 결국에는 위기, 또는 혁명가들이 위기를 유발할 수 있을 만큼 심각한 재앙이 찾아올 것이다. 익숙한 생활방식을 유지하는 것은 더 이상 불가능할 것이며, 사람들의 육체적, 심리적 욕구를 해소해주던 기술 체제의 기능은 망가질 것이며, 사람들은 현존 사회 질서에 대한 일체의 존중과 자신감을 잃고 절망하거나 분노할 것이다. 이 때 혁명가들이 개입해 사람들을 목적의식으로 고취시키고, 조직하고, 그들의 절망감과 분노를 실용적인 행동으로 이끌어주지 않으면, 이들의 절망과 분노는 곧 체념과 냉소로 퇴화할 것이다. 이 사람들은 절망하고 분노했으며, 혁명가들이 그들을 고취시켜 주었기 때문에 그들에게 얼마나 심각한 위험이 다가온다 한들 기술 체제를 무너뜨리기 위한 노력을 멈추지 않을 것이다.

D. 전체 인구의 극히 일부만 반기술 혁명을 적극적으로 지지하겠만, 이런 상황에서도 절대 다수는 그저 자기 목숨을 지킬 궁리만 할 것이므로 굳이 기술 체제를 수호하지 않을 것이다.

E. 한편 기성 권력은 혼란에 빠져 효과적인 방어를 조직하지 못할 것이므로 결과적으로 반기술 혁명가들이 힘을 갖게 될 것이다.

F. 예를 들어, 미국에서 반기술 혁명가들이 힘을 가질 무렵이면, 세상은 오늘날보다 더욱 세계화되어 있을 것이며 국가들은 더욱 상호의존적일 것이다.[71] 반기술 혁명가들이 미국의 기술 체제를 갑작스럽게 무너뜨리면 세계 경제도 심각하게 망가질 것이며, 극심한 경제 위기는 전 세계 모든 국가들의 반기술 혁명가들에게 기회를 줄 것이다.

G. C 에서 설명한 것과 같은 결정적인 행동을 해야할 때가 왔을 때, 반기술 혁명가들은 이 순간을 반드시 알아차려야 하며, 그들의 궁극적 목표를 향해 일체의 망설임, 주저함, 의심, 양심의 가책 없이 단호하게 밀어붙여야 한다. 반기술 혁명가들이 망설이거나 주저하면 조직원들을 혼란스럽게 만들고 사기를 저하시킬 것이다. 우리는 잠시 후 이 부분으로 돌아올 것이다.

이 패턴은 대단히 일반론적이며, 역사의 예측 불가능성을 고려하면 반기술 혁명이 실제로 이 패턴을 따르게 될지는 알 수 없다. 하지만 이 패턴은 충분히 설득력 있으며, 기술 체제를 무너뜨리는 것은 절대 불가능하다고 생각하는 사람들에게 해줄 수 있는 답변이기도 하다. 특히 A의 준비 작업은 대부분의 혁명 노선에 적용될 것이다.

12

G로 다시 돌아가서, 반기술 혁명가들은 결정적인 행동의 순간이 왔을 때 일체 망설이거나 주저해서는 안되며, 그 순간을 날카롭게 알아차려야 한다. 트로츠키는 짧게는 몇 주, 길게는 몇 개월에 걸쳐 사회가 반란에 최적화되는 기간이 있다고 주장했다. 반드시 이 기간 안에 반란을 일으켜야하며 그렇지 않으면 기회를 영영 잃을 것이다.[72] 권위있는 혁명가 트로츠키의 주장이니 이 책에서는 이를 일반론적인 규칙으로 받아들일 것이다. 물론 이러한 규칙들은 모두 예외가 있기 마련이다. 여기서 트로츠키는 주로 반란에 대해 설명한 것이지만 다른 형태의 혁명들도 같은 규칙을 따르게 될 것이다. 혁명은 오직 상황이 혁명에 유리할 때만 성공할 수 있으며, 사회가 위기에 처했을 때 상황은 빠르게 변하므로 반드시 제때 행동해야한다. 너무 일러서도 안되고, 너무 늦어서도 안된다.

여기서는 주로 C에서 언급한 현존 사회 질서의 전복을 향한 마지막 진격을 위해 대중을 동원할 적절한 시점에 대해 논하고 있다. 적절한 시점을 알아보는 것은 어려울 수도 있다. "레닌은… 과도한 신중함을 대단히 경계했다.… 과도한 신중함으로 인해 수십 년에 걸쳐 준비한 기회를 놓칠 수도 있다…"[73] 반대로, 혁명가들이 성급하게 행동할 경우 처참하게 패배할 수도 있다. 오직 역사와 혁명 이론에 대한 성실한 연구와 현재 사건들에 대한 주의깊은 관찰만이 혁명을 일으키기에 최적의 시점을 알아볼 판단력을 키워줄 수 있다.

반기술 혁명가들이 마지막 진격을 위한 대중 동원 시점을 정확하게 알아차렸다고 가정하자. 일단 그 단계에 도달하면, 몇 가지 사안들을 고려해야 한다.

알린스키는 이렇게 적었다. "대중 운동의 지도자들은 반드시 명쾌하고 확실한 언어와 계획에 따라 행동해야한다. 지도자들의 망설임이 조직원들에게는 끔찍한 혼돈으로 보이기 때문에, 일체의 망설임은 조직을 질식하게 만들 것이다."[74] 트로츠키는 "우유부단함"을 경고했다. "외과의사가 망설이지 않고 환자의 몸에 칼을 꽂는 것처럼 혁명가들은 망설여서는 안된다."[75] 여기서 트로츠키는 위기에 처한 기성 사회 질서를 혁명가들이 직접적으로 전복하는 혁명의 마지막 단계에 대해 말하고 있다. 이 단계에서 혁명가들은 혁명의 운동량을 유지할 필요가 있다. 알린스키는 대중 운동은 쉬지 않고 행동해야 하며, 패배를 피해야 하며, 적을 끊임없이 압박해야한다고 강조했다.[76] 트로츠키는 혁명 과정은 오직 "운동의 기세가 객관적 장애물과 부딪히지 않을 때만 진행될 수 있다. 운동이 장애물에 부딪히면 반작용이 발생하며, 혁명 계급의 다양한 층위에 걸쳐 실망감, 냉소적 태도가 만연하게 되고, 즉시 반혁명 세력의 힘이 강해진다."[77]고 적었다.

하지만 혁명의 운동량이 유지되어야 한다는 규칙은 절대적인 규칙이 아니며, 반기술 혁명가들은 오직 운동량을 보존하기 위해서 성급하게 중요한 행동을 해서는 안된다. 1917년 7월, 볼셰비키는 시기가 아직 무르익지 않았다고 판단했으며, 상트페테르부르크 봉기를 의도적으로 중단했다. 이 결정으로 인해 러시아 혁명은 일시적으로 운동량을 잃었으며 볼셰비키는 심각한 피해를 입었지만, 봉기를 지속했다면 훨씬 더 심각한 피해를 입었을 것이다.[78] 이 결정은 혁명가들은 주저하지 않고 단호하게 행동해야 한다는 규칙과 전혀 모순되지 않는데, 볼셰비키는 실제로 그들이 시기상조라고 판단한 봉기를 단호하게 중단했기 때문이다.

알린스키는 도덕적 모호함을 피해야 한다고 강조했다. 대중 운동 지도자들은 모든 사안들을 흑백으로 묘사해야 한다. 혁명가들의 대의는 순수하고, 숭고하고, 명백한 선이지만, 적대세력은 절대악이어야 한다.[79] 모든 도덕적, 인도주의적 망설임들은 다른 망설임들만큼이나 치명적이므로 혁명 운동의 모든 행동들은 그 자체로 정당한 것으로 간주되어야 한다. 미국 남북전쟁의 링컨과 그랜트, 제2차세계대전의 처칠과 루즈벨트 같은 서구 민주주의 국가에서 존경받는 인물들도 사활이 걸린 투쟁 상황에서 도덕적, 인도주의적 망설임이 치명적이라는 사실을 알고 있었다.[80]

마찬가지로, 대중의 눈치를 살피느라 행동을 미루거나, 소극적으로 행동하는 것 역시 치명적인 실수이다. 예를 들어 볼셰비키와 맨셰비키는 러시아 사회민주노동당에서 갈라져 나온 두 개의 혁명 단체였다. 1917년 2월 상트페테르부르크 봉기 직후, 트로츠키는 말했다. "볼셰비키와 맨셰비키는 여전히… 형식적으로는 사회민주주의 강령을 공유하고 있었으며 민주적 혁명을 위한 두 정당의 계획은 문서상으로는 동일해 보였다." 그러나 볼셰비키가 망설이지 않고 급진적인 수단들을 취한 반면, 맨셰비키는 부르주아와 자유주의자들liberals의 반감을 살까 봐 주저하였다.[81] 트로츠키에 따르면 "절충주의자들"맨셰비키와 사회혁명당 지도부 [82]은 전반적으로 "도피적"이었다. "절충주의자들은 고통을 피하려 했으나 볼셰비키는 고통을 직시했다."[83] 의회 민주주의가 정상적으로 작동하는 평시에는 절충주의자들의 전략이 적절했겠지만 혁명 상황에서 절충주의는 패배자들을 위한 전략이며, 볼셰비키의 승리는 필연이었다.

위의 네 개의 문단들은 기술 체제가 위기를 맞이했을 때 핵심 반기술 혁명가들이 대중을 모으고 지도하는 과정에서 고려할 점들에 대한 일반론적 지침들이다. 변덕스러운 대중은 불확실성, 도덕적 모호함, 패배, 동면기를 견디지 못할 것이다. 혁명의 길을 부지런하고 끈기있게 준비하는 운동의 초기 단계에서, 헌신적인 핵심 혁명가들은 극적인 활동을 하지 않는 오랜 동면기와 전략적 패배 뿐만 아니라, 피할 수 없는 어느 정도의 불확실성을 견뎌내야 한다. 하지만 일단 반기술 운동이 기술 체제 전복을 향해 진격하는 마지막 단계에 이르렀을 때, 헌신적인 핵심 반기술 혁명가들은 그들 내부에서도 일체의 불확실성, 망설임, 주저, 의심, 양심의 가책을 제거하기 위해 노력해야한다. 무엇보다도, 반기술 혁명가들 내부의 망설임은 반드시 반기술 혁명에 동참한 대중에게 알려질 것이다. 그리고 이런 중대한 시기에는 헌신적인 핵심 혁명가들의 신속하고, 단호하고, 단결된 행동이 중요하다. 핵심 혁명가들 내부에 망설임과 의견 불일치가 있을 경우 이런 행동을 할 수 없을 것이며, 이러한 망설임과 의견 불일치가 장시간 지속된다면 가장 깊게 헌신적인 혁명가들조차도 낙담하게 될 것이다.

물론 기술 체제 전복을 향한 마지막 진격의 순간에도 분명히 혁명 지도자들 사이에 망설임과 의견 불일치가 발생할 것이다. 반기술 혁명가들은 이 갈등을 빠르고 확실하게 해결한 후 단결된 행동을 보여주어야 하며, 그들을 따르는 대중에게 일관되고, 명확하고, 단호한 지도력을 제공해야 한다. "볼셰비키의 힘은 의견 불일치, 망설임, 두려움을 겪지 않았다는데서 나오지 않았다. 사실 볼셰비키의 힘은 최악의 상황에서 내부 불화를 극복하고 적절한 시기에 스스로를 가다듬고, 일련의 사건들에 결정적으로 개입할 좋은 기회를 붙잡았다는데서 나왔다."[84]

늘 그렇듯이, 독자들은 현실의 사건들은 예측 불가능하다는 것을 기억해야 한다. 앞선 문단들은 기계적으로 적용할 수 있는 엄격한 규칙이 아니라, 그저 일반론적 지침일 뿐이며, 현실 혁명 정치에서 발생하는 구체적인 상황에 맞게 이 지침들을 수정해야할 수도 있다.

13

반기술 혁명가들을 주저하게 만들 가능성 하나를 짚고 넘어갈 필요가 있다. 얼마 전 필자는 편지를 받았는데, 그는 기술 체제가 무너질 때 핵전쟁이 발발할 가능성이 높아짐에도 불구하고 혁명가들이 기술 체제를 무너뜨리고자 노력해야하느냐고 질문했다. 내 대답은 반기술 혁명가들은 그런 위험 때문에 단념해서는 안된다는 것이다.

첫째, 파키스탄, 북한, 이란 같은 불안정하고 무책임한 국가들 사이에서 핵무기는 계속해서 확산될 것이며, 그 추세가 영구적으로 멈출 것 같아 보이지 않으므로[85] 기술 체제가 오래 생존할수록 핵전쟁의 위험은 높아질 것이다. 장기적으로 봤을 때, 기술 체제가 빨리 무너질수록 핵전쟁의 위험은 낮아진다.

둘째, 대부분의 사람들은 대규모 핵전쟁이 일어나면 인류와 대부분의 포유류들이 멸종할 것이라고 간주하지만 이런 예측은 잘못되었을 것이다. 핵전쟁의 결과가 끔찍하리라는 것에는 의심의 여지가 없지만, 이 문제를 진지하게 연구하는 학자들은 핵전쟁이 일어난다고 해서 대부분의 포유류들이 깔끔하게 쓸려나가거나 인류가 절멸하는 일은 없을 것이라고 생각한다.[86]

셋째, 기술 체제가 그 논리적 귀결점에 도달하는 것을 막지 않으면,

결국 지구는 오늘날 우리가 알고 있는 일체의 고등 생명체가 살 수 없는 불모지가 될 것이라고 믿을만한 이유들이 넘쳐난다. 제2장 파트4 참고. 그러므로 핵전쟁과 기술 체제 존속 둘 중 하나를 선택해야 한다면, 핵전쟁을 차악으로서 선택해야 한다.

넷째, 핵전쟁 같은 끔찍한 결과를 들먹이는 기술 체제 수호자들의 협박에 굴복할 생각이라면, 그냥 처음부터 반기술 혁명을 포기하는게 낫다. 반기술 혁명의 목표를 일체의 유보조항, 자격조항으로 제한하게 될 경우, 중대한 시기에 치명적인 망설임으로 이어질 것이므로 결국 혁명은 실패할 것이다. 반기술 혁명가들은 무슨 일이 벌어지더라도 반드시 기술 체제 붕괴라는 목표를 달성해야 한다. 당신은 결정을 내려야 한다. 기술 체제 붕괴로 인해 그 어떤 극단적인 위험과 끔찍한 재앙이 닥치더라도 기술 체제를 무너뜨리고 싶은가? 당신이 이 질문에 "예"라고 대답할 용기가 없다면, 더 이상 현대 사회가 얼마나 못되먹었는지 불평하지 말고 어떻게든 적응하며 살아라. 기술 체제 붕괴 외에는 재앙을 피할 방법이 없다.

14

구획 12, 13에서 기술 체제가 심각한 위기에 처했을 때 혁명가들이 따라야 할 지침 몇가지를 제안했다. 앞으로는 반기술 혁명을 향한 마지막 진격의 순간이 올 때까지, 반기술 운동의 역량을 쌓는 오랜 준비 기간에 대해 논할 것이다.

구획 1에서 이미 지적했듯이, 혁명 상황에서 승리는 숫자가 아니라 사회 운동의 역학에 의해 결정된다. 구획10에서 수적으로 작은 운동이 성공적으로 혁명을 일으킨 사례들을 살펴보았다. 작지만 잘 조직되었으며,[87] 단결되었으며, 깊이 헌신하는 운동이 그렇지 않은 거대한 운동보다 성공할 가능성이 훨씬 높다. 즉, 양보다 질이 중요하다.[88] 그러므로 반기술 혁명가들은 미래의 혁명을 위해 힘을 쌓을 때, 인원 수를 늘리기보다는 대의를 위해 전적으로 헌신할 수 있는 수준 높은 사람들을 모집하는데 철저하게 집중해야한다. 반기술 조직의 조직원들은 오직 한 가지 대의에만 헌신해야 하며, 결코 그 외의 다른 대의에 헌신해서는 안된다. 반기술 조직의 가입기준은 이런 유형의 사람들에게 맞춰 최대한 엄격하게 제한되어야 한다.[89]

15

반기술 혁명가들의 목표가 기술 사회를 완전히 제거하는 것이라면, 그들은 기술 사회의 가치와 도덕률을 폐기하고, 그 자리를 반기술 혁명의 목표에 맞게 설계된 새로운 가치와 새로운 도덕률로 채워야 한다. 트로츠키는 이렇게 말했다.

> 볼셰비즘은 당대 사회와 양립할 수 없는 역사적 목표에 맞게 자신의 생각과 도덕적 판단을 종속시킨 진정한 혁명가들을 양성했다.… 볼셰비키는 부르주아 사회의 의견으로부터 독립하고 그것에 완고하게 반대하는 정치적 매개 뿐만 아니라 도덕적 매개도 만들었다. 이것은 볼셰비키가 내부 갈등을 극복하도록 도왔을 뿐만 아니라, 10월 혁명을 가능케 했던 용감한 결단력을 가져다 주었다.[91]

오직 과거의 가치와 도덕률을 버리고 혁명적 가치와 도덕률을 받아들일 준비가 되어있는 사람만을 반기술 운동의 일원으로 받아줘야 한다. 반기술 혁명가들은 그들의 메시지를 일반 대중이 아닌, 헌신적인 반기술 조직원이 될 잠재력이 있는 소수의 사람들을 겨냥해 설계해야 한다.

16

반기술 혁명가들은 절대 인기를 얻기 위해, 또는 일반 대중의 기분을 해치지 않기 위해 그들의 극단적인 입장에서 물러서서는 안된다.[92] 반기술 조직이 대중의 기분을 해치지 않으려고 그들의 메시지를 희석시키거나 얼버무리면, 조직원들의 사기를 저하시킬 것이며, 조직원들은 더 이상 지도자들을 존경하지 않을 것이며 조직에 헌신하지도 않을 것이다. 훌륭한 조직원이 될 잠재력이 있는 사람들의 존경을 잃음과 동시에, 조직에 전적으로 헌신할 의지가 없는 사람들을 많이 끌어모으게 될 것이며, 일반 대중의 존경도 잃을 것이다. 반기술 조직은 인기가 아니라 존경을 추구해야 하며, 대중의 증오와 공포를 사는 것을 두려워해서는 안된다. 마오쩌둥은 대중이 증오하는 혁명 조직이 가장 효과적인 혁명 조직이라고 말했다.[93] 사람들은 현존 사회 질서에 대한 일체의 자신감을 잃고 절망과 분노에 빠졌을 때, 그들이 평소에 증오했던 조직을 찾는다.

17

기술 체제가 위기에 처했다고 해서 반기술 혁명가들이 하루아침에 유능한 선동가, 선전가, 조직가, 지도자가 되지는 않을 것이므로 위기가 찾아오기 오래 전부터 이런 능력을 실용적인 경험을 통해 개발해야한다.

기술 문제의 주변부에 있는 정치적 사안에 참여하는 방법으로 실용적 경험을 쌓을 수 있을 것이다. 예를 들어, 반기술 조직은 중대한 환경 문제를 다루는 환경 단체들과 연대할 수도 있다. 물론 반기술 혁명가들은 환경 문제는 부차적인 문제이며, 장기적 목표는 전 세계 기술 체제의 완전한 붕괴라는 것을 명확하게 해야한다.

반기술 조직은 그런 활동을 할 때 그들이 다른 단체들보다 더욱 과감하고 효과적이라는 것을 증명하려고 노력해야 한다. 위기가 오기 전에 반기술 조직의 유능함을 증명하면, 위기 상황에 더 많은 대중을 모을 수 있을 것이다. "투쟁의 과정에서… 광범위한 대중으로 하여금 우리가 다른 이들보다 더 잘 싸우고, 다른 이들보다 더 정확하며, 더 용감하고 과감하다는 사실을 깨닫게 해야한다."[94]

반기술 혁명가들이 실용적인 경험을 얻는 또 하나의 방법은 반기술 운동에 집중하는 신문과 잡지를 출판하는 것이다. 레닌은 이렇게 적었다.

신문은 단순히 선전, 선동 효과만 갖고 있는게 아니라, 조직을 형성하는 역할을 한다. 신문 주변에는 저절로 그 주제에 관심을 갖는 지역 활동 뿐만 아니라, 일반적인 작업까지 하는 조직들이 생겨난다. 이 활동을 통해 조직원들은 정치적 사건들을 주의깊게 살펴보고, 대중의 여러 측면에 대한 조직의 영향력을 가늠하고, 이러한 사건에 영향을 주기 위한 적절한 수단을 개발하는 방법을 배울 수 있다. 그저 신문에 필요한 정기적인 물자수급과 정기적인 배포만으로도 서로 긴밀한 관계를 맺는 인적 관계망이 생겨난다.… [95]

물론 오늘날의 신문과 잡지는 종이에만 그치지 않고 인터넷에도 출판될 것이며, 어쩌면 인터넷에서만 출판될 수도 있을 것이다.

18

효과적인 혁명 조직이 되려면 반드시 단결해야 한다. 피델 카스트로는 규율의 중요성을 강조하며 이렇게 말했다. "의견 충돌을 일으키고, 자신만의 길을 추구하며 조직을 부수고 파괴하는 무질서한 사람들로 이루어진 조직에는 아무 것도 기대할 수 없다."

스탈린은 "단결된 의지"와 "모든 당원들의 절대적으로, 완벽하게 단결된 행동"을 강조하며 존경할 만한 이론을 내놓았다.

> 물론 단결한다고 해서 당 내부에 어떠한 의견 충돌도 없으리라는 것은 아니다. 오히려 엄격한 규율은 당 내부의 비판과 의견 충돌을 막는 게 아니라, 상정하는 것이다. 이 규율이 '눈먼' 규율이어야 한다는 것 또한 아니며, 오히려 엄격한 규율은 의식과 자발적 복종을 막는 게 아니라, 상정하는 것이다. 오직 의식적인 규율만이 참으로 엄격한 규율이 될 수 있기 때문이다. 하지만 일단 토론이 끝나고 나면, 비판을 주고 받고 결정을 내리고 나면, 단결된 의지와 단결된 행동은 당의 단결과 엄격한 규율에 없어서는 안될 조건이 된다.[97]

물론 스탈린은 오직 자신의 권력에만 관심을 가졌으므로 위 이론의 민주적 측면을 절대 실행하지 않았지만, 이 이론 자체의 가치를 부정할 필요는 없다. 조직 내부에서 자유로운 토론과 비판을 통해 결정을 내렸으면, 모든 조직원들은 그 결정에 개인적으로 동의하는지 동의하지 않는지와는 별개로 그 결정을 따라야만 한다. 이는 반기술 혁명 조직이 반드시 따라야 할 훌륭한 규칙이다.

넬슨 만델라는 스탈린의 이론에 동의했을 것이다. 물론 만델라는 아프리카 국민회의에서 "열정적으로 민주주의를 믿었던" 사람이었기 때문에 스탈린의 행동에는 동의하지 않았겠지만[98] 그럼에도 불구하고 그는 모든 조직원들이 규율을 따라야 한다고 주장했다. 조직이 일단 결정을 내렸으면, 모든 조직원들은 결정을 따라야 한다. "만델라는 자신의 의지를 운동에 예속시켰으며, 다른 이들도 그렇게 해야 한다고 주장했다."[99]

하지만 현실적으로 이 이론은 보이는 것만큼 민주적이지 않다. 첫째, 많은 결정들을 빠르게 내려야 하기 때문에 조직원들이 서로 토론할 시간이 없다. 반기술 조직은 그러한 결정을 내릴 권한을 가진 모종의 수뇌부를 만들어야 하고, 조직원들은 수뇌부의 결정을 따라야만 한다. 둘째, 설령 충분한 시간이 있다 하더라도, 많은 결정들을 단순 투표에 의지해서 내리면 효과적인 조직이 될 수 없다. 우리의 민주적 감성에는 대단히 불편하게 느껴지겠지만, 어떤 사람은 다른 사람들보다 특정 사안에 대해 훨씬 많은 지식과 경험을 갖고 있으리라는 것이 엄연한 사실이다. 모든 조직원들의 의견은 중요하지만, 정치적으로 가장 유능한 비교적 소수의 지도자들이 결정권을 갖고 있어야 하므로[100] 효과적인 반기술 혁명 조직은 철저한 위계질서와 규율을 갖추어야 한다.[101]

오늘날 "민주주의" 국가들은 실제로는 시민들이 아니라 정당들의 지배를 받는다. 가장 민주적인 정당에서도 본인이 편할 때만 조직원의 의견을 들어주는 소수 지도자들이 결정권을 독점한다.[102] 참된 민주주의는 오직 아프리카 피그미족 같은 소규모 사회만이 실천할 수 있으며[103] 현대 대규모 사회에서 참된 민주주의를 실천하는 정치 조직은 무능하다는 비난을 듣게될 것이다.

19

단결이 중요하다고 해서 반기술 혁명 조직 내부에 원칙, 전략, 전술을 두고 의견 차이가 발생했을 때 결코 분리되어선 안된다는 오해를 해서는 안된다. 물론, 사소한 이유로 모집단으로부터 분리되어서는 안되며, 의견 차이를 토론을 통해 해소할 전망이 있거나, 적대세력의 심각한 위협에 맞서 당장 통일 전선을 구축해야 할 필요가 있을 때 분리되어서도 안된다. 하지만 조직 내에 대단히 중요한 문제를 두고 타협불가능하고 영속적인 의견 차이가 있다면, 그러한 조직은 진정으로 단결할 수 없다. 만약 반기술 혁명 조직 내부에 그러한 의견 차이가 발생했으며, 적당한 시간 내에 의견 차이를 해소할 가능성이 보이지 않는다면, 소수파가 모집단으로부터 독립하는게 최선일 것이다. 모집단과 소수파는 별개의 독립된 단체가 될 것이다. 만약 소수파가 틀렸다면 소수파는 사라지고 모집단이 혁명을 지도하게 될 것이며, 소수파가 옳았다면 시간이 여물었을 때 소수파가 혁명을 지도하게 될 것이고 모집단은 사라질 것이다.

레닌은 "우리는 소수가 되는 것을 두려워해서는 안된다"고 말했으며[104] 자신이 옳다는 확신이 있을 때 소수가 되는 것을 망설이지 않았다. 트로츠키는 레닌이 다른 볼셰비키들의 여론에 상관없이 언제나 자신만의 노선을 추구했다고 적었다. 레닌은 넓은 지지를 받으려고 그의 입장을 수정하기 보다는 소수파에 남아있기를 선호했다.[105] 그래서 레닌과 그를 따르는 볼셰비키들은 사회혁명당 내부에서 소수파였음에도 불구하고 맨셰비키와 헤어지고 그들의 노선을 따랐다.[106] 볼셰비키의 노선이 옳았기 때문에 결국 볼셰비키가 맨셰비키를 압도하게 되었다.

다시 말하지만, 1914년 제1차세계대전이 발발했을 때 레닌은 전쟁 반대 입장을 취했으며, 심지어 "제국주의 전쟁을 내전으로 바꿔야 한다."고 주장하기까지 했다. 레닌은 국제사회주의운동의 소수파였던 반전 사회주의자 모임 중에서도 소수파였던 그의 "가장 친한 동지들"의 지지만을 받을 수 있었다.[107] 레닌과 그의 동지들의 판단이 옳았기에 그들은 최종적으로 승리할 수 있었다.

1917년 봄 레닌이 "4월 테제"를 발표하자 다른 볼셰비키들은 크게 반발했다. 그들은 레닌이 "잠시 착각"했다고 생각했지만[108] 레닌은 자신의 의견을 굽히지 않았으며, 몇 주 후 당 전체를 설득하는 데 성공했다.[109] 그 해 10월에 이런 일이 다시 벌어졌는데, 레닌이 주장한 10월 봉기에 대부분의 볼셰비키들이 반대했지만 결국 그 봉기 덕분에 볼셰비키는 러시아를 손에 넣을 수 있었다.[110]

레닌의 정치적 판단이 반대세력의 판단보다 옳았기 때문에 이 투쟁에서 이길 수 있었으며, 그의 반대세력이 더 효과적이었더라면 그들이 결국 승리했을 것이고 레닌은 잊혀졌을 것이다.

물론 레닌은 정치 천재였기 때문에 자신의 정치적 판단에 오만에 가까운 자신감을 가질 수 있었다. 레닌만큼 유능하지 않은 우리는 반기술 혁명 조직을 분리시킬 때 더 신중해야 하겠지만, 파벌들 사이에 해소 불가능한 심각한 의견 차이가 있다는 것이 확실하다면 분리되는 편이 나을 것이다.

20

반기술 혁명가들은 자신감을 가져야 한다. 알린스키는 자신이 사회 활동가로서 오랜 기간 성공적인 경력을 쌓을 수 있었던 비결을 설명하면서 공동체 조직가는 스스로에 대해 자신감을 가져야 하며,[111] 사람들에게 자신감을 불어넣어 줄 수 있어야 한다고 강조했다. 사람들이 자신감을 잃으면 냉소적인 태도를 취하고 수동적으로 변하지만, 일단 사람들이 자신이 강하다는 느낌을 얻게 되면, 그들은 활기차고, 능동적이고, 효과적으로 변한다.[112] 트로츠키는 볼셰비키의 힘은 "자신이 옳으며 자신이 승리하리라는 믿음"에서 나온다고 적었다. 볼셰비키의 후계자 국제공산주의운동은 "우리의 대의가 승리하리라는 믿음"을 강조했다.[113]

피델 카스트로가 10~15명으로 혁명을 일으킬 수 있다고 주장했을 때위 구획 10을 참고, 그들은 "절대적 신념"을 가져야 한다는 중요한 조건을 붙였다. 그 신념이란 결국엔 승리하리라는 믿음을 의미했겠지만, "절대적 신념"이라는 표현은 적당히 걸러서 들어야 한다. 맑스주의가 스스로를 "과학적"이라고 주장했으며, 과학이 누리는 엄청난 특권을 고려해보면, 19세기와 20세기 초반의 맑스주의자들이 프롤레타리아 혁명이 결국엔 승리하리라는 절대적 신념을 갖고 있었겠지만, 똑똑한 현대인들은 옛날 사람들보다 더 회의적이고 더 섬세하다. 만약 당신이 반기술 혁명이 반드시 성공할 것이라고 떠들고 다닌다면, 완전히 비합리적이거나 유별나게 순진한 사람들만 끌어모으게 될 것이다.

카스트로가 말한 "절대적 신념"은 승리에 대한 문자 그대로의 믿음이 아니라, 보다 추상적인 심리 상태를 의미할 수도 있다. 자신감에서 비롯한 활기찬 느낌과 우리가 강하다는 주관적 느낌은 사람들을 고취시켜 자신을 한계까지 밀어붙일 수 있게 해주며, 반복된 패배로부터 회복시켜주며, 평범한 사람들이 보기에 극복할 수 없어 보이는 역경에 처해도 끈질기게 버틸 수 있도록 해준다. 성공하리라는 절대적 확신이 있어야만 이런 심리 상태를 얻을 수 있는 건 아니지만, 충분히 오랫동안 용기와 의지를 유지하면 성공할 가능성이 상당히 높다는 최소한의 믿음은 있어야 한다.

그러한 믿음은 충분히 합리적으로 유지할 수 있으며, 성공할 수 있다는 믿음은 실제로 성공으로 이어지는 자기실현적 측면이 있다. 성공적인 혁명들의 중요한 특징은 자신에 대한 믿음이며, 자신에 대한 믿음은 깊은 헌신으로 이어지며, 그러한 믿음은 압도적인 역경을 직면했을 때 영웅적인 의지를 갖도록 인간을 고취시킨다. 그러한 신념을 지닌 채 목표를 향해 헌신한다면 혁명가들은 모두가 불가능하다고 생각했던 것을 실현시킬 수 있다. 위 구획10에서 "괴짜" 취급 당하던 작은 집단들이 절대 불가능할 것 같아 보였던 혁명을 성공시킨 사례들을 보여주었으며, 그 외에도 패배를 직면한 상황에서도, 절망적인 상황에서도 자신감을 갖고 인내한 결과 결국 승자가 된 작은 집단들의 사례들의 사례는 무수히 많다. 잠시 후 그러한 사례들을 몇 가지 소개하겠다.

반대로, 사람들이 자신감을 잃으면 자신의 노력이 인상깊은 성과로 이어지리라는 희망이 없으므로 자신을 한계까지 밀어붙이지 않을 것이기 때문에 어려운 일을 해내지 못할 것이다. 얌전한 목표가 더 "현실적"이라는 이유로 반기술 혁명의 목표를 겸손하게 설정하는 것 역시 심각한 실수이다. 반기술 혁명의 목표를 달성하려면 엄청난 희생을 해야하며, 오직 세상을 완전히 뒤바꾸는 거대한 목표만이 사람들을 충분히 고취시킬

수 있다.[115]

그러므로 반기술 혁명이 추구해야 할 목표는 오직 전 세계 기술 체제의 완전한 붕괴 뿐이다. 그리고 지도자들은 조직원들에게 그들이 충분한 헌신, 활기, 용기, 의지, 재주, 인내를 보여주면 목표를 달성할 가능성이 상당히 높다는 것을 계속해서 강조해야 한다.

21

하지만 반드시 주의해야할 것이 있다. 혁명가들은 자신감을 가져야 한다는 규칙은 혁명의 궁극적 목표에 대한 자신감을 의미하는 것이다. 특정 계획이나 작전을 수행할 때, 지나친 자신감은 부주의로 이어지며, 부주의는 실패로 이어진다. 그래서 레닌은 계획을 세울 때 언제나 잠재적 위험을 과장하며 세심한 주의를 기울였다.[116] 트로츠키는 "대담해질 권리를 얻기 위해서는 신중해져야 한다"고 말했다. [117] 신중해지려면 적대세력을 과소평가 해서는 안된다.

적대세력에 대한 과소평가는 지나친 자신감으로 이어지고, 지나친 자신감은 실수로 이어지고, 실수는 패배로 이어진다. 일반적으로 적대세력을 과대평가하는 편이 안전하다는 것이 레닌의 입장이었다.[118] 마오쩌둥은 장기적으로는 적을 물리칠 수 있으리라는 자신감을 갖되, 실제 투쟁에서는 지나친 자신감으로 인해 안이해져서는 안된다고 강조했다.

> 장기적으로 혁명가들은 적을 경멸해야 하며 적을 물리치고 승리를 거머쥘 각오를 해야하지만, 단기적 투쟁에 있어서는 적을 높게 평가해야 하며 매사에 신중해야 한다.…[119]

동일한 맥락에서, 반기술 운동은 세상을 완전히 뒤바꾸는 거대한 목표를 가져야만 한다는 규칙은 오직 반기술 운동의 궁극적 목표에만 해당한다. 궁극적 목표를 향하는 하위 목표들은 신중하게, 조심스럽게 채택되어야 한다. 마오쩌둥은 혁명가들에게 "이길 자신이 없는 전투는 하지 말라"고 충고했다.[120] 분명히 마오쩌둥의 조언은 군사적 상황에 대한 것이었겠지만, 그의 조언은 비군사적 상황에도 적용된다. 모험을 할 때 승리를 확신할 수 있는 경우는 거의 없겠지만, 혁명가들은 계획을 세울 때 성공으로 얻는 이익과 패배로 인한 손해의 균형을 신중하게 계산해야 한다. 트로츠키는 이렇게 적었다. "모든 패배는… 힘의 균형을 바꾼다.… 승자는 자신감을 얻으며, 패배자는 자신감을 잃게 된다."[121]

반기술 운동 수뇌부는 자신감을 가져야 하며, 반기술 혁명에 전적으로 헌신해야 하며, 반복된 패배에서 회복하고 투쟁을 계속해서 이어나갈 수 있는 심리적 강인함을 가져야 한다. 하지만 가장 깊게 헌신적인 혁명가들도 결국 인간이기에 패배와 실패로 인해 무너질 수 있으므로 패배와 실패의 위험을 감수할 때는 반드시 감수할 만한 이유가 있을 때만 감수해야한다.

22

처참한 패배로 인해 조직에 아무런 희망도 없는 상황에서, 조직을 다시 되살리고자 하는 끈질긴 노력이 승리로 이어진 사례들이 대단히 많다는 사실을 반기술 혁명가들이 알고 있다면 패배에 따르는 부정적 효과를 줄일 수 있을 것이다.

877년~878년 겨울, 덴마크 바이킹족은 기습공격으로 웨스트 색슨

West Saxons의 웨식스Wessex 지역을 점령했다. 색슨족은 저항은 무의미하다고 믿고 침략자들에게 항복했지만 색슨족의 왕, 알프레드Alfred는 몇몇 부하들을 데리고 서머셋Somerset의 숲으로 탈출했다. 878년 부활절 무렵, 알프레드는 서머셋 습지의 섬에 요새를 구축했으며, 그 요새에서 작은 군대를 만들었으며, 게릴라 작전으로 데인족을 괴롭혔다. 5월 중순 무렵, 알프레드는 웨식스 근처에서 색슨족 전사들을 데려왔고, 데인족과 맞서 싸웠다. 에딩턴Edington 전투에서 알프레드는 결정적인 승리를 거두었으며[122] 알프레드는 "중세를 통틀어 아무런 희망도 없는 상황에서 승리를 거둔 전설의 왕"으로 기억되었다.[123]

　　로버트 브루스Robert Bruce의 이야기는 더욱 인상깊다.[124] 13세기 말, 잉글랜드의 에드워드 1세는 스코틀랜드를 점령해 식민지 삼았으며, 스코틀랜드인들은 잉글랜드의 지배를 견딜 수 없었다. 1306년, 왕족 로버트 브루스는 스코틀랜드의 왕이 되었지만, 브루스는 취임 3개월 만에 에드워드 1세의 군대에 패배해 쫓기는 신세가 되었으며, 열악한 환경에서 살아야 했다.[125] 이 시점에서 그에게는 돈도 없었고 군대도 없었으며, 아무런 희망도 없어보였다.[126] 브루스가 처한 상황은 "터무니 없을 정도로" 열악했지만[127] 브루스는 연이어 맹렬한 게릴라 투쟁을 일으켜가며 조금씩 영토의 크기와 병력을 늘려나갔고, 1314년, 배녹번 전투Battle of Bannockburn에서 잉글랜드를 상대로 결정적인 승리를 거두었다. 비록 1328년까지 스코틀랜드를 잉글랜드로부터 공식적으로 독립시키지는 못했지만, 브루스는 사실상 스코틀랜드의 왕으로서 스코틀랜드를 통치했다. 도망자에서 독립 왕국의 지배자로 올라선 브루스의 이야기는 믿기 어려울 정도로 대단하지만[128] 명백한 패배자가 최종적으로 승리한 역사적 사례들이 많다는 사실을 알고 있는 사람들에게는 믿기 어렵지 않다.

1878년 가을, 독일의 사회민주주의 운동은 그 해 10월 19일 제정된 반사회주의 법에 의해 거의 완전히 괴멸되었다. 반사회주의 법은 "'사회민주적, 사회주의적, 공산주의적' 성향이 있는 모든 단체들"을 해산시키는 내용을 담고 있었으며 대단히 철저하게 집행되었다.[129] "적들은 의기양양해진 반면, 대부분의 사민주의자들은 절망했다.… 사민주의 운동은 완전히 박살났다."[130] 하지만 1년 이내에 평범한 사민주의자들보다 더 강인하고 끈질긴 소수의 사민주의자들이 스위스에서 신문을 출판했고, 그 신문을 독일에 밀반입할 방법을 찾아냈다.[131] 한편, 다른 사민주의자들은 반사회주의 법을 우회할 합법적, 불법적 수단들을 개발했으며, 새로운 사민주의 조직들을 창설했으며,[132] 1884년 가을 무렵에는 독일에서 사민주의는 여전히 불법이었음에도 불구하고 독일의 사민주의 세력은 그 어느 때보다도 강력해졌다.[133]

마오쩌둥은 이렇게 적었다. "1931년… 몇몇 동지들이 오만에 빠지는 바람에 정치 전선에서 심각한 실수를 저질렀고, 힘들게 쌓아올린 혁명 역량의 90%를 잃었다."[134] 편집자 주석은 이렇게 설명한다.

> 오류를 저지른 "좌파"들은 4년에 걸쳐 유난히 오랜 기간 당을 장악했고, 이들이 유발한 심각한 피해는 당과 혁명에 재앙적인 결과를 가져왔다. 중국 공산당은 군사력을 포함해 영향력의 90%를 잃었다.…[135]

그러나 중국 공산주의자들은 끈기있게 노력했고, 패배로부터 회복했으며, 우리가 아는 바와 같이 1949년에 중국을 정복하는 데 성공했다..

1970년대 초반, 남아프리카 공화국의 아프리카 국민회의ANC, African National Congress는 철저하게 분쇄당했지만[136] 남아있는 조직원들이 계속해서 투쟁한 덕분에 아프리카 국민회의는 원래의 힘을 회복할 수 있었으며, 남아프리카 공화국의 주요 정치 세력이 되었으며, 남아프리카 공화국의 집권당이 되었다.

볼셰비키는 수차례의 심각한 패배로부터 몇 번이고 회복했다. 당시 볼셰비키가 몸담고 있던[137] 러시아 사회민주당은 1905년 "반정부 시위를 조장"했으나 실패로 끝났다. "혁명가들은 체포되고, 투옥되고, 추방당했다."[138] 그 시절 사람들에게는 이렇게 보였다. "혁명이 죽어가고 있었으며… 지식인들은 절망에 빠졌다."[139] "하지만 레닌은 희망을 버리지 않았다. … 그에게는 배워야 할 교훈이 있었고, 새로운 계획이 있었고, 시도해 볼 만한 또 다른 혁명 전략들이 있었기 때문이다."[140]

또 다시 1914년, 제1차세계대전이 발발했을 때, "혁명은 끝장났다 … 혁명 사상은 작은 집단 내부에서만 희미하게 반짝였으며 공장 노동자들 중 어느 누구도 감히 스스로를 '볼셰비키'라고 칭할 수 없었다. 체포될지도 모른다는 두려움 뿐만 아니라, 동료 노동자들에게 따돌림 당할지도 모른다는 두려움도 있었다."[141] 우리가 앞서 언급했듯이구획10, 그 당시 볼셰비키 중앙조직은 두마Duma의 대표자들이 체포되면서 와해되었지만, 그럼에도 불구하고 볼셰비키는 인내했고, 1917년 2월 봉기와 레닌의 4월 테제를 실행해 러시아 혁명의 주요 세력이 될 수 있었다.

하지만, "7월 정국"1917년 7월의 무산된 봉기 142, 위 구획 12를 참고.으로 인해 볼셰비키는 다시 극심한 피해를 입게 되었다.[143] 신념이 약한 단체에게는 치명타였을 것이다.

그 당시 볼셰비키 중앙 위원회 소속이었던 V. 야코플레바V. Yakovleva는 7월 정국 직후의 상황을 이렇게 적었다. '모든 지역에서 대중의 사기가 빠르게 저하되고 있을 뿐만 아니라, 대중이 노골적으로 우리 당을 적대하고 있다고 보고하고 있다. 우리 연설가들이 구타를 당한 경우도 많다. 당원 수가 빠르게 감소하고 있으며, 여러 조직들이… 와해되었다.'… 탈퇴 속도가 너무나 빨라 신규 당원을 받지 않고서는 조직을 제대로 유지할 수 없는 지경에 이르렀다.[144]

앞서 심각한 패배는 위험하다고 강조했으나, 반기술 혁명 조직에 대의에 전적으로 헌신하는 핵심 조직원들이 있다면, 어떤 경우에는 나약한 조직원들이 떠나면서 오히려 강해질 수도 있다. 설령 나약한 조직원들이 떠나지 않는다 하더라도, 그들은 망설임을 통해 자신의 나약함을 드러냈으므로 강인한 자와 나약한 자가 확실히 구분지어지고, 핵심 조직원들은 더욱 공고하게 단결할 수 있다. 트로츠키는 7월 정국에 대해 이렇게 적었다.

대중 분위기의 급격한 반전은 저절로 볼셰비키들을 정확하게 솎아냈다. 그 날 흔들리지 않았던 볼셰비키들은 어떤 상황에서도 전적으로 신뢰할 수 있었으며, 그들은 상점, 공장, 거리를 장악했다. 1917년 10월 볼셰비키의 권력 획득 하루 전날, 볼셰비키 지도자들은 역할을 정할 때 7월 정국 당시 견뎌낸 이들을 몇 번이고 확인했다.[145]

이런 방식으로 볼셰비키는 7월의 패배를 오히려 그들의 강점으로 만들었으며 러시아를 점령했다. 그러나 볼셰비키가 권력을 잡은 지 몇 개월 만에 반혁명적 "백군"과 서방세계의 침략으로 인해 다시 완패의 위기에 처했다.

> 볼셰비키는 몰락하기 직전이었으며 패배는 시간문제인 것으로 보였다. 볼셰비키는 폐허 한복판에 있었다. 태평양에서 시베리아를 건너 우랄 산맥까지 모든 영토가 적들의 수중에 들어갔다. 우크라이나는 독일의 수중에 떨어졌으며, 북쪽에는 영국이 상륙하고 있었으며, 엎친 데 덮친 격으로 가뭄까지 발생했다.[146]

열악한 상황에서 오직 불굴의 신념을 가진 핵심 조직원들 덕분에 볼셰비키는 되살아날 수 있었으며, 향후 60여년 간 러시아를 지배할 수 있었다.

극심한 패배에서 굴하지 않고 다시 일어서는 능력이야말로 성공적인 혁명 지도자들의 특징인 것으로 보인다. 이 부분은 피델 카스트로의 사례가 특히 잘 보여주는데, 매튜스Matthews는 "피델의 불굴의 낙관주의와 투혼"[147]을 강조했다.

> '피델의 가장 중요한 특징은,' 카스트로의 동생 라울이 내게 말했다…, '그는 절대 패배를 인정하지 않는다는 것입니다.'

> 어렸을 때부터 지금까지 카스트로의 삶 전체가 이 점을 증명한다. … 카스트로는 절대 포기하지 않았으며 절대 낙담하지 않았다. 카스트로는 좌절

과 불안에 면역인 것으로 보인다.[148]

피델 카스트로는 그의 신념과 행동으로 주변 사람들을 고취시키는 타고
난 재능이 있다는 점에서 레닌과 같았다. 이 재능은 최악의 상황에서 최선
을 보여주었다.[149]

23

제4장에서 우리가 마치 로버트 브루스, 레닌, 마오쩌둥, 카스트로,
극단적 아일랜드 민족주의자들을 영웅으로 칭송하는 것으로 보일 수 있
다. 확실히 이들의 행동은 영웅적인 것이었으나 그렇다고 해서 우리에게
그들을 존경해야 할 의무는 없으며, 그들의 목표나 가치를 존경할 의무
는 더더욱 없다. 볼셰비키와 공산주의자들은 열광적인 기술성애자들이
었으므로[150] 현대 기술이 세상에 재앙을 가져올 것이라고 믿는 우리의 적
이다. 로버트 브루스는 자신이 애국자인 것처럼 위장했지만,[151] 브루스의
실제 동기는 개인적 야망이었다.[152] 브루스는 스코틀랜드의 왕이 되고 싶
어했으며 그 야망을 위해 브루스는 잉글랜드인들 뿐만 아니라, 일부 스
코틀랜드인 동족들에게도 잔혹행위를 저질렀다.[153] 제3장에서 지적했듯
이, 20세기에 아일랜드가 영국으로부터 독립해야 할 필연성은 없었다.[154]
아일랜드 민족주의자들은 오직 그들의 심리적 욕구를 만족시키기 위해
독립전쟁을 선동했으며, 수많은 아일랜드인들을 고통과 죽음으로 몰아
넣었다. 그리고 아일랜드인들의 생활 수준은 아일랜드가 영국으로부터
독립하지 않았다 하더라도 지금과 똑같았을 것이다.

우리는 오직 과거 혁명가들의 경험과 전략을 통해 무언가 배울 수 있

기 때문에 그들을 살펴 본 것이다. 우리가 공산주의 지도자들을 더 자주 인용했다면, 우리가 공산주의에 공감하기 때문이 아니라, 20세기에 가장 효과적이고 성공적이었던 혁명가들이 바로 공산주의자들이었기 때문이다.

24

프로파간다 전문가들은 인간은 대개 새로운 생각을 받아들일 준비가 되어있을 때만 새로운 생각을 받아들인다는 사실을 잘 알고 있다.[155] 반기술 운동은 반기술 혁명 메시지를 가장 잘 받아들일 것 같은 인구 집단을 찾고자 노력해야 하며, 반기술 사상을 전파하고 조직원을 모집할 때 그 인구 집단을 주의깊게 살펴봐야 한다. 하지만 반기술 사상은 이를 받아들일 준비가 된 집단 뿐만 아니라 전체 인구에게도 알려져야 한다. 오직 준비가 된 사람들만 새로운 사상을 받아들인다는 규칙은 "과거의 가치가 산산조각나고 혁명적 위기가 발생한 상황"에는 반드시 적용되지는 않으므로[156] 구획8에서 언급했듯이 기술 체제가 심각한 위기에 처했을 때 반기술 운동은 대중적 지지를 확보할 기회를 갖게 될 것이다. 하지만 대중이 위기 상황에 앞서 반기술 사상을 피상적으로라도 접한 바가 있다면 더 쉽게 대중의 지지를 확보할 수 있을 것이다. 게다가 위기가 오려면 한참 남은 시점에 반기술 사상이 적극적 지지를 받을 가망이 없는 인구 집단 내에서도 반기술 혁명가들의 메시지는 불만족과 환멸을 유발할 수 있으므로 위기가 더 일찍 오도록 재촉할 수 있다. 제4장 구획1의 세 번째 지점과 구획8의 알린스키의 인용문을 참고.

반기술 운동은 비슷한 이념을 가진 다른 급진주의 단체들에게서 뚜렷한 구분선을 그어야 한다.[157] 이는 구획17에서 강조한 단결의 필요성으로부터 유도되는 결과이다. 사회적, 정치적 운동은 다수의 조직원들이 다른 운동을 동시에 따르고 있으면 단결할 수 없다. 그리고 반기술 운동은 뚜렷하게 구분되는 자기만의 고유한 정체성을 갖고 있어야 한다. 이는 반기술 운동 그 자체의 내부적 응집력에 필요하기 때문일 뿐만 아니라, 외부자들이 반기술 운동을 빠르게 인식하도록 만드는 데 필요하기 때문이다. 구획1의 두 번째 지점과 구획16 참고. 덧붙이자면 반기술 운동은 다른 단체들로부터 철저하게 독립을 유지해야 한다. 반기술 운동이 다른 단체에 의존하거나 지나치게 긴밀해지면 서로의 목표가 충돌할 때 자신의 목표를 위해 활동할 수 없기 때문이다.

반기술 조직이 뚜렷한 선을 그어야 할 운동은 급진적 환경주의와 아나코 원시주의Anarcho-primitivism이다. 대부분의 급진적 환경주의자들은 기술 체제를 완전히 제거하고자 하지는 않는다. 반기술 조직은 현대 기술을 제거하겠다는 신념이 없거나, 현대 기술에 대해 이중적인 태도를 지닌 운동과 연계되어 있는 조직원들을 감내할 수 없다. 아나코 원시주의자들은 현대 기술을 제거하고 싶어 하지만, 그들에게는 성평등, 동성애자의 권리, 동물해방 등 좌파적 목표들도 똑같이 중요하다.[158] 다른 곳에서 우리는 왜 반기술 운동이 좌익주의와 확실히 거리를 두어야 하는지 설명했다.[159]

경쟁 급진주의 단체들과 관련해서 반기술 혁명 조직은 이념을 둘러싼 무익하고 끝없는 논쟁에 휘말려서는 안된다. 예를 들면, 아나키스트 모임에서 이런 일이 자주 벌어지는데, 어떤 아나키스트들은 대부분의 시간과 에너지를 다른 아나키스트들과 이론에 대해 논쟁하는 데 쓰고, 그들이 원하는 사회 변혁에는 거의 아무런 노력도 기울이지 않는다. 언제나 논쟁의 양측 모두 상대방을 설득하는 데 실패하고, 논쟁 당사자들을 제외하면 어느 누구도 그 논쟁에 관심이 없다.

이념 논쟁에서 상대방을 설득할 수 있는 경우는 거의 없으므로, 이념 논쟁이 발생했을 경우, 당신의 주장을 상대방을 설득하는 것이 아닌, 그 논쟁을 지켜보고 있는 제3자에게 영향을 주는 방향으로 설계해야 한다. 제3자의 흥미를 자극할 수 있도록 당신의 주장을 최대한 명확하고 설득력 있게 요약해서 전달해야 하며, 그 다음에는 당신의 주장이 널리 알려지도록 만들어라. 제3자는 주장의 핵심에만 관심을 가질 것이므로, 가장 중요한 부분만을 전달하고 사소한 부분들은 생략하라. 난해한 이론 논쟁은 시간낭비만도 못하다. 제3자가 이를 목격하게 되면 경멸어린 시선으로 당신을 바늘 끝에서 몇 명의 천사들이 춤출 수 있는지 논쟁하던 중세 신학자들과 비교할 것이기 때문이다. 현존 체제의 수호자들과 현존 체제를 수호하지는 않지만 개혁이 가능하다고 생각하는 사람들과 논쟁할 때도 동일한 원칙이 적용된다.

자신의 사상이 공격 당하면 이에 반박하고 싶은 강한 충동이 생긴다. 그 공격이 비합리적일 수록 반박하고 싶은 충동도 강해진다. 그러나 이런 충동에 굴복하기 전에, 그 논쟁이 반기술 조직에 도움이 되는지, 그리고 논쟁에 쓸 시간과 에너지를 다른 작업에 투자하는 게 반기술 혁명에 더 유용하지는 않을지 고민해야 한다.

경쟁 관계에 있는 급진주의 단체들을 상대로 승리하는 비결은 그들과 논쟁하는 것이 아니라, 그들을 우회하는 것이다. 현대 기술을 거부할 준비가 되어있으나 아직 어디에 가입할지 결정하지 못한 적합한 인물이 당신의 조직을 선택하게 만드는 데 집중하라. 당신의 조직이 다른 급진주의 단체들보다 더 활발하고 효과적이라는 것을 보여주어라. 끝없는 논쟁보다는 이 방법이 훨씬 많은 사람들을 당신의 편으로 만들 것이다.

27

"가장 중요한 혁명적 자질, 충성에는 배신이라는 필연적인 짝이 있다."[160] 급진주의 조직의 조직원들은 그들 사이에 법 집행기관이나 정보기관에 정보를 누설할 밀고자가 있을 가능성을 언제나 염두에 두어야 한다. 그리고 지금은 충직한 동료가 미래 어느 시점에 배신자가 될 수도 있음을 명심해야 한다.

1956년부터 1971년까지 FBI는 반체제 단체들 내부에 체계적으로 밀고자를 잠입시키는 COINTELPRO코인텔프로라는 작전을 시행했다.[161] COINTELPRO 자체는 오래 전에 중단되었으나, 당연히 FBI는 오늘날에도 비슷한 수법을 쓴다. 2006년 FBI가 급진적 환경주의자들 사이에 침투시킨 밀고자 때문에 에코 사보타주 단체 조직원들이 체포되었다.[162] 비슷한 시기의 관련 작전에서, 1998년 콜로라도 베일Vail 방화 사건을 저지른 급진적 환경주의자들이 체포됐다. 조직원들 중 한 명이 동료들을 배신하고 FBI의 증거 수집을 도왔으며, 체포된 조직원들은 자신의 형량을 줄이

기 위해 동지들에 대해 털어놓았다.[163] *

남아프리카 공화국에서 경찰은 밀정과 밀고자들을 이용해 반 아파르트헤이트 활동가들을 대단히 효과적으로 분쇄했다. 일부 활동가들은 심문 당하고 동료들에 대한 정보를 누설했다.[164] 아일랜드 민족주의 조직들은 영국 정부가 심어놓은 밀정들 때문에 정기적으로 피해를 입었다. 그러나 1919년, 마이클 콜린스의 지도 하에 상황이 역전되어 아일랜드 독립 혁명가들은 영국 정부보다 훨씬 효과적인 정보망을 개발했다.[165] 피델 카스트로의 게릴라 부대는 배신자를 색출하는 대로 처형할 필요를 느꼈다.[166] 볼리비아에서 체 게바라의 게릴라 부대 일부가 법 집행기관에 사로잡혔고, 동료 대원들에 대한 정보를 누설했다.[167] 독일에서 사민주의가 금지되었던 시절1878~1890, 사민주의자들은 "밀고자와 정부 공작원들을 색출하고자 미가공 정보를 조사, 분석"하는 정보 체계를 만들었다.[168] 그러나 경찰 요원들의 잠입을 완전히 막을 수는 없었으며[169] 게다가 1880년 8월 스위스의 와이든 성Wyden Castle에 있었던 사민당 비밀 회의에 참석했던 한 대표자는 베를린 경찰청장과 협조하고 있었다.[170] 러시아 혁명 운동은 밀정과 밀고자들에게 철저히 유린당했다.[171] 사회혁명당의 "전투조직"은 한 때 경찰 요원의 지휘 하에 있었으며[172] 구획10에서 언급한 대로, 트로츠키에 따르면 1914년 상트페테르부르크의 볼셰비키 위원회 위원 7명 중 3명은 경찰 요원이었다.[173] 유명한 볼셰비키 로만 말리노프스키Roman Malinovsky는 두마의 당 대변인이었고, 프라우다Pravda 창간에 중

---

* 번역자 주: 1998년, 급진적 환경주의 단체 지구해방전선(Earth Liberation Front) 조직원들이 베일 스키 리조트 건설에 반발해 스키 리조트에 불을 질렀다. 지구해방전선은 1992년에 영국 브라이턴에서 결성된 급진적 환경주의 단체이다. 환경파괴를 막고자 테러리즘, 게릴라 투쟁을 불사했으며 2001년 FBI는 지구해방전선을 테러 단체로 지정했다.

요한 역할을 했으나, 훗날 경찰 요원으로 밝혀졌다. 말리노프스키가 밀정이었다는 사실이 명백히 밝혀졌을 때도, 레닌은 이를 믿지 못했다.[174]

패턴은 일관적이고 교훈은 명확하다. 급진주의 단체는 절대 그들의 계획과 활동을 정부가 모를 것이라고 확신할 수 없다. 그러므로 합법적 반기술 혁명 조직은 철저하게 합법으로 남아있어야 한다.[175] 어떠한 형태로든 불법 활동에 관여하는 것은 극도로 위험하다.

28

역사와 함께 과거의 사회 운동, 정치 운동과 성공적인 지도자들이 사용했던 수단들을 반드시 공부해야 한다. 반기술 운동의 목표와 맞지 않는다거나, 과거의 혁명가, 활동가들이 좌파, 개혁가였다는 이유로 그들의 이론과 수단들을 거부하는 것은 심각한 실수이다. 옛 혁명가들의 수단들 중 상당수는 오늘날 반기술 조직과는 맞지 않기 때문에 버려야하며, 다른 수단들은 현대 상황에 맞게 개조해야 한다는 것은 사실이다. 역사와 과거 지도자들의 원칙들이 성공으로 향하는 공식과 계획을 주지는 못하겠지만 이를 통해 아이디어를 얻을 수는 있다. 어떤 부분은 반기술 운동이 사용할 수 있는 수단을 알려줄 것이며, 다른 부분은 우리가 주의해야 할 위험과 피해야 할 장애물들을 알려줄 것이다.

마오쩌둥은 기록된 역사의 경험으로부터 배우는 것도 중요하지만, 과거의 이론들은 불완전하기 때문에 추가 경험을 통해 수정해야 할 필요가 있음을 강조했다. 마찬가지로 다른 맥락에서는 유효했던 행동 원칙들이 현재의 혁명이 전개되는 구체적인 상황에서는 유효하지 않을 수도 있다. 그러므로 반기술 혁명가들은 그러한 원칙들 중 그들의 목표에 필요한 것과 불필요한 것을 분류하고, 불필요한 것은 버리고, 필요한 것은 그들의 필요에 맞게 개조해야 한다.[176]

역사와 함께 과거 운동들의 수단들을 공부하고, 필요한 것과 불필요한 것을 구분하는 일은 어렵다. 그러나 과거로부터 배우지 못한다면, 그 모든 것을 시행착오를 통해 다시 배워야 하는 처지가 될 것이다. 이 작업은 느리고, 불안하고, 어려운 과정이며 상당한 시행착오는 필연일 것이다. 하지만 과거의 운동과 수단들을 주의 깊게 공부하면 시행착오의 횟수를 크게 줄일 수 있을 것이며 이를 거부하면 성공 가능성이 심각하게 낮아질 것이다.

필자는 반기술 운동에 필요할 수도 있는 역사, 정치학, 사회학, 혁명 이론에 대해서 조금밖에 공부할 수 없었다. 참고문헌에 있는 알린스키 Saul Alinsky, 셀즈닉 Philip Selznick, 스멜서 Neil Smelser, 트로츠키 Leon Trotsky의 저서들을 주의 깊게 살펴 볼 필요가 있다. 하지만 이 책들 외에도 연구할 가치가 있는 수많은 문헌들이 있다. 예를 들어, "조직행동론 Organizational Behavior"이라는 학문 분야와 혁명 전략, 전술에 관한 레닌의 저서들이 있다. 레닌의 허황된 이념은 흥밋거리에 불과하다. 도서관에서 관련된 저서들을 무수히 많이 찾을 수 있을 것이며, 이런 문헌들이 기계적으로 적용할 수 있는 공식을 주지 못하리라는 사실은 몇번이고 반복할 가치가 있다. 이 문헌들은 공식이 아니라 아이디어를 가져다 줄 것이다. 그 아이디어들 중 일부는 어느 정도 개조하면 반기술 조직의 목표에 적용할 수 있다.

29

앞서 설명한 내용을 구체적인 사례로 살펴보자. 셀즈닉의 책에 따르면 비공산권 국가들의 공산주의자들은 공산주의적이지 않은 조직에 잠입하고, 그 조직의 핵심 지위를 차지한 다음, 그 지위를 이용해 해당 조직의 활동에 영향을 주었다고 한다. 어떤 조직들은 공산주의자들에게 완전히 점령당하고 공산당의 하부 조직으로 변했지만, 공산주의자들에게는 많은 인원이 필요하지 않았다. 소수의 인원을 전략적으로 배치하고 잘 조직하면 적은 인원으로도 큰 힘을 행사할 수 있었다.[177]

오늘날의 반기술 운동이 공산주의자들의 전략을 단순히 베끼기만 해서는 안된다는 점은 당연하지만 셀즈닉의 책을 주의깊게 공부하면 다음과 같은 아이디어들을 도출할 수 있다.

반기술 조직은 급진적 환경주의와 어느 정도 관련성을 지닐 것이다. 많은 사람들은 "급진적 환경주의"라는 단어에서 지구해방전선 같은 불법 단체들만을 연상한다. 그러나 여기서는 급진적 환경주의라는 단어를 환경 문제에 대해 현대 사회의 주류가 받아들이기에는 지나치게 급진적인 해결책을 제시하는 개인과 단체들을 두고 사용한다. 예를 들어, 『그만하면 충분해-기술시대에 인간으로 산다는 것』*Enough: Staying Human in an Engineered Age*의 저자 빌 맥키번Bill McKibben은 우리의 정의에 따르면 급진적 환경주의자이지만, 우리가 아는 바에 따르면 그가 한 행동들은 언제나 전적으로 합법이었다. 우리는 이미 공개적, 정치적 행동을 취하는 반기술 혁명 조직은 철저히 합법성을 유지해야 한다고 강조했다.구획27 여기서 합법적인 반기술 조직의 조직원들은 급진적 환경주의자들의 불법 행위에 일체 관여하지 말아야 한다는 결론이 도출된다. 그러나 반기술 혁명가들이 급진적 환경주의 단체의 합법적 계획에 참여해서는 안된다거나, 그러한 단체들 내부에서 권력적 지위를 추구해서는 안된다는 것은 아니다. 반기술 혁명가들이 급진적 환경주의 단체 내부에서 확보한 영향력은 반기술 조직의 이익을 위해 다양한 방법으로 쓰일 수 있다. 예를 들면 다음과 같다.

(i) 반기술 조직은 급진적 환경주의 단체 내에서 적합한 조직원을 찾을 수도 있다.

(ii) 반기술 조직원이 "지구 먼저" 같은 급진적 환경주의 간행물의 편집부에 소속된다면 간행물의 내용에 영향력을 행사할 수 있을 것이다. 다수의 반기술 조직원들이 편집부에 들어왔다면, 그들은 간행물의 좌파적 내용을 최소화하고 그 간행물을 반기술 사상을 전파하기 위한 도구로 체계적으로 사용할 수 있을 것이다.

(iii) 반기술 조직이 구획 17에서 제안한 대로 환경 문제에 대해 행동을 취하기로 결정했으며, 급진적 환경주의 단체들을 상대로 영향력을 갖고 있다면 이들에게서 도움을 받을 수 있을 것이다.

(iv) 어떤 경우에는 반기술 혁명가들이 급진적 환경주의 단체를 점령해 반기술 단체로 바꿀 수도 있을 것이다. 이 경우 좌익들은 단체를 떠날 것으로 예상되며, 그렇게 생긴 빈 자리에는 반기술 사상을 받아들일 준비가 된 사람들이 들어올 것이다.

(v) 급진적 환경주의 단체에서의 활동은 반기술 혁명가들이 지도력과 조직관리능력을 습득할 귀중한 경험이 될 것이다.[178]

(vi) 기술 체제가 극심한 위기에 처하게 되면, 반기술 혁명가들이 급

진적 환경주의 단체들에 대해 갖고 있는 영향력은 대중 차원의 행동을 조직하는 데 유용하게 쓰일 것이다.

이는 반기술 운동이 다른 급진주의 운동들로부터 뚜렷한 선을 그어야 한다는 규칙과 전혀 모순되지 않는다. 레닌은 그러한 구분선을 유지하면서도 필요하면 그의 목표와 충돌하는 목표를 추구하는 단체의 지도자들과도 협력했다.[179] 물론, 급진적 환경주의 단체 내에서 일하는 반기술 조직원은 언제나 그 선을 기억하고 있어야 할 것이다. 반기술 조직원들은 급진적 환경주의자들과 협력하는 이유는 급진적 환경주의자들의 목표를 위한 것이 아니라, 반기술 운동의 목표를 위한 것이라는 사실을 이해하고 있어야 한다.

어떻게 해야 반기술 혁명가들이 급진적 환경주의 단체 내부에서 지위와 영향력을 가질 수 있을까? 가장 확실한 비결은 다음과 같다.

성실함이라는 권위. 공산주의자들이 점령하고자 했던 조직들 내에서 언제나 공산주의자들이 가장 적극적인 자원자였으며, 가장 헌신적인 조직원이었으며, 가장 기민하고 활발한 활동가였다. 대부분의 단체에서 이것만으로도 지도자가 되기에 충분했다.[180]

그 조직의 목표가 무엇이든… 언제나 공산주의자들이 '최고의 조직원'이 되었다.[181]

이 비결을 넬슨 만델라가 반 아파르트헤이트 운동에서 지도자 자리를 유지하기 위해 사용했던 비결로 보충할 수도 있다. 만델라는 자신의 감정을 철저하게 통제했다. 만델라는 화를 거의 내지 않았으며, 언제나 침착했고, 냉정했고, 차분했다.[182] 사람들은 이런 자질을 가진 사람을 지도자로서 존경한다. 안다만 제도 원주민들은 "소년들의 존경을 받는 젊은이를 족장 후보로 삼았다. 그는 대개 훌륭한 사냥꾼이며, 관대하며, 그리고 무엇보다도, 침착하다."[183]

급진적 환경주의 단체에서 활동하는 반기술 혁명가가 자신의 반기술 사상을 숨길 필요는 없을 것이다. 그러나 당연하게도 자신의 반기술 사상을 공격적으로 밀어붙여서는 안되며, 급진적 환경주의를 비하해서도 안된다. 그가 반기술 사상을 변호할 때는 밝은 어조로 해야하며, 이념 논쟁이 달아오르거나 격해지면 물러나야 한다.

현재 상황에서 필자는 이 수단들을 추천하지는 않는다. 적절한 시기가 오면 반기술 운동의 지도자들이 그러한 결정을 내릴 것이며, 지도자들은 조직의 가용 자원, 기회, 그와 관련된 다른 요소들을 고려해야 할 것이다. 요점은 이 구획에서 제안된 아이디어들은 진지하게 고려해 볼 최소한의 가치가 있다는 것이고, 필자가 셀즈닉의 저서를 읽지 않았더라면 이런 아이디어를 결코 떠올리지 못했으리라는 것이다. 이는 역사와 과거 운동의 전략들이 어떤 방식으로 오늘날의 반기술 운동에게 아이디어를 줄 수 있는지 보여주는 사례이다.

30

반기술 혁명 조직에는 기술 발전을 추적하고 기술을 연구하는 전담 부서가 필요할 것이다. 이는 기술을 정치적으로 공격할 때 필요할 뿐만 아니라, 반기술 혁명 조직도 혁명적 목표를 위해 기술을 사용해야 할 필요가 있기 때문이다.

미국의 법 집행기관들과 정보기관들이 옛날부터 반체제 단체들의 계획과 활동을 알아내려고 주로 불법적인도청을 해왔다는 사실은 널리 알려져 있다. 아마 다른 나라들도 마찬가지일 것이다. 그러나 지금 전화선 도청은 낡았으며, 훨씬 정교한 도청 기술들이 등장했다.[184] 곳곳에 설치된 감시 카메라, 안면인식 기술, 벌새나 곤충 크기의 드론, 생각을 읽는 기계들이 바로 그러한 기술들이다.[185]

미국의 경우, 수정헌법 4조에 따라 정부기관들은 법원의 허가 없이 부당한 도청, 감시를 할 수 없으며, 어떤 경우에는 불법이다. 그러나 필자는 해당 헌법적 권리에 대해 광범위하게 조사해 보았으나, 정부 요원이 불법 도청, 감시로 인해 기소당한 사례를 단 하나도 찾을 수 없었다. 경우에 따라 이론 상으로는 민사 소송이 가능할 수도 있지만, 현실적으로 정부의 불법 감시 행위에 대응할 방법은 수정헌법 4조를 위반해 얻은 증거로는 위반 피해자를 상대로 형사 소송을 걸 수 없다는 사실 외에는 없다.[186] 하지만 정부가 철저하게 합법적인 활동만을 하는 반기술 조직원을 상대로 형사 소송을 걸 필요는 없으므로 정부기관들은 수정헌법 4조에 신경쓰지 않고 마음껏 도청과 감시를 할 수 있을 것이다. 법 집행기관들은 비헌법적, 불법적으로 수집한 정보들을 통해 얻은 결정적 우위를 이용해 갖가지 합법적, 불법적 방법으로 조직의 계획을 방해할 수 있다.구획 27에서 언급한 COINTELPRO가 그랬다. 그러므로 반기술 혁명가들은 도청, 감시 기술에 대해 잘 알고 있어야하며, 불법적 도청, 감시 행위로부터 스스로를 지킬 기술적 역량을 갖고 있어야 한다.

시간이 흐를수록, 기술적으로 진보한 국가에서 대중을 동원한 거리 점령 같은 전통적인 혁명 수단을 사용하기는 어려워질 것이다. 전통적인 혁명을 자세히 연구해보면 군대가 혁명을 지지하거나, 적어도 중립을 유지해야 성공할 수 있었음을 알 수 있다.[187] 2011년 이집트의 "아랍의 봄" 혁명을 예로 들면, 군부가 시위대의 요구에 응한 이유는 오직 시위대를 향해 기관총 사격을 해야 할 수준으로 상황이 격해지면,[188] 다수의 군인들이 명령에 불복하거나, 아예 혁명에 동참하는 사태가 발생할까봐 두려웠기 때문이었을 것이다. 그러나 아랍의 봄 이후로 군중 통제 기술은 엄청나게 발전했다. 지금은 초강력 음파무기와 섬광장비를 이용해 시위대를 해산하거나 무력화할 수 있으며[189] 동료 시민을 향해 발포하라는 명령은 거부했을 군인이 시위대를 향해 음파무기를 사용할 때는 아무런 죄책감이 없을 수도 있다. 폭동이 끝나면 경찰은 감시 카메라, 안면인식 기술, 전화 기록을 이용해 가담자들을 추적할 수 있을 것이다.[190]

더 중요한 것은 인간 군인들이 빠른 속도로 기계로 대체되고 있다는 것이다.[191] 아직까지는 인간 군인과 인간 경찰관이 필요하지만, 기술 발전이 가속된다는 점을 고려하면 수십 년 이내에 군대와 경찰 병력 대부분이 로봇으로 구성되는 상황도 충분히 가능하다. 예상컨대 이 로봇들은 명령을 거부하지 않을 것이며, 시위대를 향해 망설임 없이 발포할 것이다.

물론 저항 세력도 기성 권력 구조를 상대로 기술을 사용할 수 있으므로[192] 미래의 혁명은 과거와 현재의 혁명과 동일한 방식으로 이루어지지 않을 것이며, 반기술 혁명의 결과는 권력자들과 반기술 혁명가들의 기술적 역량에 의해 결정될 것이다. 그러므로 반기술 혁명가들이 기술적으로 유능해야 한다는 것은 분명하다.

미주

1. Selznick, p. 113.
2. Kaczynski, Letters to David Skrbina: Aug. 29, 2004, last three paragraphs; Sept. 18, 2004; March 17, 2005, Part II.B 참고.
3. See Hoffer, §§ 104, 110, 111 참고.
4. Smelser, p. 353는 기존 사회 질서가 그 무적 같은 모습을 잃을 때 혁명을 위한 새로운 가능성들이 열릴 수 있다고 언급한다.
5. 제1장 참고.
6. Horowitz, p. 126. Horowitz, pp. 63-65는 피델 카스트로가 경험으로부터 배워가며 쿠바 혁명을 이끌어 가는 과정을 묘사한다.
7. Matthews, p. 123. 나는 히틀러가 그의 계획을 정확히 세울 수 있었을지 심각하게 의심스럽다. "1928년, 독일에 대공황이 발생하기 이전, 히틀러의 득표율은 3% 미만이었다." 그리고 그는 대공황 덕분에 강해질 수 있었다. NEB (2003), Vol. 27, "Socio-Economic Doctrines and Reform Movements," p. 416. 나에게는 "나의 투쟁"을 읽을 기회가 없었고, 읽고 싶지도 않다. 하지만 1920년대 초 히틀러가 이 책을 집필할 때, 대공황이 찾아올 시점을 정확히 예측할 수 있었을지 대단히 의심스럽다.
8. See Alinsky, pp. 5-6, 45, 69, 136, 153-55, 164, 165-66, 168, 183 참고.
9. Trotsky, Vol. Three, Appendix Two, p. 409.
10. Radzinsky, p. 202. NEB (2010), Vol. 22, "Lenin," p. 934.
11. Trotsky, Vol. One, p. 298에서부터 나머지 혁명사 전부.
12. Hoffer, § 89. Smelser, p. 381. Trotsky, Vol. One, p. xviii.
13. Selznick, p. 23n6 (quoting Lenin, "A Letter to a Comrade on our Problems of Organization," in Lenin on Organization, pp. 124-25). Alinsky, pp. 77-78, 120.
14. NEB (2003), Vol. 28, "Union of Soviet Socialist Republics," p. 1000.
15. Trotsky, Vol. One, Chapt. VIII, pp. 136-152. Cf. Kaczynski, Letter to David Skrbina: Sept. 18, 2004, fourth paragraph.
16. NEB (2003), Vol. 29, "War, Theory and Conduct of," pp. 647, 660. Mao, pp. 58-61. Dunnigan & Nofi, p. 54. Parker, p. 316.
17. Dorpalen, p. 332.
18. Trotsky, Vol. Two, p. 315. See also Selznick, pp. 22, 70, 217 참고.
19. Mao, pp. 78-79.
20. 제3장 파트4 참고.
21. Radzinsky, p. 82.
22. NEB (2010), Vol. 22, "Lenin," p. 936. NEB (2003), Vol. 28, "Union of Soviet Socialist Republics," p. 1002. Radzinsky, p. 375.
23. NEB (2010), Vol. 3, "Corday, Charlotte," p. 624.

24. Kee, pp. 564, 578.

25. Kaufmann, editor's preface to "Thus Spoke Zarathustra," p. 111.

26. Ulam, pp. 551-52. Thurston, 사례, pp. 163, 215, 225-26, 282n76. NEB (2003), Vol. 29, "World Wars," pp. 1009, 1023 (table).

27. Keegan, pp. 420-432. World Book Encyclopedia (2011), Vol. 21, "World War II," p. 482 ("독일인들의 사기는 꺾이지 않았다."). 그러나 Parker, p. 345 (전략 폭격은 "독일인들의 사기에 큰 영향을 끼쳤다."). Gilbert, European Powers, pp. 264, 266. Manchester, pp. 527-29 ("윈스턴 처칠은 독일이 '그 지속성, 심각성, 규모에 있어서 어떤 국가도 겪어 본 적 없는 시련을 겪게될 것이다.'라고 인민에게 약속했다.") , 647-48. NEB (2003), Vol. 29, "World Wars," pp. 1020, 1024. 그리고 Paz 참고. 일본 역시 독일과 유사한 폭격을 당했지만, 독일 민간인들과는 달리 일본 민간인들의 사기는 "붕괴지점"에 이르렀다. Keegan, p. 432. 그 이유는 아마 일본의 주택들이 (독일과는 다르게) 나무로 지어졌고, 소이탄 폭격이 독일의 도시보다 일본의 도시에서 훨씬 파괴적이었기 때문이었을 것이다. Dunnigan & Nofi, p. 109.

28. Wolk, p. 5. 이는 극단적인 사례일 수도 있지만, 연합군 항공기 승무원들의 사상률은 충분히 심각했다. Keegan, p. 433. Astor, p. 360. 1943년, "영국 폭격기 승무원들의 83% 가량은 30회의 폭격 작전을 무사히 마치지 못했다. 물론 그들은 충분히 용감했지만, 그 얼굴에는 침울함이 가득했다." A. Read & D. Fisher, p. 127. 1943년 여름과 가을, 미국은 매달 폭격기 승무원 30%를 잃었다. Parker, p. 345. 그리고 World Book Encyclopedia (2011), loc. cit.; Parker, p. 346 참고. 물론 사상률이 지나치게 높을 때 항공기 승무원들의 사기도 떨어졌다. Keegan, p. 428. Astor, loc. cit.

29. Murphy, passim. Dunnigan & Nofi, pp. 403, 625-26. 죽거나 불구가 될 심각한 위험과는 별개로, 제2차세계대전 당시 미군이 겪은 육체적 고통은 다른 전쟁의 군인들이 겪은 것에 비하면 작았다. 예를 들어, 1777년 패배한 조지 워싱턴의 군대는 밸리 포지 (Valley Forge)에서 굶주리고, 헐벗은 채 겨울을 맞이했다. 대부분의 병사들에게는 신발이 없었다. 그래서 "얼어붙은 땅 위의 피 묻은 발자국을 따라 혁명군을 쫓을 수 잇었다." Martin, pp. 58, 161. 해당 사건 이후 50년이 지나 Martin의 기억에 근거해 적은 기록이 믿을만 한지 의문을 제기할 수도 있다. 그러나 정사는 워싱턴의 병사 수천명이 "맨발이나 헐벗은 채" 밸리 포지로 이동했으며, "거의 굶주린 채" 겨울을 지냈다고 기록하고 있다. NEB (2003), Vol. 29, "Washington, George," p. 703. 그러나 이 거지 군대는 굳게 단결해 살아남았고 전투를 재개했다.

30. Murphy, pp. 4-8.

31. Kee, p. 732.

32. Stafford, p. 193.

33. Shattuck, p. 21.

34. De Gaulle, pp. 461-62.

35. Polish American Journal, Sept. 2012, p. 8; Feb. 2013, pp. 4,7. Knab, pp. 1, 6. Lukow-

ski & Zawadzki, pp. 261-63. 공정성을 위해, 그 당시 폴란드에는 반유대주의 정서가 만연했음을 지적할 필요가 있다. 어떤 폴란드인들은 나치의 유대인 색출을 돕기까지 했다. Thurston, p. 224. Lukowski & Zawadzki, loc. cit. 흥미롭게도 유대인을 구하는 지하조직 제고타(Zegota)를 설립한 두 여성 중 한 명은 전쟁 전에는 "반유대주의자로 알려졌다." Jacobson, p. 7.

36. Woo, p. 11B.
37. P.R. Reid, p. 11.
38. De Gaulle, p. 713.
39. Hammer, p. 69.
40. Lee Lockwood, p. 80.
41. Gallagher, p. 45.
42. Bolívar, "Memoria dirigida a los ciudadanos de la Nueva Granada por un Cara-queño," in Soriano, p. 54.
43. Alinsky, p. xxii. 그리고 p. 189 ("변혁에 대해 강하게 저항할 의지가 없음"을 언급) 참고.
44. Kee, pp. 519-592 참고.
45. NEB (2003), Vol. 27, "Socio-Economic Doctrines and Reform Movements," p. 416.
46. 제2장 후주 128 참고.
47. See, 사례: The Economist, July 16, 2011, p. 59; Sept. 10, 2011, p. 77. The Week, April 13, 2012, p. 16. USA Today, Sept. 27, 2012, p. 6B 참고.
48. Smelser, p. 381.
49. Marx & Engels, pp. 21-22 (Introduction by Francis B. Randall), 46 (Engels's preface to English edition of 1888). Dorpalen, p. 211.
50. Kee, pp. 391, 405, 440-564. 사례, p. 537 ("레드먼드는… 비렐에게 극단주의 세력은 아일랜드 여론의 극히 일부라고 반복해서 조언했다…").
51. 나는 카스트로의 이 발언을 Pandita, p. 35가 인용했다고 알고 있다. 나는 Pandita의 책을 읽지 못했지만, 비슷한 인용문을 Shapiro, p. 139에서도 확인할 수 있다. 그리고 원본은 "N.Y. Times, 22 Apr. 1959."이라고 한다.
52. 예상 숫자는 7에서 15까지다. Horowitz, p. 26. Russell, pp. 22, 23, 116, 117. NEB (2003), Vol. 2, "Castro, Fidel," p. 941. 또한 Matthews, pp. 93-98 참고.
53. NEB (2003), loc. cit.는 바티스타의 군대가 3만이었다고 한다. Russell, pp. 17, 22-23 는 29,000에서 50,000 사이로 추정한다.(추가로 경찰 7,000명) NEB (2003), loc. cit.는 카스트로 세력은 800명이었다고 한다. Russell, pp. 23, 163가 인용한 추정치에 의하면, 바티스타의 몰락 직전 카스트로 휘하 군대의 최대 크기는 800명 가량이었다고 한다. 하지만 카스트로 휘하에 있지 않은 다른 게릴라 부대들이 있었음을 고려하면, 게릴라 군대의 총합은 1,000에서 1,500 사이였을 것이다. 반란이 끝나기 직전에는 "수천명"이(8,000에서 40,000명이 제시된다) 카스트로에게 "합류"했다고 한다.(이들 대부분이 카스트로의 직접 통제를 받았다는 근거는 없다.) Russell, pp. 23, 116, 163. 하지

만 이는 1959년 1월 1일 바티스타가 망명을 떠나기 며칠 전에 벌어진 일이다. Ibid. 다시 말해서, 바티스타 패배가 분명해진 다음에 "수천 명"이 혁명에 동참했다는 것이다.

54. 이 문단 전체에 대해서는 다음을 참고: NEB (2003), loc. cit. ("카스트로의 프로파간다 노력은 유난히 효과적이었던 것으로 밝혀졌다..."). Horowitz, pp. 62-65, 71-72, 127, 181 ("카스트로의 언론 조종 능력은 유명하다."). NEB (2003), Vol. 21, "International Relations," p. 865는 이렇게 적었다: "피델 카스트로는... 시에라 마에라를 향해 진군하며, 게릴라 전쟁을 일으킬 것 같은 모습을 취했다. 실제로는, 카스트로의 활동은 대부분 프로파간다였다…, 쿠바의 진정한 투쟁 현장은 쿠바와 미국의 여론 무대였다." Carrillo, p. 65에 따르면: "7월 26일 운동의 승리는… 그 운동이 사회주의 운동이 아니라 향후 여러 갈래로 갈라진 파벌들의 통일 전선이었기에 가능했다. 우익들은 미국 편에 달라붙은 반면에, 피델 카스트로의 카리스마와 그의 동료들은 그 조류를 사회주의의 것으로 만들었다." Russell, pp. 17-28, 40-41, 78, 88, 115-120, 162-64에서 더 자세한 정보를 확인할 수 있다.

55. Matthews, p. 96.

56. Gilbert, European Powers, p. 24.

57. ibid.; NEB (2010), Vol. 22, "Lenin," pp. 933-34; Selznick, p. 176n2; 아래 후주 58의 레닌의 인용문 참고.

   1894년, 레닌은 이렇게 적었다. "(러시아에서) 사민주의자는 열 손가락으로 셀 수 있다." "What Is to Be Done?," Chapt. III, section E; in Christman, p. 118. 하지만 러시아에는 1898년까지 공식적인 사민당이 없었다. Ulam, pp. 33, 49. Stalin, History of the Communist Party, first chapter, Section 4, p. 34. 그러나 또한 ibid., Section 3, p. 29 참고.

58. Selznick, pp. 103-04, quoting Lenin, "Lecture on the 1905 revolution," in Collected Works, 1942 edition, Vol. 19, pp. 389-390.

59. Trotsky, Vol. One, pp. 37, 40.

60. Radzinsky, pp. 133-34, 234.

61. "6분의 1"이라는 수치가 자주 사용된다; 사례, by Trotsky, Vol. Two, p. 121; Stalin, History of the Communist Party, Conclusion, p. 484; 그리고 Ulam, p. 288. 하지만 이들은 이 수치가 남극을 제외한 수치라는 사실을 언급하지 않는다.

62. Trotsky, Vol. Two, p. 306. Ulam, p. 140 (볼셰비키는 "적어도 다른 당들에 비하면… 확고하고 규율잡힌 당이었다..."), p. 143 ("멘셰비키와 사회혁명당 지도자들의… 서툰 행동들"을 언급), p. 155 ("멘셰비키와 사회혁명당의 망설임과 의지의 마비"를 언급)와 비교.

63. Trotsky, Vol. One, p. 398.

64. 이는 1917년 8월과 9월을 가리키는 것이다. Ibid., Vol. Two, p. 282.

65. NEB (2010), Vol. 22, "Lenin," p. 936 참고. Trotsky, Vol. Three, pp. 76, 88-123, 294는 1917년 10월 무렵에는 볼셰비키가 러시아 인구 대다수의 지지를 받았다는 인상을

준다. 아니면 못해도 소작농, 병사, 프롤레타리아들의 지지는 받은 것 같다. 하지만 트로츠키는 이념적인 이유로 볼셰비키가 "인민"의 지지를 받은 것처럼 묘사해야 할 필요가 있었을 것이다. 이보다는 볼셰비키가 최대의 지지를 받고 있었을 때에도, 극소수의 적극적 지지와 (대다수는 아닐지라도)다수의 수동적인 허락을 받았을 가능성이 높다. 반면에 볼셰비키를 싫어했던 사람들은 와해되거나 위협을 느껴 비효과적이었을 것이다.

66. 사실 현대적인 달력에 따르면 11월이다. 혁명 이전의 러시아는 "옛 달력", 즉 율리우스력을 사용하고 있었다. 반면에 다른 나라들은 오늘날에도 쓰이고 있는 그레고리우스력을 쓰고 있었다. 이 책에서는 러시아 역사의 옛 달력과 새 달력을 구분하지 않았다. 우리의 목적상 13일 가량의 차이는 중요하지 않기 때문이다. 더 정확한 날짜를 원하는 독자들은 러시아 혁명사에 관한 다른 책들을 참고하면 된다.

67. NEB (2003), Vol. 28, "Union of Soviet Socialist Republics," p. 1003.

68. Trotsky, Vol. Three, p. 294.

69. Ulam, pp. 178-79.

70. Trotsky, Vol. One, pp. 137-140; Vol. Two, p. 302 ("페트로그라드(상트페테르부르크) 소비에트는 모든 소비에트들의 부모였다..."); Vol. Three generally, especially pp. 88-123. Ulam. p. 137. Stalin, History of the Communist Party, seventh chapter, Section 6, p. 286.

71. See ISAIF, ¶ 196.

72. Trotsky, Vol. Three, pp. 173, 284.

73. Ibid., p. 130.

74. Alinsky, p. 107.

75. Trotsky, Vol. Two, pp. 4, 7.

76. Alinsky, pp. 77-78, 113-14, 120, 128-29.

77. Trotsky, Vol. One, pp. xviii-xix. 또한 ibid., p. 110 ("혁명적 반란은… 오직 단계적으로, 차근차근 성공을 쌓아야만 승리할 수 있다. 성장의 중단은 위험하다. 장기간의 휴면은 치명적이다.") 참고. 나는 트로츠키의 격언이 정확히 어떤 상황에서 실제로 유효한지 알지 못한다. "혁명적 반란"을 대단히 좁게 해석하지 않으면, 수많은 반례들을 찾을 수 있다. 그러나 모든 갈등 상황들과 마찬가지로, 혁명에 있어서 운동량이 대단히 중요한 요소라는 것은 사실이다.

78. Trotsky, Vol. Two, pp. 9-31, 63, 68, 73, 82-83. Ulam, pp. 144-48은 7월 정국 당시 볼셰비키의 행동을 훨씬 혼란하고 비계획적이었던 것으로 묘사한다.

79. Alinsky, pp. 27-28, 78, 133-34. See also ISAIF, ¶ 186.

80. "격렬한 투쟁 상황에서 부적절한 시기에 적에게 관대함을 베푸는 것만큼 잔인한 일은 없다." Trotsky, Vol. Three, p. 215.

81. Ibid., Vol. One, pp. 323-24.

82. Ibid., Vol. Two, p. 453.

83. Ibid., p. 306.

84. Ibid., Vol. Three, p. 166.

85. 제1장의 후주 26 참고.

86. Nissani, Chapt. 2, especially pp. 62-69. NEB (2003), Vol. 8, "nuclear winter," p. 821. Shukman, pp. 44-45. G. Johnson, pp. 126, 128-29.

87. 제3장의 규칙3; Alinsky, p. 113 ("힘은 조직으로부터 나온다… 힘과 조직은 동일한 것이다.") 참고.

88. 이는 레닌과 마르토프(Martov)의 논쟁의 본질이었다. Selznick, p. 57&n43. Stalin, History of the Communist Party, second chapter, Section 3, pp. 60-61. Ulam, p. 52&n5는 당 신문, 이스크라(Iskra) 통제에 대한 레닌의 반박이 훨씬 중요했다고 서술한다. 하지만 우리의 목적상 중요한 것은, 당 구성에 대한 레닌의 주장이 옳았던 것으로 밝혀졌다는 것이다.

89. 제3장, 파트3의 규칙4에 대한 논의를 참고.

90. Cf. Smelser, pp. 120-22, 313-325.

91. Trotsky, Vol. Three, p. 166.

92. Trotsky, Vol. Two, p. 311 ("힘은 수동적으로 투쟁을 회피할 때가 아니라, 적극적으로 투쟁할 때 축적된다.") 참고.

93. Mao, p. 161. 히틀러는 동의했을 것이다. Hoffer, §73 참고.

94. Selznick, p. 132, quoting from a Communist document.

95. Selznick, p. 49, quoting Lenin, "Where to Begin," in Collected Works, 1929 edition, Vol. 4, Book I, p. 114.

96. Fidel Castro, letter of Aug. 14, 1954, in Conte Agüero; quoted in Horowitz, pp. 62-63.

97. Stalin, Foundations of Leninism, pp. 116-17, quoted by Selznick, p. 35.

98. Sampson, p. 427.

99. Ibid., p. 50. See also pp. 403, 427 (만델라는 언제나 자신을 ANC의 "충성스럽고 규율 잡힌 조직원"으로 여겼다).

100. 제1장 파트3에서, 국가의 공식 지도자들의 실제 권력은 제한적이라는 사실을 지적했으며, 물론 다른 조직들의 지도자들도 이와 유사한 문제에 직면하게 된다. 따라서 반기술 조직 지도자들의 통제력이 어디까지 미칠 것인가라는 질문이 생긴다. 이런 어려운 주제를 두고 심각한 논의를 하지는 않겠다. 다만 우리의 반기술 혁명 조직은 국가 전체 또는 대기업만큼 통제 문제를 심하게 겪지 않으리라는 점만 지적하고자 한다. 한 가지 이유만을 들자면, 반기술 혁명 조직은 조직원들을 선별 모집했기 때문에 이념적으로 상당히 통일되어 있을 것이다. (위 구획14 참고.) 문제적인 조직원들을 비교적 쉽게 색출하고 추방할 수 있을 것이며, 의견을 달리하는 파벌이 등장할 경우 그들은 조직을 떠나 별도의 조직을 창설해야 한다(구획19 참고). 이는 조직 내부에서 발생하는 수많은 의지들의 투쟁을 상당히 줄여줄 것이다.

    훗날, 반기술 혁명가들이 대중 운동을 지도하게 된다면, 통제 문제가 정말로 심각해질 수 있다. (위에서 언급한 "7월 정국"의 사례를 기억해라. 볼셰비키는 시기에 맞지 않는 반란을 막기 위해 큰 대가를 치러야 했다. Trotsky, Vol. Two, pp. 1-84, 250-58 참고.) 한편으로는, 이 단계에서도 외부의 적과 격렬한 투쟁을 해야 한다는 사실로 인해 운동은 지도자들 하에 단결하게 될 것이며, 따라서 지도자들이 운동을 통제하기 수월해질 것이다.

볼셰비키와 나치 같은 잘 조직된 혁명 운동의 핵심부는 잘 유지되었던 것으로 보인다. 일반적으로 말하자면, 운동이 힘을 갖기 전에 지도자들의 통제를 잘 따랐다는 것이다. 그러나 일단 운동이 국가 전체를 지배하게 되자, 심각한 통제 문제가 실제로 발생했다. 제1장 파트3; 제3장 참고.

101. "어떠한 혁명 조직도 광범위한 민주주의를 실천하지 않았으며, 설령 실천하기를 간절히 원한다 하더라도 불가능하다." Lenin, "What Is to Be Done?," Chapt. IV, Part E; in Christman, p. 161; 그리고 그 다음 페이지의 영국 노동 조합들의 사례를 참고.

102. See Selznick, pp. 96-97&n17, 288n15.

103. See Schebesta, II. Band, I. Teil, p. 8; Turnbull, Forest People, pp. 110, 125, and Wayward Servants, pp. 27, 28, 42, 178-181, 183, 187, 228, 256, 274, 294, 300.

104. Trotsky, Vol. Two, p. 306.

105. Ibid., Vol. One, pp. 306-313.

106. NEB (2010), Vol. 22, "Lenin," pp. 933-34. 멘셰비키(Menshevik)의 맨셰(menshe, 작은)는 맨셰비키가 소수이고, 볼셰비키(Bolshevik)의 볼셰(bolshe, 큰)는 볼셰비키가 다수라는 의미를 함축하고 있지만, 실제로는 볼셰비키가 소수였다. Ibid., p. 933. Christman, editor's introduction, p. 6. 또한 Ulam, p. 50, 그리고 Lenin, "The State and Revolution," Chapt. IV, section 6; in Christman, p. 332 참고.

107. NEB (2010), Vol. 22, "Lenin," p. 934. 여기에는 "극소수를 제외하고 볼셰비키들은 전쟁에 찬성했다"라고 적혀있다. 따라서 이 사안에서 레닌을 따랐던 "가장 가까운 동지들"은 볼셰비키의 극히 일부였다. Ulam, pp. 126-28 참고.

108. NEB (2010), Vol. 22, "Lenin," p. 935.

109. Trotsky, Vol. One, pp. 298-312.

110. Ibid., Vol. Three, pp. 124-166.

111. Alinsky, pp. 60, 79.

112. Ibid., pp. 19, 105-06, 113-14, 117-19, 178, 194.

113. Trotsky, Vol. Three, p. 73.

114. Selznick, p. 39 (quoting Dimitrov, p. 124). 러시아 혁명 이후 볼셰비키는 그들의 이름을 "러시아 공산당(볼셰비키)"으로 바꾸었다. Selznick, p. 10n3은 1919년 이름을 바꾸었다고 말하고 있으나, 이는 잘못된 정보다. Ulam, p. 168&n8, Stalin, History of the Communist Party, seventh chapter, Section 7, p. 299와 다른 출처들은 1918년이었다고 말하고 있다. 그 후에도 이름을 몇 차례 더 바꾸었지만(Ulam, pp. 703-04, 732), 모든 이름에는 "공산당"이라는 단어가 들어가 있었다. 따라서, 여기서 우리가 사용하는

"공산주의자"라는 용어는 1918년 후의 볼셰비키와 그 추종자, 후계자들을 가리키는 것이다.

115. Cf. ISAIF, ¶ 141.

116. Trotsky, Vol. One, p. 294; Vol. Two, pp. 310-11; Vol. Three, p. 127, Appendix One, p. 376.

117. Ibid., Vol. Two, p. 312.

118. Ibid., Vol. Two, p. 320; Vol. Three, pp. 127-28.

119. Mao, p. 346 (editors' note at the foot of the page).

120. Mao, p. 397. See also p. 189.

121. Trotsky, Vol. Two, p. 251. See also Alinsky, p. 114.

122. 이 피상적인 설명은 서로 그다지 일관되지 않는 두 출처로부터 짜깁기한 것이다. Kendrick, pp. 237-39와 MacFadyen, Chapts. IV, V.

123. NEB (2003), Vol. 1, "Alfred," p. 260.

124. 전체 이야기는 Barrow, Duncan, 그리고 NEB (2003), Vol. 29, "United Kingdom," pp. 40-41, 120 참고. 존 바버(John Barbour)의 시는 역사적 정확성과는 거리가 멀지만, 편집자 Duncan은 방대한 주석을 통해 전설에서 사실을 추출하고 있다.

125. Barrow, pp. 154, 160-61, 164, 166-171. Barbour, Books 2, 3, in Duncan.

126. Barrow, p. 166.

127. Ibid., p. 187.

128. Ibid, p. 165.

129. Lidtke, pp. 77-81.

130. Ibid., p. 81.

131. Ibid., pp. 89-97.

132. Ibid., pp. 97-104.

133. Ibid., p. 185. 이 페이지의 수치를 p. 74의 수치와 비교해볼 것.

134. Mao, p. 307.

135. Ibid., p. 309n6 and pp. 177-78n3.

136. Sampson, p. 259.

137. Selznick, p. 10n3, pp. 103-04; NEB (2010), Vol. 22, "Lenin" pp. 933-34 참고.

138. Gilbert, European Powers, p. 25.

139. Radzinsky, p. 90 (해당 사건들을 직접 겪은 늙은 목격자를 인용).

140. Gilbert, loc. cit.

141. Trotsky, Vol. One, pp. 36-37.

142. Ibid., Vol. Two, pp. 1-84.

143. Ibid., pp. 250-58.

144. Ibid., p. 256.

145. Ibid., p. 258.

146. Radzinsky, p. 324.

147. Matthews, p. 95.

148. Ibid., p. 31.

149. Ibid., pp. 96-97.

150. 사례, Mao, pp. 476-78; Saney, pp. 19-20; Christman, editor's introduction, p. 4; Ulam, p. 293.

151. Duncan, p. 120 (editor's note to Barbour's Book 3).

152. 브루스의 주요 동기는 개인적 야망이었다는 사실은 다음으로부터 추론할 수 있다. Barrow, pp. Xii, 17-18, 33, 41-44, 84, 110, 121-22, 124, 141, 142-44, 146, 150, 174, 200, 202, 245, 254, 262, 313.

153. 잉글랜드인들에게 가해진 잔혹행위: Barrow, pp. 197, 236, 240, 243, 248, 254, 256, 262; 스코틀랜드인: pp. 174, 175-77, 181-82, 189, 190, 194, 256; 아일랜드인, p. 315. 또한 Duncan, loc. cit. and passim 참고.

154. See Kee, pp. 351-470.

155. See NEB (2003), Vol. 26, "Propaganda," pp. 176, 177.

156. Ibid., p. 176.

157. "레닌이 쓴 글들의 대부분은 그의 단체와 다른 단체들 사이에 선을 긋기 위한 것이었다… 그는 차이점을 예리하게 강조했다…" Selznick, p. 127. Lenin, "What Is to Be Done?," Chapt. I, section D; in Christman, pp. 69-70 참고.

158. ISAIF, ¶¶ 6-32, 213-230; Kaczynski, Letter to M.K.; Green Anarchy # 8, "Place the Blame Where It Belongs," p. 19; Kevin Tucker's letter to the editors of Anarchy: A Journal of Desire Armed # 62 (Fall-Winter 2006), pp. 72-73; 해당 저널 편집자에게 필자가 보낸 편지, # 63 (Spring-Summer 2007), pp. 81-82 참고.

159. Kaczynski, Preface to the First and Second Editions, points 3 & 4, and ISAIF, ¶¶ 213-230.

160. Matthews, p. 103.

161. "COINTELPRO"는 "방첩 프로그램(Counterintelligence Program)"의 약자이다. COINTELPRO에 대한 정보는 Select Committee to Study Governmental Operations With Respect to Intelligence Activities, Final Report, S. Rep. No. 755, Book II (Intelligence Activities and the Rights of Americans) and Book III (Supplementary Detailed Staff Reports on Intelligence Activities and the Rights of Americans), 94th Congress, Second Session (1976) 참고. 또한 Hobson v. Wilson, 737 F2d 1 (D.C. Cir. 1984) (this means Vol. 737, Federal Reporter, Second Series, p. 1, United States Court of Appeals for the District of Columbia Circuit, 1984) 참고.

162. Warrior Wind No. 2, pp. 1-2 (앤 아버, 미시간 대학교의 Special Collections Library 에서 찾을 수 있음). 밀고자는 선동 요원(agente provocatrice)이었을 수도 있다. Ibid.

163. Lipsher, pp. 1A, 25A. Lipsher의 글에는 이름 세 개를 언급한다. (Gerlach, Ferguson, Rodgers) 같은 이름이 Warrior Wind No. 2, pp. 5, 8에서도 언급된다.

164. Sampson, pp. 170, 171, 183, 245-47, 254, 258-260, 313-14, 387.

165. Kee, pp. 563, 648.

166. Matthews, pp. 102-03.

167. Guevara, 사례, p. 261.

168. Lidtke, p. 94.

169. Ibid., p. 93.

170. Ibid., p. 98.

171. Ulam, 사례, pp. 87, 95n16, 107, 114. Vassilyev에서 차르의 비밀경찰의 수법에 대한 흥미로운 정보를 확인할 수 있다.

172. Pipes, p. 25n2. Ulam, pp. 72-73.

173. Trotsky, Vol. One, p. 37.

174. Ulam, pp. 113, 114, 121, 123, 125&n19, 320. Pipes, pp. 24-25. 하지만, 어쩌면 레닌은 말리노프스키가 밀정이라는 사실을 알면서도, "그가 경찰보다는 볼셰비키를 더 많이 도와준다"고 생각해 그를 "내버려 뒀을" 수도 있다. Ibid.

175. Kaczynski, Letters to David Skrbina: Sept. 18, 2004, second paragraph; Jan. 3, 2005, Fifth point.

176. Mao, pp. 58-59, 61-62, 71-72, 77-80, 198-208. 마오쩌둥이 이 문단의 모든 내용을 명시적으로 언급한 것은 아니다. 하지만 그가 명시적으로 언급한 것으로부터 추론할 수 있다.

177. 이 모든 것은 셀즈닉의 저서의 주요 테마이다. 사례, pp. 66-67, 90, 118-19, 150-54, 171-72, 175, 189-190, 208-09, 212&n43 참고.

178. Cf. ibid., p. 19.

179. Ibid., pp. 126-28.

180. Ibid., p. 250.

181. Ibid., p. 319. 당연하지만, 급진적 환경주의 단체에서 활동하는 반기술주의자들은 반기술 조직의 목표와 충돌하지 않는 한에서만 급진적 환경주의자들의 목표를 도울 수 있다.

182. Sampson, pp. 210, 215, 242, 337, 491, 574. Azorín은 Sections XIV, XLV에서 정치적 지도력에서 평정심과 자제력의 중요함을 강조하고 있다.

183. Coon, p. 243 (emphasis added).

184. 사례, *The Week*, Oct. 8, 2010, p. 8, and April 13, 2012, p. 16 참고.

185. 사례: 카메라: *The Week*, Sept. 9, 2011, p. 14; *USA Today,* Jan. 4, 2013, p. 7A. 안면 인식: *The Economist*, July 30, 2011, p. 56. 드론: *Time*, Oct. 22, 2007, p. 17 and Nov. 28, 2011, pp. 66-67; *The Week*, Jan. 14, 2011, p. 20, March 4, 2011, p. 22, Dec. 23, 2011, p. 14, June 15, 2012, p. 11, and June 28, 2013, pp. 36-37; *The Economist*, April 2, 2011, p. 65; Wired, July 2012, pp. 100-111; Air & Space, Dec. 2012/Jan. 2013, pp. 32-39; Ripley, pp. 67-74. 생각을 읽는 기계: *The Economist,* Oct. 29, 2011, pp. 18, 93-94; *Time*, Nov. 28, 2011, p. 67; *The Week,* Feb. 17, 2012, p. 23; *USA Today,* April 23, 2014, p. 5A. 개별 시민들에 대한 대규모 정보 수집: *The Week*, Jan. 29, 2010, p. 14 and Sept. 17, 2010, p. 15; *USA Today,* Jan. 7, 2013, p. 6A. 에드워드 스노든이 폭로한 사실

들은 너무나 널리 알려져서 굳이 출처 기사를 언급할 필요가 없을 것 같지만, *USA To-day,* June 17, 2013, pp. 1A-2A를 언급하겠다. 그 외: *The Atlantic*, Nov. 2016, pp. 34-35. 여기서 언급한 것은 샘플에 불과하다. 누구든 감시 기술에 대해 조금만 조사해보면 무서운 사실들을 끝없이 찾아낼 수 있다.

186. 이를 "배제의 원칙(exclusionary rule)"이라고 한다. 실제로는, 연방법원은 보통 배제의 원칙을 적용하기 싫어하며, 예외 사례를 만드는 경향이 있다.

187. Russell (the entire book).

188. 사례, 1923년 루르(Ruhr)를 점령한 프랑스군은 시위대를 향한 기관총 사격으로 13명을 죽였다. Gilbert, *European Powers,* pp. 110-11. 하지만 같은 프랑스인들을 향해 쏜 것이 아니었다.

189. "New riot-control technology: The sound and the fury," *The Economist*, Aug. 13, 2011, p. 56.

190. 사례, "The BlackBerry riots," *The Economist,* Aug. 13, 2011, p. 52.

191. Milstein, pp. 40-47. Whittle, pp. 28-33. Markoff, "Pentagon Offers Robotics Prize," p. B4. *The Economist,* April 2, 2011, p. 65. *National Geographic*, Aug. 2011, pp. 82-83. *Time*, Jan. 9, 2012, p. 30. Cf. Kaczynski, Letter to David Skrbina: March 17, 2005, Part III.D.

192. 사례: Acohido, "Hactivist group," p. 1B. Acohido & Eisler, p. 5A. *The Week*, Feb. 18, 2011, p. 6. *The Economist*, March 19, 2011, pp. 89-90; Dec. 10, 2011, p. 34. *USA Today,* June 1, 2011, p. 2A; June 11, 2012, p. 1A; July 2, 2015, p. 3B; Nov. 13-15, 2015, p. 1A. Ripley, pp. 70, 72.

제1장 보충

A

제1장에서 지적한 문제들에 대해 참된 기술성애자 레이 커즈와일Ray Kurzweil과 케빈 켈리Kevin Kelly는 아마 이렇게 대답할 것이다. "기술이 그 문제들을 전부 해결할 것입니다! 인류는 점진적으로 인간-기계 잡종으로 변할 것이고, 더 나아가 순수한 기계로 변할 것이고, 그 기계들은 그들의 조상, 인류와는 비교할 수 없을 정도로 똑똑할 것입니다.[1] 미래의 기계들 은 초인적 지능과 미래 기술의 기적을 사용해 사회 발전을 합리적으로 지 도할 수 있을 것입니다." 하지만 제1장에서 제시된 논점들은 아래에서 논 할 단 한가지를 제외하고는 인간 지능의 한계나 인간의 결함과는 별개로 존재한다. 따라서 커즈와일의 예측처럼 인간이 점진적으로 기계로 대체 되어 등장한 사회에서도, 이 논점들은 여전히 유효할 것이다.

B

기술성애자들이 사회가 미래 기술의 기적을 이용해 유의미한 기간 에 걸쳐 자신의 발전을 예측할 수 있으리라는 무모한 주장을 하지는 않 을 것이다. 하지만 일부 기술성애자들은 "인위적 개입의 단기적 효과"만 예측할 수 있으면, 현대적 수학 모델을 통해 복잡계를 장기적으로 통제 할 수 있다고 주장할 수도 있다. 물론 그 효과는 "가능한 모든 환경 조건

에서… 정확하게" 예측될 수 있어야 한다.2 하지만 통제 이론control theory
에서 다루는 "복잡"계는 "많은 인원들의 노력과 컴퓨터 같은 특수한 기
술 장비가 필요한" 체계이며3 그러한 "복잡"계의 사례로는 "우주선 발사
대, 24시간 작동하는 발전소, 정유시설, 화학공장, 대형 공항에서의 항공
교통 통제"가 있다.4 지금 우리는 완전히 다른 차원의 복잡성을 다루고
있으며 하나의 발전소, 정유시설, 화학공장은 현대 사회 전체에 비하면
극도로 단순하다.

사실, 통제 이론5에 대한 브리태니커 백과사전의 서술을 주의깊게 읽
어보면, 사회 전체의 합리적 통제 가능성은 희박하다는 것을 알 수 있다.
여기서는 무엇보다도, 통제 이론은 일반적으로 "오직 수학 모델을 통해
정확하게 묘사할 수 있는 구체적 상황에만 적용"할 수 있으며, "통제되는
시스템의 실제 행동과 유효 모델이 일치"하는 경우에만 적용할 수 있다.6
인간 사회 전체를 통제하려면 무엇보다도 인간, 또는 사이보그나 인간으
로부터 비롯된 기계의 행동에 대한 정확한 수학 모델이 필요하다. 커즈
와일의 전망에 따르면 사이보그와 기계들은 인간보다 훨씬 더 복잡할 것
이다. 특수한 맥락에서는 인간 행동에 대한 통계적 정보만으로도 적절한
모델을 만들 수 있을 것이다. 예를 들어, 마케팅에서 개인의 행동은 중요
하지 않을 수도 있으며, 특정 상황에 주어진 상품을 몇 퍼센트의 소비자
들이 구매할 것인가에 대한 정보만 있으면 될 수도 있다. 하지만 전체 사
회를 통제하려면 인간이든 기계인간이든 수많은 개인들의 행동에 대한
정확한 수학 모델이 필요할 것이다. 적어도 정치인, 고위 관료, 장교, 기업
가 같은 특별히 중요한 지위를 차지하고 있는 개인들에 대한 모델이 필요
할 것이고, 이 개인들의 행동은 전체 사회와 지속적으로 상호작용하며 사

회에 중대한 영향을 미친다.

그래도 우리 사회 전체에 대한 정확한 수학 모델을 실제로 구성할 수 있다는 극도로 대담한 가정을 해보자. 그럼에도 불구하고, 그 모델에 연관된 수 조兆개의 수 조개의 수 조 개의 연립 방정식들을 다룰 수 있는 충분한 계산력을 확보한다는 것은 대단히 비현실적이다. 제1장 파트2에서 지적한 것을 기억하라. 미국과 국제 사회의 다른 요소들을 모두 제외하고, 오직 미국 경제 내의 물가만을 계산하는데도 60조 개의 방정식이 필요하다. 설령 미래 사회가 현재 사회를 통제하기에 충분한 계산력을 갖게 된다 하더라도, 사회의 복잡도는 그 계산력과 함께 증가할 것이기 때문에 여전히 자신의 발전을 통제하기에는 부족할 것이다. 마지막으로 설령 충분한 계산력이 있다 하더라도, 방정식에 입력할 숫자에 필요한 엄청난 양의 대단히 자세하고 정확한 정보를 매 순간마다 수집하는 것은 불가능할 것이다.

그러므로 어떤 사회도 사회를 영원히 고정된 방향으로 발전시킬 수학적 통제 체계를 갖출 수 없을 것이라고 결론내려도 좋다. 그럼에도 불구하고, 참된 기술성애자들에게 최대한 관용을 베풀어주자. 그들에게 불가능을 허락하고, 그러한 통제 시스템을 성공적으로 설계할 수 있다고 가정하자. 이런 가정 하에서도 여전히 근본적인 어려움과 맞닥뜨리게 된다. 사회를 고정된 방향으로 발전하도록 유지시킬 통제 체계가 추구해야 할 목표를 누가 결정할 것인가? 그리고 사회의 발전은 어떤 방향으로 고정되어야 하는가? 그리고 어떻게 사회로 하여금 그 통제 체계와 선택된 발전 방향을 받아들이도록 할 것인가? 다수 대중으로부터 지지를 받으려면 그 통제 체계는 모두를 만족시키려다가 아무도 만족시키지 못하는 타협책이 되어야할 것이다. 현실적으로 그러한 타협책이 대중에게 받아들여질 일은 결코 없을 것이므로 독재 권력을 얻은 전체주의적 파벌만이 통제 체계를 강제로 집행시킬 수 있을 것이다. 그런 일이 벌어진다면, 시민들이여 주의하라! 더 나아가 어떤 집단이 그들의 해결책을 사회에 강요할 수 있을 만큼 강해진다면, 내부 권력 투쟁에 의해 쪼개질 것이다. 제2장 파트2의 벤자민 프랭클린의 인용문과 부록2의 파트C를 참고.

미래 사회가 합리적으로 결정되고 설계된 수학적 통제 체계를 통해 관리되리라는 발상은 공상과학으로 일축해도 괜찮다.

C

제1장 파트5에서 검토 후 폐기한 발상, 절대적 철인왕을 다시 한번 살펴보자. 그러한 철인왕이 사회 발전을 합리적으로 통제할 수 있으리라는 발상을 하려면 대단히 비현실적인 가정들을 해야 했다. 그리고 설령 그 비현실적인 가정들을 받아 들이더라도, 여전히 근본적인 문제와 맞닥뜨리게 된다고 지적했다. 누가 납득할만한 철인왕을 선택할 것이며 어떻게 그에게 절대 권력을 줄 것인가? 그리고 승계의 문제, 첫 번째 철인왕이 죽었을 때, 어떻게 모종의 안정된 영구적인 가치 체계에 따라 사회를 다스릴 유능하고 양심적인 철인왕들을 오랜 기간 계승해나갈 것인가?

기술성애자들은 두 번째 문제에 대한 답변을 갖고 있을 것이다. 기술성애자들은 미래에는 생명공학을 이용해 노화를 영원히 멈추는 것이 가능하다고 주장할 것이다.[7] 그러므로 우리의 철인왕은 불멸할 것이며 후계자 문제는 절대 발생하지 않을 것이다. 하지만 사람은 시간이 흐르면 변하기 마련이며, 우리의 철인왕 역시 변할 것이기 때문에 여전히 사회 발전을 합리적으로 통제할 수 없다. 철인왕의 결정은 그가 살고 있는 사회에 예상치 못한 영향을 줄 것이며, 사회 변화는 철인왕의 목표와 가치에 예상치 못한 영향을 줄 것이므로 장기적인 사회 발전은 안정된 가치 체계를 따르지 않고 예측할 수 없는 방향으로 떠돌게될 것이다.

이 지점에서, 그리고 오직 이 지점에서만 인간과 지적인 기계와의 차이가 의미를 갖는다. 기술성애자들은 고정된 가치 체계가 탑재된 슈퍼컴퓨터를 철인왕으로 옹립하자고 제안할 수도 있다. 설령 그러한 컴퓨터를 만들 수 있고 그 컴퓨터가 내적으로 안정적이라고 가정해도, 여전히 근본적인 어려움을 마주하게 된다. 그 전자 철인왕에 어떤 가치를 탑재할지 누가 결정할 것인가? 그리고 전자 철인왕에게 어떻게 절대 권력을 줄 것인가? 이는 제1장 파트5에서 논한 어떻게 인간 철인왕을 고를지, 그리고 어떻게 그에게 절대 권력을 줄 것인가에 대한 질문, 또는 이 부록의 파트B에서 논한 어떻게 수학적 통제 체계를 고를 것이며 어떻게 사회가 그 지배를 받아들이도록 할 것인가에 대한 질문만큼이나 대답하기 어려운 질문이다.

그리고 만족스러운 가치 체계를 설계하는 것은 불가능할 것이다. 가치 체계가 지나치게 구체적이고 엄밀해서 전자 철인왕의 가치 판단이 개입할 여지가 없다면 그 결과는 언제나 불만족스러울 것이다. 이 사실은 미국 헌법을 공부해 본 사람들에게는 분명할 것이다. 법원이 내린 결정 규칙은 법관이 의존해야 하는 모호한 "비교 형량balancing test"과 불분명한 "요소factor"로 가득하다. 두 명의 법관이 동일한 사건에 동일한 "비교 형량"과 "요소"를 적용해 완전히 다른 결론에 도달하는 경우가 많으므로 미국 항소법원과 연방대법원의 공개된 결정문에서는 수많은 반대 의견들을 찾을 수 있다. 결정 규칙이 그토록 모호하고 유연한 이유는 모든 사안에 대해 만족스러운 결과를 내놓을 수 있는 구체적이고 엄밀한 원칙을 설계하는 것이 불가능하기 때문이다. 법원이 엄밀한 원칙들을 따른다면, 법원은 사실상 모두가 비합리적이라고 생각할 결정들을 내리게 될 것이기 때문이다.

반면에 전자 철인왕에게 탑재된 가치 체계가 모호하고 유연해서 전자 철인왕의 가치 판단이 개입할 여지가 있다면, 가치 체계 도입의 원래 목표였던 안정성을 잃게 될 것이다. 원칙들이 모호하고 유연하면, 거의 모든 결정들을 정당화할 수 있기 때문에 동일한 원칙들과 조화를 이루는 두 개의 결정이 현실에서는 급진적으로 다른 결과를 가져올 수 있다. 이역시 미국 연방법원의 다수 의견에 대한 반대 의견에서 확인할 수 있다.

그러므로 설령 다른 문제점들을 전부 제외하더라도, 그 가치 체계가 조금이라도 납득할만한 결과를 줄 것으로 기대한다면, 만족스러운 가치 체계를 설계할 수 없다는 사실 하나만으로도 미래 사회가 안정적이고 영구적인 가치 체계가 탑재된 슈퍼컴퓨터의 통제를 받으리라는 발상을 공상과학으로 일축하기에 충분하다.

D

독자들은 왜 이런 공상과학적 발상을 굳이 반박하는지 궁금할 수도 있을 것이다. 하지만 오늘날 우리 사회가 마주하고 있는 문제들에 대해서 기술성애자들은 대부분의 사람들에게 공상과학으로 보일 미래적 해결책을 제안할 가능성이 높다. 예를 들어, 레이 커즈와일의 책은 그런 내용으로 가득하고, 그 내용 대부분이 실제로 공상 과학이다. 그럼에도 불구하고, 미래의 기술에 대한 전망들을 그저 애매한 직관을 근거로 비현실적이라고 일축하는 것은 항상 위험하다. 산업 혁명 초기, 그리고 고작 수십 년 전에 비현실적으로 보였던 것들이 오늘날에는 전혀 비현실적이지 않다. 하나의 사례를 들자면, 아직 무어의 법칙이 등장하지 않았던 1950년대, 아마 대부분의 컴퓨터 과학자들을 포함해 대부분의 사람들은 50년 후에 모든 철수, 영희, 민수의 무릎 위에 1950년대의 방을 가득 채우는 수백만 달러짜리 컴퓨터보다 더 강력하고 가벼운 컴퓨터가 있으리라는 예상을 비현실적이라고 일축했을 것이다. 미래적인 제안들은 비판적으로 검증되어야 하며 오직 공상과학으로 일축할 근거가 충분히 있는 경우에만 공상과학으로 일축해야한다.

그러나 미래에 그 어떤 환상적인 기술이 등장해도, 우리는 사회 발전이 합리적 지도의 대상이 될 수 있으리라는 발상을 공상과학으로 일축할 충분한 근거들이 있다고 생각한다.

미주

1. Kurzweil, e.g., pp. 194-203, 307-311, 324-26, 374-77,472.
2. NEB (2003), Vol. 25, "Optimization, Mathematical Theory of," p. 224.
3. Ibid., p. 223.
4. Ibid., p. 224.
5. Ibid., pp. 223-26.
6. Ibid., p. 224.
7. E.g., "Mr. Immortality," *The Week*, Nov. 16, 2007, pp. 52-53; Grossman, pp. 46-47; Kurzweil, pp. 9, 212-15,371.

부록2

제2장 보충

A

제2장의 전제2는 단기적으로, 자연선택은 장기적 결과에 거의 신경 쓰지 않고 단기적 이익을 추구하는 자기증식 체제를 선호한다고 말한다.

• 스티븐 르블랑Steven LeBlanc [1]은 원시사회에서 자연선택은 무차별 적으로 환경을 파괴하는 집단을 선호했다고 주장한다. 주어진 환경을 신중하게 아끼는 집단이 있다고 가정하자. 반면에 이웃 집단은 환경이 감당하지 못할 정도로 인구를 늘려, 더 이상 집단의 존속이 불가능할 정도로 환경을 심하게 파괴했다고 가정하자. 과도한 인구를 유지하려고 두 번째 집단은 첫 번째 집단의 영토를 강제로 뺏고자 할 수도 있다. 그리고 이런 시도는 성공할 가능성이 높은데, 두 번째 집단이 첫 번째 집단보다 더 많은 전사들을 동원할 수 있기 때문이다. "사회들 사이에는 적자생존이라는 진화론적 경쟁이 작동한다. 두 집단 중 '적자'에 해당하는 집단은 생태적 집단이 아니라, 더 빠르게 성장한 집단임을 주목하라."[2] 르블랑은 자신의 주장이 지나치게 단순하다는 점을 인정한다.[3] 물론 이 주장이 모든 상황에 적용되지는 않겠지만, 어느 정도 진실인 것으로 보인다.

• 1920년대 소련은 서방 세계의 경제력을 따라잡기 위해 기술 장비들이 필요했다. 그래서 서구 자본가들과 거래했다.[4] 얼핏 생각하기에 자본가들은 공산주의자들과의 거래를 거부했어야 마땅했다. 공산주의자

들은 자본주의를 파괴하고자 하기 때문이다. 그러나 자본가들은 이익을 얻기 위해 거래에 응했다. 이를 두고 레닌은 "그들은 자기 목을 매달 밧줄을 팔았다."[5]고 말했다고 전해진다. 1971년, 알린스키는 "부자들은 토요일에 일어날 혁명에 투자해 일요일에 큰 이익을 얻을 수 있다면, 다음 주 월요일에 사형당한다 하더라도 금요일에 투자할 것이다."라고 '자신있게' 주장했다.[6] 알린스키는 농담조로 과장했지만, 그의 발언은 자본주의의 진실을 보여준다. 자본가들의 근시안을 "탐욕"으로 간주하기 쉽지만, 자본가들의 탐욕이 강한데는 이유가 있다. 장기적 결과를 고려해 현재의 이익을 포기하는 자본가들은 자연선택에 의해 제거된다.

- 2007년에 시작된 미국 금융 위기는 상환능력이 없는 사람들에게 주택 구매 비용을 광범위하게 대출 "서브프라임" 해준 결과 발생했다.[7] 저축대부조합Savings and loan association 같은 대출기관들은 서브프라임 모기지를 다른 금융기관에 팔았다. 금융기관들은 다시 다른 기관에 이를 팔았고, 같은 일이 계속 반복되었다. 그 과정은 여기서 설명하기에는 너무 복잡하다. 서브프라임 모기지 시장의 수익성은 대단히 높고 중요해서 정부지원기관 패니 매Fannie Mae 조차도 서브프라임 모기지를 거래하지 않을 경우 "시장에 발생할 위험"[8]을 두려워했다. 패니 매는 굉장히 크고 강했기에 서브프라임 모기지 시장에 참여하지 않았더라도 무사했을 것이다. 그러나 수많은 소규모 민간 금융기업들은 서브프라임 모기지의 수익 없이는 경쟁에서 살아남기 힘들었을 것이다. 하지만, 서브프라임 모기지에서 수익을 취한 기업들은 부동산 버블이 붕괴할 때 큰 대가를 치루게 될 것이었다. 거대 정부지원기관 패니 매Fannie Mae와 프레디 맥Freddie Mac 조차 무너졌고, 정부의 구제를 받아야 했다.[9] 당연히 수많은 소규모 민간 금

융 기업들도 파산했다.[10] 경쟁의 압박이 기업들로 하여금 미래에 치명적인 결과를 가져올 위험을 부담하도록 강제했던 것으로 보인다. 당연히 탐욕도 기여했겠지만, 앞서 지적한 바 탐욕스럽지 않은 자본가들은 자연선택에 의해 제거되는 경향이 있다.

• 현대에는 국제 무역이 국가의 경제에 대단히 중요하다.[11] 국제 무역 없이 경제적으로 살아남을 수 있는 국가는 없다고 주장하는 사람도 있다.[12] 그러나 장기적으로 국제 무역은 심각한 위험을 수반한다.

> 국제 무역 의존도가 높은 국가는 장래에 심각한 곤경에 처할 수도 있다. 국가 산업이 부분적으로 수입과 고용을 수출 시장에 의존하게 된다. 해외 시장과의 단절은… 극도로 심각한 문제를 일으킬 것이다. 그럼에도 불구하고 국내 정부는 이런 상황을 통제할 수 없다. 마찬가지로 국내 산업의 또 다른 부분은 석유 같은 원자재 수입에 의존하게 될 수도 있다. 이러한 수입이 끊어질 경우 대단히 심각한 결과가 발생할 것이다.[13]

공산품 수입 의존 역시 위험할 수 있다.[14]

제1차세계대전 당시 독일의 국제 무역 의존이 독일의 결정적 패배 요인이었을 수도 있다. 영국의 독일 무역봉쇄는 너무나 효과적이어서 제1차세계대전 말기 독일은 극심한 기아에 시달렸다.[15] 다른 한편으로는, 영국의 국제 무역 의존은 제1차세계대전이나 제2차세계대전을 독일의 승리로 이끌었을 수도 있다. 미국의 도움을 통해 독일의 잠수함 작전을 분쇄하지 못했다면, 영국은 굶주림에 항복할 수밖에 없었을 것이다.[16] 그러므로 여기서 알 수 있는 것은 국제 무역 의존이 장기적으로 치명적인 결과로 이어질 수 있음에도, 단기적인 경제적 생존을 위해 국가는 이에 의존할 수밖에 없다는 것이다.

• 현재 미국은 선진국들 중 천연자원을 "가장 심하게 낭비하는 국가"로 여겨지고 있다.[17] 미국사를 통틀어 미국은 언제나 그래왔다. 식민지 시대, 미국식 농장은 유럽식 농장에 비해 대단히 낭비가 심한 것으로 여겨졌다.[18] 그리고 치머만은 1860년대와 1870년대, 네바다의 전설적인 컴스탁 광맥Comstock Lode이 20년 만에 고갈되었음을 지적한다. 반면에, 이런 광맥이 유럽에 있었더라면 수 세기 동안 수천명의 광부들의 생계가 되어주었으리라고 치머만은 말한다.[19] 이는 아마 그 시대 미국 광업계의 일반적 관례였을 것이다. 그러나 미국은 그토록 자신의 천연자원을 낭비했음에도 불구하고 세계 경제의 지배자가 될 수 있었다. 그리고 지금 미국의 패권에 도전하고 있는 중국은, 그 무책임한 환경파괴 행위로 악명높다.[20] 이러한 사례들이 보여주는 바, 무차별적인 천연자원 착취가 장기적으로는 치명적 결과를 가져오더라도, 단기적으로는 권력을 줄 수 있다.

B

제2장 파트2는 전제 4와 전제5 와 관련하여, 전근대 제국들이 "고속 장거리 이동, 통신 수단들을 갖추고 있었거나, 적극적으로 발명했다"고 언급했다.

이집트에게는 나일 강이 있었다. 로마는 지중해와 강을 이용한 해상 경로에 상당히 의존했으며,[21] 육지에서는 그 유명한 도로를 건설했다. 페르시아는 지중해와 홍해를 연결하는 운하를 건설했고 1600마일에 걸친 "페르시아 왕도Royal Road"의 우편 중계소들을 통해 빠르게 편지를 교환

할 수 있었다.[22] 중국 왕조들은 그 역사를 통틀어 운하, 도로, 다리들을 건설, 유지했고 우편 중계소들을 운영했다.[23] 징기스 칸의 몽골 제국은 "전서구를 사용"했고, 배달부가 최대 속력을 유지할 수 있도록 곳곳에 중계소를 설치해 "광범위한 우편망"을 갖추었다.[24]

잉카는 도로와 다리를 이용해 배달부들이 빠르게 달릴 수 있도록 했으며 화물은 인간 짐꾼이나 라마를 이용해 수송했다.[25] 마야는 넓은 지역에 걸친 제국을 만들지 못했는데, 장거리 이동, 통신 시설의 부재가 이와 관련 있을 것이다.[26] 아즈텍의 장거리 통신 체계는 원시적이었으며 편지는 배달부들을 통해 전달했다.[27] 그러나 배달부들을 위한 적절한 도로 체계가 없었고, 어떤 경로들은 우기에는 사용할 수 없었다.[28] 그러므로 아즈텍 "제국"이 대단히 느슨한 제국이었다는 것은 놀랍지 않다. 아즈텍을 제국이라고 부를 수 있기나 하다면 말이다. 아즈텍은 피정복민들에게 세금을 강제하고, 군사원정에 필요한 군사력, 건설 계획에 필요한 노동력을 강요했지만, 다른 측면에서는 중앙화된 통제가 거의 존재하지 않았다.[29] 아즈텍 "제국"의 강역이 아즈텍인들의 이동, 통신 수단으로 가능한 최대치에 도달했던 시기의 아즈텍은 대단히 불안정했는데,[30] 반란이 자주 발생했다.[31]

C

일반적으로 대규모 인간 집단의 내부 갈등은 그 집단에 가해지는 외부 위협의 크기에 반비례한다는 것은 명확해 보이며, 외부 위협이 크게 감소하면 내부 갈등이 증가하는 경향이 있다. "사회과학자 마이클 데쉬 Michael Desch는… 외부 위협은 내부 단결로 이어지고, 외부 위협이 사라지면 분열하게 되는데, 가끔씩 폭력적으로 분열되기도 한다는 사실을 발견했다.”[32] 당연히 이는 데쉬가 처음으로 발견한 것이 아니지만, 현실 역사의 복잡성으로 인해 이를 보여주는 “명확한” 역사적 사례는 드물다. 제2장 후주7 참고. 하지만 여기서 네 개의 비교적 명확한 사례들을 제시하겠다.

• 로마 사상가들은 일반적으로 130 BC의 전쟁들이 중단되자 로마 공화국이 내부 갈등에 빠진 것으로 보았다.[33] 브리태니커 백과사전은 확신하지 못하는 것으로 보이지만, 외부 위협의 감소가 로마의 내부 분열에 아무런 영향도 주지 않았으리라고 믿기는 힘들다.

• “1829년 경, 탐피코 부근에 스페인 군대가 상륙하자 멕시코인들은 단결했으며 용감한 장군 산타 안나Santa Anna는… 침략자들을 패퇴시켰다. 이 승리는 한동안 멕시코인들의 국가적 자신감을 고취시켰으나, 멕시코를 단결시켰던 외부 위협이 사라지자… 새로운 내부 갈등이 그 추악한 얼굴을 드러냈다.”[34]

• 1783년 미국 독립 전쟁 후 영국에 의한 외부 위협이 사라지자 “미국은 분열하기 시작했다. … 주들은 서로를 상대로 관세장벽을 세웠으며 자기들끼리 다투기 시작했다.…” 이런 이유로 종전 직후 존 애덤스는 미국에서 “분열의 위험”을 없애려면 외부의 적이 필요하다고 적었다.[35]

• 독일의 패배가 명백해진 제2차세계대전 후반, “영미 연합군은 2년 6개월 동안 철저히 단결했지만, 적의 위세가 약해지자 심한 갈등을 빚기 시작했다. … 1944년 6월 21일~7월 1일 모루 작전Operation Anvil에 대한 합동참모본부 내부의 의견 충돌은 유례 없이 극심했다. … 모루 작전의 불화는 새로운 패턴의 시작이었다. 그 전에는 미국과 영국의 합동참모본부

가 중대한 사안을 두고 충돌하는 경우가 거의 없었다."[36]

추가 사례들은 제3장의 후주 164와 비너Beehner의 글을 참고할 것.[37]

D

제2장의 파트2에서 우리는 지배적 자기증식 체제들에게 도전하는 자기증식 체제들의 발생을 논했다. 그곳에서는 공식적/비공식적 인간 조직들의 사례들만을 살펴보았지만, 세계적 자기증식 체제들에게 도전하는 자기증식 체제는 생물학적 차원에서 발생하기도 한다. 새로운 환경에서 걷잡을 수 없이 증가하는 침입종들[38]과 에이즈와 라임병 같은 새로운 전염병들은 치료, 예방 수단보다 더 빠르게 나타나며[39] 잘 통제되고 있던 기존의 전염성 세균이 항생제 내성균으로 진화하고 치료 불가능한 질병을 유발하는 경우도 있다.[40]

그러나 장기적으로 이러한 자기증식 체제들보다는 유전공학 등 인간 행동을 통해 의도적/비의도적으로 등장한 생물학적 자기증식 체제들이 지배적 자기증식 체제들을 훨씬 심각하게 위협할 것이다. 어지간히 순진한 사람이 아니고서야 인간이 조작한 생명체들이 언제나 안전하게 통제되리라고 믿지는 않을 것이다. 사실 이미 그러한 생명체가 통제를 벗어나거나, 연구시설을 탈출한 사례들이 있다.[41] 예를 들어, 유럽 벌과 아프리카 벌을 결합해 만들어진 "살인 벌"이 브라질의 연구시설을 탈출해 남아메리카와 미국으로 퍼져나갔고, 수백 명의 사람들을 죽였다.[42] 생물학 연구시설들의 안전 수칙은 형편없기 때문에 이보다 훨씬, 훨씬 심각한 일이 언제라도 터질 수 있다.[43]

아직까지는 인간의 의도적 개입을 통해 등장한 생물학적 자기증식 체제가 지배적 자기증식 체제들의 생존을 위협한 바가 없다는 것은 사실이다. 그러나 오늘날의 생명공학은 수십 년 후의 생명공학과 비교하면 아직도 초기에 불과하다. 인간이 생물학에 깊게 개입할수록, 재앙이 발생할 가능성은 지속적으로 증가하며, 그러한 개입을 가능케 하는 기술 장비들이 남아있는 이상, 그런 위험을 제대로 통제할 방법은 없다. 소규모 아마추어 집단들이 이미 유전공학을 건드리고 있으며[44] 이 아마추어들은 인조 생명체나 대단히 정교한 무언가를 만들지 않아도 참사를 일으킬 수 있다. 기존 생명체의 유전자 몇 개를 바꾸기만 해도 재앙을 일으킬 수 있다. 한번의 시도로 재앙이 발생할 가능성은 작겠지만, 잠재적으로 미생물의 유전자를 만지작거릴 수천~수백만 명의 아마추어들이 있다. 작은 위험이 수천, 수백만 번 쌓이면 거대한 위험이 된다. 그리고 지금 값싸게, 빠르게, 손쉽게 유전자를 편집할 수 있는 강력한 신기술들이 등장하고 있으므로 이 위험도 빠르게 증가하고 있다.[45]

어떤 사람들은 미래에 미시적"나노기술적" 비생물 자기증식 체제가 걷잡을 수 없이 증식해 전 세계에 재앙을 가져 올 수도 있다고 생각하며,[46] 어떤 이들은 거시적 자기증식 로봇이 등장할 것이라고 주장한다. 그리고 레이 커즈와일 같은 광적인 기술성애자도 그러한 기계들이 인간의 통제를 벗어날 것이라고 생각한다.[47] 필자에게는 이런 예측들이 현실적인지, 공상과학적인지 판단할 전문지식이 없지만, 오늘의 공상과학이 내일의 현실로 다가오는 일이 흔히 벌어진다.

짧은 시간에 수억 개로 증식할 수 있는 그 능력 때문에 미시적 자기증식 체제는 그것이 생물이든 비생물이든 세계적 자기증식 체제에게 특히 위험할 수도 있다. 반면에, 인간 자기증식 체제들이 더 위험한 것으로 밝혀질 수도 있는데, 이는 인간의 지성 뿐만 아니라 그들이 세계적 자기 증식 체제들의 하위 체제로서 존재하며 상위 체제를 망가뜨릴 수 있기 때문이다. 그러나 여기까지 들어가면 지나치게 많은 추측을 하게 되므로 이 쯤에서 그만 두겠다.

E

제2장의 파트2에서, 개체 수가 비교적 적을 때는 생존에 적합한 다원적 의미에서의 "적자"를 만드는 자연선택이 비효과적이라고 주장했다. 사례는 다음과 같다.

정부기관과 국영기업들은 민간기업에 비해 비효율적인 것으로 악명이 높다. 그 원인은 확실한데, 정부기관과 국영기업들 사이에는 자연선택이 작동하지 않기 때문이다. 정부 통제 하의 기관과 기업이 비효율적인 것으로 밝혀진다면, 정부는 이를 고치거나 돈을 공급해 붕괴를 막으려 한다. 정부가 그런 기관, 기업들을 자연스럽게 죽도록 내버려 두는 경우는 별로 없는 반면, 비효율적인 민간기업은 자연선택을 통해 제거된다.[48]

마치 생명체들처럼, 자연선택을 통해 민간기업들은 인간이 이해, 통제, 인식할 수 없을 정도로 정교한 메커니즘을 갖게 된 것으로 보인다. 경영학자들은 성공적인 기업들의 메커니즘을 잘 이해하고 있지만 그 메커니즘을 완벽하게 이해하지는 못한 것이 분명하다. 경영학자들이 민간기업의 효율성을 가능케 하는 원칙들을 완벽하게 이해하고 있었다면, 정부기관이나 국영기업들은 같은 원칙을 적용해 동일한 효율성을 낼 수 있었을 것이다. 정부기관들과 국영기업들이 알려진 경영학 원칙들을 자신에게 적용하기는 하지만 그럼에도 불구하고 그들은 민간기업들보다 훨씬

비효율적이다. 기업을 효율적으로 만들어주는 무언가는 인간의 인식과 통제 너머에 있기 때문이다.[49]

정부 하의 기관, 국영기업들 사이에는 자연선택이 작동하지 않지만 정부들과 국가들 사이에는 자연선택이 작동한다. 예를 들어, 공산권 국가들이 서구와의 경쟁에서 패배했을 때, 공산권 국가들은 자신의 정부와 경제 체제를 서구의 정부와 경제 체제를 모방해 급격하게 변형시켰다. 소비에트 연방은 붕괴했고, 그 파편 속에서 새로운 국가들과 정부들이 탄생했다. 그렇다면 자연선택이 국가의 정부, 정부기관, 국영기업들을 민간기업들만큼 활기차고 효율적으로 만들지 못하는 이유는 무엇인가?

자본주의 체제 하에는 수천 개의 기업들이 있기 마련이다. 신생 기업들이 계속해서 등장하고, 오래된 기업들은 파산하거나, 더 강한 기업에 합병되거나, 여러 개의 기업으로 쪼개진다. 많은 기업들이 유동적으로 형성되거나 제거되므로 자연선택이 작동할 여지가 많다. 그러나 국가는 전 세계에 걸쳐 200여개에 불과하며 새로운 국가의 탄생과 낡은 국가의 죽음은 흔한 일이 아니다. 마찬가지로 기존의 정부가 새로운 형태의 정부로 교체되는 경우도 드물기 때문에 국가들과 정부들 사이에는 자연선택이 작동할 여지가 적다. 우리는 정부와 정부기관, 국영기업들이 민간기업들과 같은 수준의 효율성을 진화시키지 못한 이유를 자연선택으로 설명할 수 있다고 생각한다.

F

사람들이 사회 발전에 대해 갖고 있는 가장 심한 착각은 마치 인간의 자유의지가 사회 조직 구조의 바깥에 존재하며, 그 구조와 별개로 작동할 수 있는 것처럼 인간이 자유의지를 이용해 집단적 결정을 내리고 그 결정을 사회에 적용할 수 있다는 생각이다. 실제로는 인간의 자유의지는 상당 부분 사회 조직 구조의 결과물이다.[50] 조직의 성공을 결정하는 가장 중요한 요소는 인간을 관리하는 능력 즉, 조직의 필요에 맞게 사람들의 생각과 행동을 유도하는 능력이다.

몇몇 인간 관리 기술들은 "외부적"이라고 묘사되는데, 그 기술들이 조직 내부가 아니라 조직 외부에 있는 사람들의 생각과 행동에 영향을 주는 데 사용된다는 뜻이다. 외부적 기술들은 프로파간다[51]와 대중홍보 기술을 포함하며, 프로파간다와 대중홍보 기술들은 조직원들의 행동을 관리하기 위해 조직 내부에도 적용할 수 있다. 어떤 기술들은 정확히 내부를 겨냥해 설계되었다. 경영대학원들은 "조직행동론Organizational Behavior" 이라는 과목을 가르치며, 이 분야는 조직이 자신의 조직원들을 관리하는 기술들을 연구한다.[52] 조직원이 될 사람을 고르는 기술 역시 중요하다.[53]

그러나 우리는 조직의 인간 관리 능력은 기술, 즉 인간이 이해하고 의도적으로 적용할 수 있는 수단에만 한정되지 않는다고 주장한다. 우리는 조직들이 자연선택을 통해 인간을 조직의 필요에 맞게 행동하게 만드는 인간이 인식, 이해할 수 없는 구조를 진화시켰다고 주장한다. 이 주장은 E에서 기업들 사이에서 작동하는 자연선택에 대해 주장한 바와 관련 있다.

물론, 이 모든 의식적, 무의식적 메커니즘들의 총합은 인간 행동을 전혀 완벽하게 통제하지 못하고 있다. 이 메커니즘들은 통계적 측면에서만 효과적이며, 사람들의 생각과 행동을 조직의 필요에 맞게 평균적으로 바꾸는 경향이 있다. 그러나 개인들은 저마다 그러한 메커니즘에 영향받는 정도가 다르며, 언제나 조직의 필요와 급진적으로 충돌하는 방향으로 생각하고 행동하는 예외적인 개인들이 있다.

그럼에도 불구하고, 조직의 인간 관리 능력은 그것이 의식적으로 적용된 기술인지, 진화를 통해 등장한 인간이 인식할 수 없는 메커니즘인지와 상관없이 대단히 중요하다. 그리고 마치 인류에게 집단적 자유의지가 있는 것처럼 "전체 사회로서의 우리는 환경파괴를 멈추겠다는 결정을 내릴 수 있습니다" 같은 순진한 발언을 하는 사람들에게는 현실 감각이 전혀 없는 것이다.[54]

앞서 사람들의 행동을 조직의 필요에 맞게 유도하는 인간이 인식, 이해할 수 없는 메커니즘들이 자연선택을 통해 진화한다고 주장했다. 사례를 통해 살펴보자.

전쟁에서 기술력, 경제력이 가장 중요해진 최근까지, 병사의 전투력은 사회들 사이의 자연선택에서 중요한 요소였다. 다른 요소들이 동일하다면, 최고의 전사들을 양성하는 사회들이 다른 사회들을 삼키고 확장하는 경향이 있었다. 군사 전문가들이 훈련법, 군대 조직 방식 같은 인간이 알고 통제할 수 있는 요소들만이 전투력 차이의 유일한 원인이라고 주장할 것 같지는 않다. 사회들 사이에는 문화적 차이가 있었다. 그 문화적 차이는 대단히 추정적으로만 확인할 수 있으며, 그 차이가 병사의 전투력에 영향을 주었다. 아마 사회들은 자연선택을 통해 더 뛰어난 병사를 양성하는 경향이 있는 문화적 메커니즘을 갖게 되었을 것이다.

원시사회와 초기 문명 사회들의 전사들은 잘 훈련되고 경험 많은 유럽 군대와의 전면전에서 승리할 수 없었다. 유럽 측의 병력이 너무 적거나, 기습공격에 당했거나, 낯선 지형에서 혼란에 빠졌거나, 중대한 약점에 처해있지 않은 한 거의 언제나 원시사회와 초기 문명 사회가 패배했다.[55] 주어진 전투환경에서 유럽 무기가 항상 우월하기만 했던 것은 아니기 때문에 그 이유를 오직 유럽 무기의 우월함에서만 찾을 수는 없다.[56] 물리적 용기에서 찾을 수도 없다. 오히려, 개인 차원에서는 유럽인 병사보다 원시 전사가 더 용맹했을 것이다.[57] 유럽 군대의 우월함은 끝없는 전쟁으로 대표되는 수천 년의 유럽사를 통틀어 자연선택을 통해 진화한 인간이 인식할 수 없는 문화적 메커니즘에서 찾을 수 있다. 물론, 원시사회들 사이에서도 언제나 전쟁이 있어왔으나 그런 전쟁은 주로 전면전보다는 게릴라식 기습공격으로 이루어졌다. 그러므로 원시 전사들이 게릴라 전투에는 탁월했지만, 대등한 조건에서 유럽 군대와의 전면전에서는 제대로 싸우지 못했다는 사실은 놀랍지 않다. 아즈텍과 잉카 같은 초기 문명 사회들은 전면전 경험을 충분히 갖추고 있었지만 그러한 전쟁을 통한 자연선택을 유럽 사회들만큼 오랜 기간 격렬하게 겪지는 않았을 것이다. 아마 이런 이유로 아즈텍과 잉카의 군대가 유럽 군대를 상대할 수 없었을 것이다.

병사들의 전투력에 대해서는 끝없이 논할 수 있지만 여기서 중요한 것은 전투력 그 자체가 아니다. 그리고 그에 대한 가치 판단을 하고자 하는 것도 아니다. 지금 우리의 목적은 인간 조직들이 자연선택을 통해 자신의 생존과 팽창에 도움이 되는 인간이 인식, 이해할 수 없는 메커니즘들을 갖게 되었다는 점을 보여주는 것이다.

G

이 책의 제2장에서 제시한 이론을 개발하는 과정에서 스커비나David

Skrbina 박사는 이론의 목적에 비춰 보았을 때, 작고 고립된 섬을 지구 전체에 비유할 수도 있다는 점을 발견했다. 그는 작은 무인도들이 이 이론의 반례가 될 수도 있지 않겠느냐고 넌지시 질문했다.[58] 이 질문에 대해서 적절히 논하려면 작고 고립된 섬들의 생태계에 대한 많은 지식이 있어야 하지만 필자에게는 그러한 지식이 없다. 우선 섬의 크기가 작을수록 생물 다양성도 줄어든다는 사실을 주목하자.[59] 그런 섬의 생태계가 산업재해 전문가들이 쓰는 표현대로 "고도로 복잡"한지, 또는 제2장의 전제1에서 언급한대로 지배자에게 도전할 새로운 자기증식 체제들이 계속해서 발생할 만큼 충분히 "풍부"한지 의문이다.

무인도에 대해서는 이 정도로 끝내자. 하지만 원시적 기술을 갖춘 인간이 거주하는 작고, 고립된 섬들은 잠시 살펴볼 가치가 있다. 재러드 다이아몬드Jared Diamond는 두 개의 사례로 이스터 섬과 티코피아를 제시했다. 이스터 섬 거주자들은 실제로 원시적 기술을 이용해 섬을 가능한 최대로 파괴했기 때문에 이스터 섬은 우리 이론의 반례가 될 수 없다.[60] 반면에 티코피아는 자세히 살펴볼 가치가 있다.

티코피아는 정말 작아서 4.6㎢[61] 잘 달리는 사람은 10분~1시간 이내에 섬의 이쪽 끝에서 저쪽 끝으로 갈 수 있었으므로 티코피아의 어느 두 지점이든 충분히 빠른 이동과 통신이 가능했다. 그러므로 제2장의 세계적 자기증식 체제와 유사한 섬 전체를 지배하는 자기증식 체제들이 나타날 수 있었을 것이다.

먼 옛날 티코피아에서 실제로 그러한 자기증식 체제들이 나타났는지는 알 수 없지만, 최초의 이주자들은 800년 동안 티코피아의 생태계를 실제로 박살냈다.[62] 그러나 대량의 인구가 사망할 정도로 아주 철저하게 파괴하지는 못했는데, 이는 티코피아인들에게 첨단 기술이 없었기 때문일 것이다. 티코피아인들은 새로운 식량 생산 방법들을 도입해 스스로를 부양할 수 있었다.[63] 티코피아인들은 1900년에 유럽인들과 조우할 때까지 2000년에 걸쳐 반복적으로 경제 체제를 바꾸었으므로 티코피아의 경제가 안정적이었는지 알 수는 없지만, 경제적 붕괴를 겪지는 않았다.[64]

티코피아인들은 제2장 파트2에서 언급한 "세계 평화"를 이룬 것으로 보인다. 완전히 안정적이지는 못했지만, 이에 대해서는 잠시 후 다룰 것이다. 안정적이었던 측면에서, 티코피아 사회는 고도로 복잡하지도 않았고, 고도로 동조화되어 있지도 않았고, 제2장 전제1의 의미에서 충분히 "풍부"하지도 않았다. 그래서 섬의 지배적 자기증식 체제에게 도전할 새로운 자기증식 체제들이 빈번하게 등장하지도 않았다. 섬 전체 인구는 1300명에 불과했으며[65] 그 정도 규모의 단일 문화 집단에서 합리적인 시간 이내에 강력하고 공격적인 새로운 자기증식 체제들이 등장하기는 힘들 것이다.

게다가 티코피아의 "세계 평화"는 일체의 파괴적 경쟁이 발생하지 않을 만큼 안정적이지 않았다. 적어도 두 차례, 씨족 전체가 절멸당한 전쟁이 있었다.[66] 티코피아인들은 원시적 무기만을 사용했기 때문에 그들의 전쟁은 티코피아인들만을 파괴했고 환경을 파괴하지 않았으며, 만약 티코피아인들이 전쟁에 첨단 기술을 동원했다면 어떤 일이 벌어졌을지 상상해볼 수 있다. 우리 대부분은 고폭탄 폭격에 숲 전체가 찢겨나간 제1차세계대전 전쟁터 사진들을 본 적 있을 것이다.[67] 물론, 티코피아 크기의 섬이 그러한 첨단 기술을 유지할 만큼의 광물 자원을 갖고 있을 가능성은 낮지만, 만약 그랬더라면 비폭력적인 경제적 경쟁심지어 채굴활동 하나만으로도 섬 전체를 폐허로 만들기에 충분했을 것이다.

그러므로 티코피아의 사례는 제2장의 이론의 반례가 될 수 없다. 티코피아인들에게는 첨단 기술이 없었으며, 그 사회는 고도로 복잡하지도 않았고, 고도로 동조화되어 있지도 않았고, 새로운 자기증식 체제들이 자주 등장할 만큼 충분히 "풍부"하지도 않았다. 제2장의 전제1 티코피아는 이론의 조건들을 만족하지 않는다.

후주

1. LeBlanc, pp. 73-75.

2. Ibid., p. 75.

3. Ibid., p. 73.

4. NEB (2003), Vol. 21, "International Relations," p. 829.

5. 하지만 레닌이 실제로 이 발언을 했는지는 확실하지 않다. Horowitz, p. 152 참고. 소련과 자본가들의 거래에 대해서는 NEB, loc. cit.와 Ulam, pp. 196, 265의 서술이 충돌한다. 울람은 소련이 서방으로부터 "미량의" 도움밖에 얻지 못했다고 말한다. 그러나 Ulam, p. 337에서는 자본가들이 소련과 어느 정도 거래할 용의가 있었다는 점을 인정한다. 이 명백한 비일관성을 해결할 방법이 보이지 않으므로, 이 책의 초판대로 남겨두겠다.

6. Alinsky, p. 150.

7. 이 이야기는 Peterson이 한 것이다. 그리고 Utt도 비슷한 이야기를 했다.

8. Peterson, p. 150n6. 또한 pp. 160-63 참고.

9. Ibid., pp. 151, 167.

10. Ibid., pp. 150-51. Utt, p. 12.

11. NEB (2003), Vol. 21, "International Trade," pp. 900-03.

12. Ibid., p. 905 ("현대 국가들 중에서… 자급자족할 수 있는 국가는 없다는 것이 정설이다.")

13. Ibid. 또한 "Relying on China is a big mistake," The Week, Oct. 22, 2010, p. 18 참고.

14. "How supply chains hinge on Asia," The Week, Nov. 11, 2011, p. 42 참고.

15. NEB (2003), Vol. 20, "Germany," p. 115; Vol. 21, "International Relations," p. 814; Vol. 29, "War, Theory and Conduct of," p. 652, and "World Wars," pp. 963, 969, 976, 986.

16. Ibid., Vol. 29, "World Wars," pp. 963, 969-970, 976, 977, 979-980, 997-98, 1008. Patterson, p. 121. Dunnigan & Nofi, p. 245.

17. GMO Quarterly Letter, April 2011, p. 18. GMO는 거대한 투자 기업이기 때문에, 좌파적, 급진 환경주의적 편향성이 있을 가능성은 희박하다.

18. Boorstin, pp. 105, 120, 163, 193, 260, 261, 263-65. W.S. Randall, pp. 189, 229.

19. Zimmermann, pp. 266-67. 그렇다고 해서 유럽의 채굴 방식이 미국보다 더 환경친화적이라는 의미는 아니다.

20. 아마 중국은 "선진국"으로 여겨지지 않을 것이다. Cf. Note 17. 중국의 환경적 무책임함은 너무나 널리 알려져있어 굳이 권위있는 출처를 인용할 필요는 없을 것 같지만, 다음을 제시하겠다. "The cracks in China's engine," The Week, Oct. 8, 2010, p. 15; Bradsher, p. A8; USA Today, Feb. 25, 2014, p. 2A; March 5, 2015, p. 5A; Dec. 2, 2015, p. 5A; Dec. 8, 2015, p. 3A.

21. Pirenne, 사례: pp. 166-173, 194-95, 236. Elias, pp. 224, 229.

22. World Book Encyclopedia (2015), Vol. 15, "Persia, Ancient," p. 297.

23. Ebrey, pp. 64, 70, 85, 116, 141-42, 143 (photo caption), 207, 209, 214. Mote, pp. 17-18, 359, 620-21, 646-653, 714, 749, 903, 917, 946. NEB (2003), Vol. 16, "China," p. 106.

24. NEB (2003), Vol. 29, "War, Technology of," p. 622. Mote, p. 436.

25. Malpass, pp. 68-69. East, p. 160.

26. Diamond, pp. 164-66 참고.

27. Hassig, p. 51.

28. Ibid., pp. 53, 67.

29. Davies, pp. 46, 110-14, 128, 199-201, 218, 219. Hassig, pp. 11-22, 26, 64, 157, 171-72, 253-54, 256-57.

30. Davies, pp. 183-84, 191, 199-201, 207. Hassig, p. 254.

31. Davies, pp. 107, 110, 112, 128, 201, 204-05, 207, 221. Hassig, pp. 22, 25-26, 195, 198, 229, 231, 263. 하지만 스페인 도착 이전의 아즈텍 역사는 신빙성이 대단히 의심스러운 기록에 근거한다는 점을 명심해야 한다. Davies, p. xiv 참고.

32. Beehner, p. 9A.

33. NEB (2003), Vol. 20, "Greek and Roman Civilizations," p. 300.

34. Bazant, p. 43.

35. NEB (2003), Vol. 29, "United States of America," pp. 216-17. McCullough, pp. 397-98 참고. 애덤스는 자신이 읽던 책의 구석에 외부의 적이 필요하다는 메모를 남겼다. Haraszti, p. 149. ibid., pp. 140-42에 따르면, 애덤스는 1784년에 그 메모를 적었으며, 1790년 프랭클린이 죽기 전에 적었다는 것은 확실하다.

36. Jenkins, pp. 748-750.

37. Beehner, loc. cit.

38. 사례: Sodhi, Brook & Bradshaw, p. 516; Weise, "Invasive Species," p. 4A. 사례: 플로리다의 비단뱀. The Week, Feb. 17, 2012, p. 23. 미국 남서부의 야생 돼지. The Atlantic, Nov. 2009, p. 22. 미국 동부의 칡.미시간호의 홍합. 침입종은 "현대 이동 기술의 지독한 부작용"이다. 이런 수단을 통해 의도적, 비의도적으로 새로운 환경으로 이동한다. "Nature's marauders," The Week, Dec. 10, 2010, p. 15. 침입종을 외래 포식자를 도입해 통제하려는 시도는 역효과를 낳는 경향이 있는데, 외래 포식자들 그 자체가 통제를 벗어나기 때문이다. Hamilton, p. 58.

39. "1970년대 중반부터, 30개의 새로운 전염병들이 등장했다… 이들 대부분은 야생동물에게서 인간으로 옮겨진 것으로 보인다. … 오염물질, 서식지 파괴, 생물 개체수 감소, 기후변화로 대표되는 생태계 파괴가 병원체를 평소에 이동하지 않았을 경로로 움직이게 만든 것이다." "Tracking Disease," Newsweek, Nov. 14, 2005, p. 46. 일단 전염병이 동물에게서 인간으로 건너게 되면, 현대 이동 기술, 높은 인구 밀도, 도시화로 인해 전염병이 넓게 확산하게 된다. Quammen, p. 102. "AIDS in the 19th Century?," The Week, Oct. 17, 2008, p. 24. 새로운 전염병은 보통 기존의 전염병이 변이하는 형

태로 등장한다. 사례: ibid.; "변이 광견병이 확산되고 있다." ibid., May 22, 2009, p. 19. 또한 USA Today, Dec. 18-20, 2015, p. 4A; Jan. 28, 2016, p. 1A; Jan. 29, 2016, p. 3A 참고.

40. E.g.: Allan, p. 34. The Economist, April 2, 2011, pp. 73-75. USA Today, Oct. 28, 2013, p. 10A; Dec. 17, 2013, pp. 1A-2A; March 5, 2014, p. 6B; Aug. 5, 2015, p. 3A; May 27, 2016, p. 3A.

41. 사례: "Experimental Cotton Seed in Accidental Mix," Denver Post, Dec. 4, 2008, p. 13A. 또한 ibid., Aug. 23, 2005, p. 2B ("유전자 조작된 밀의 꽃가루는 과학자들이 믿었던 것보다 다른 식물에 더 잘 달라붙는다. 그렇게 달라붙은 꽃가루는… 유전자를 전파한다.") 참고.

42. Blau, 특히 pp. 16-18. NEB (2003), Vol. 2, "bee," p. 42. USA Today, Oct. 9, 2014, p. 5A; Oct. 10, 2014, p. 4A.

43. E.g.: Denver Post, Aug. 8, 2007, p. 14A. USA Today, March 2, 2015, pp. 1A-2A; May 29-31, 2015, pp. 1A, 4A, 5A; June 4, 2015, p. 1A; June 29, 2015, p. 1A-2A; July 7, 2015, p. 3A; July 22, 2015, p. 3A; June 3-5, 2016, pp. 1A-2A; Jan. 5, 2017, pp. 1A-2A. Diamond, p. 54.

44. Weise, "DIY Biopunks," p. 7A.

45. Feibus, p. 5B.

46. Joy, pp. 246-48. Keiper, pp. 27-28. 또한 "A molecular motor," The Week, Sept. 23, 2011, p. 23 (reporting nano-sized "motor") 참고.

47. 미래의 로봇은 "자기복제가 가능하다." "What are the odds?," The Week, July 2-9, 2010, p. 45 (Scientific American, June 2010의 기사를 요약).

48. Bowditch, Buono & Stewart, pp. 264-65를 비교하라; Steele, pp. 87-88.

49. Bowditch, Buono & Stewart, passim, 사례: pp. 31-32에 따르면, 기업을 효율적으로 만드는 무언가에 대한 전문가들의 이해는 완벽과는 거리가 멀다는 것이 확실하다.

50. Kaczynski, Fitch & Madison edition의 부록2 참고.

51. 현대 프로파간다 기법에 관한 정보는 Lindstrom, 그리고 참고문헌목록의 Wu 참고.

52. 사례: Bowditch, Buono & Stewart, passim 참고.

53. Peck, pp. 74-84.

54. 예를 들어, 재러드 다이아몬드(Jared Diamond)의 책 제목은 '문명의 붕괴: 사회들은 어떻게 실패와 성공을 선택했는가'이다. 마치 사회가 의식적으로 그런 결정을 내릴 수 있는 것처럼 말이다.

55. 사례: Davies, pp. 249-250, 271 (스페인 군대의 대對 아즈텍 우월성). Ibid., p. 252 ("테노치티틀란의 지붕이나 페루의 깊은 협곡 위에서 스페인인들에게 공격을 퍼부어야만… 인디언들은 어느 정도의 성공을 거둘 수 있었다."). 이 주제에서 Hassig는 완전히 일관적인 것으로 보이지 않는다. pp. 266-67에서 그는 "아즈텍은 스페인을 (군사적으로) 충분히 상대할 수 있었다."고 말한다. 아즈텍의 체제는 "아즈텍을 미워하는 사람들이 결집할 수 있는 주요 경쟁 세력이 없을 때만 유효한 것이었다. 하지만 스페인이 그 역할을 했다." (40만명 p. 227, 10만명 p. 229, p. 233)아즈텍 군대의 거대한 규모를

고려했을 때, 수백 명의 스페인 군대는 아즈텍보다 훨씬 강하지 않으면 "주요 경쟁 세력"이 될 수 없었다.

56. 사례: 총검이 원시적 창보다 더 효과적이지는 않았음에도 북아메리카 인디언들은 "총검돌격을 상대할 수 없었다." Wissler, p. 93. Davies, pp. 250-51에서 더 우월했다고 알려진 스페인 무기들을 포함해, 스페인이 아즈텍보다 우월했던 이유들을 논한다. 그리고 p. 252에서 결론을 내린다. "스페인인들의 심리적 우월함이 전쟁터에서 그 무엇보다도 결정적으로 작용했을 것이다. … 정면전에서, 인디언들은 스페인인들을 당해낼 수 없었다." Hassig, pp. 237, 238는 스페인 무기의 우월성은 스페인의 승리에 결정적인 요소가 아니었다는 점에 동의한다.

57. 사례: Davies, p. 250 (스페인 측 기록자들은 아즈텍인들이 용맹했다고 평했다.); p. 277 (스페인인들에게 맞서는 아즈텍인들이 "개인적으로는 용감했다."고 언급하고 있다.) Hassig, p. 237에서는 "기량과 용맹함"에 있어서 "개별 아즈텍 전사들은… 스페인 병사들과 동등했다."고 말한다. Turnbull, Change and Adaptation, pp. 89-90, 92에서는 아프리카 원주민들이 유럽인들은 겁쟁이라며 경멸했다고 말한다.

58. 데이비드 스커비나가 필자에게 보낸 편지. 2011년 8월 10일.

59. Edward O. Wilson은 "서식지 면적의 감소에 비례해 생물다양성이 기하급수적으로 감소한다는 것을 수학적으로 예측한 공식을 제안했다." French, p. 72.

60. Diamond, pp. 79-119.

61. Ibid., p. 286.

62. Ibid., p. 292.

63. Ibid.

64. Ibid.

65. Ibid., p. 289.

66. Ibid., p. 291.

67. "광범위한 삼림지대가 갈려나간 나무 기둥들이 굴러다니는, 어떠한 야생동물도 살지 않는 진흙탕으로 변했다." Polish American Journal, March 2015, p. 16.

목표를 유지하라

이 글은 존 제이 대학John Jay College 형사행정학부Criminal Justice의 교내 신문 「존 제이 센티넬John Jay Sentinel」의 편집장에게 보낸 편지를 다시 쓴 것이다. 원래의 편지는 2011년 3월, 2011년 4월자 Sentinel에 수록되어있다. 그 편집자는 자본주의 하의 경제적 경쟁이 기술 발전을 유발한다는 사실을 지적했으며, 그러므로 자본주의를 없애는 데 시간과 노력을 투자할 가치가 있지 않은지 물어보았다. 아래는 나의 답변이다.

기술 체제를 악으로 여기는 우리들은 자본주의, 세계화, 중앙화, 관료제, 거대 정부의 간섭, 무차별적 환경파괴, 지독한 경제적 불평등 같은 기술 체제로부터 파생되는 부차적인 악들을 공격하고 싶은 유혹을 자주 느끼지만, 이러한 유혹에 굴복해서는 안된다. 물론, 이런 악들이 기술 체제에서 필연적으로 발생할 수밖에 없음을 지적하는 방식으로 기술 체제를 공격할 수도 있겠지만, 이러한 부차적인 악들을 기술 체제와는 별도로 공격하는 것은 추천하지 않는다.

이런 부차적인 악들을 공격하고 싶어지는 이유는 이미 많은 사람들이 이에 대해 강하게 저항하고 있으며 그들의 지지를 얻을 수 있기 때문이다. 부차적인 악들 중 하나라도 사라지면 기술 체제의 성장은 느려질 것이고 그 부정적 결과도 어느 정도 완화될 것이다. 예를 들어, 현재 자본주의는 기술 발전과 가장 호환성 높은 경제 체제이므로 자본주의를 제거할 수 있다면, 기술 발전 속도도 어느 정도 늦출 수 있을 것이며, 경제적 불평등도 줄일 수 있을 것이다. 천연자원, 인적자원, 기술자원들을 지구의 모든 지역으로 자유롭게 이동하도록 만드는 세계화는 기술 체제에게 경제적, 기술적 효율성이라는 이익을 가져다주므로 세계의 각 지역을 경제적으로 고립시킬 수 있다면, 기술 발전 속도도 대단히 느려질 것이다. 중앙화 역시 기술 발전에 중요하다. 예를 들어, 미국의 경제가 적절히 기능하기 위해서는 은행, 화폐 등을 통제할 중앙 권력이 있어야 하며, 그렇지 않으면 미국은 통일 이전의 독일과 유사한 어려움을 겪게 될 것이다. 통일 이전의 독일은 수많은 독립된 소국들로 분열되어 있었으며 이 국가들은 저마다 자신만의 은행, 자신만의 화폐, 자신만의 도량형 등을 갖고 있었다.[1]

> 수많은 소국들이 있었다.… 그들의 민법, 형법, 화폐 제도와 군사, 금융, 운송 시설들은 판이했다. … 뷔르템베르크Württemberg 시민은 여권이 있어야 바덴Baden으로 갈 수 있었으며 바덴 시민은 환전을 해야 코부르크-고타Koburg-Gotha, 브라운슈바이크Braunschweig, 슈바르츠부르크-루돌슈타트Schwarzburg-Rudolstadt에서 체류할 수 있었다.[2]

독일은 19세기 내내 금융, 상업의 중앙화 과정을 거치고 나서야 정상적으로 경제를 성장시킬 수 있었다.[3] 독일, 혹은 미국 같은 국가들을 중앙화 이전으로 되돌릴 수 있다면 경제 성장과 기술 발전 속도는 극도로 지연될 것이다.

그렇다면 중앙화를 공격해서는 안될 이유가 있는가? 첫째, 중앙화 공격이 성공하기는 대단히 힘들 것이다. 조직과 운동의 모든 에너지를 그 공격에 집중시켜야 할 것이며, 설령 성공한다 하더라도 기술 발전을 살짝 늦추는 정도에 불과할 것이다. 기술 체제와 이로부터 파생되는 악들 중 어느 하나도 사라지지 않을 것이므로, 중앙화를 공격하는 운동은 그 자원을 비효율적으로 사용하게 될 것이다. 모든 에너지를 사용해 최상의 성과를 얻어도 그 성과는 보잘 것 없을 것이다.

더욱 심각한 문제는 중앙화 공격에 운동의 에너지를 집중시킬 경우, 조직원들과 대중의 주의를 가장 중요한 목표인 기술 체제로부터 멀어지게 하리라는 것이다.

그리고 중앙화를 향한 공격은 결코 성공할 수 없다. 물론, 중앙화가 경제적으로 비효율적이라는 사실이 증명된다면 탈중앙화는 어렵지 않을 것이다. 예를 들어, 경제를 중앙에서 지나치게 통제하는 체제, 즉 사회주의는 그 비효율성 때문에 상당 부분 사라졌으나, 중앙화가 효율을 높이는 영역에서는 자연선택에 의해 중앙화가 우세해진다.[4] 중앙화가 효율성을 높이는 영역에서 더 중앙화된 체제가 덜 중앙화된 체제보다 잘 번성하므로 전자가 후자를 삼키고 팽창하는 경향이 있다. 비효율성은 사람들을 괴롭게 만들 것이므로 대부분의 사람들이 탈중앙화에 반대할 것이다. 지금은 중앙화를 부정적으로 바라보는 사람들조차도 비효율성으로 인한 피해를 겪을 경우 탈중앙화에 반대할 것이다. 예를 들어, 당신이 미합중국의 각 주들이 저마다 자신만의 화폐를 발행해야 한다는 제안을 내놓으면 모두가 그 제안을 비웃을 것이다. 설령 당신이 그 제안을 성공적으로 실현했다 하더라도, 탈중앙화로 인한 혼란은 많은 사람들을 격분하게 만들 것이며 중앙 화폐 제도는 다시 회복될 것이다.

기술 발전으로 인해 미래 사회에서는 중앙화된 체제가 덜 중앙화된 체제보다 경제적, 기술적으로 비효율적이라면 탈중앙화는 비교적 쉬울 것이다. 그러나 그 상황에서 중앙화를 공격하는 것은 기술 발전을 방해하는 게 아니라 촉진시키는 것이다. 어느 쪽이든 중앙화 공격은 기술 발전에 효율적으로 저항하는 것이 아니다.

자본주의를 제거하고자 하는 노력에 대해서도 대단히 유사한 논리가 적용된다. 자본주의를 제거하기 위해 운동의 모든 에너지를 그것에 집중시켜야 할 것이며, 설령 자본주의 제거에 성공했다 하더라도 기술은 그 속도만 약간 느려진 채 계속 발전할 것이다. 예를 들어, 소비에트 연방은 자본주의 국가가 아니었지만 결코 기술적으로 만만히 볼 수 있는 나라가 아니었다. 제2차 세계대전 이전에도 소련은 핵물리학 강국이었으며[5] 그들의 MiG15 전투기는 한국전쟁에서 그 속도와 민첩함으로 서방세계에 큰 충격을 주었다.[6] 소련은 성공적으로 상용화된 최초의 제트 여객기 Tu-104를 개발했으며[7] 최초로 인공위성을 성공적으로 운영했다.

그러므로 자본주의 제거에 집중하는 반기술 운동은 엄청난 에너지를 소모하며 거의 아무런 성과도 얻지 못할 것이다. 더 심각한 문제는 자본주의에 집중함으로 인해 조직원들과 대중의 주의를 기술 체제를 무너뜨린다는 훨씬 중요한 목표로부터 멀어지게 만든다는 것이다.

게다가 자본주의 공격은 무의미하거나, 최선의 경우에도 오직 몇몇 나라에서 일시적으로만 성공할 것이다. 자본주의는 자연선택을 통해 세계의 주류 경제 체제가 되었으며, 현재의 조건에서 자본주의가 경제적, 기술적으로 더 효율적이므로 다른 체제들을 대체했다. 그래서 설령 몇몇 나라에서 자본주의를 제거할 수 있다 하더라도, 비자본주의적 체제의 비효율성이 명확하게 드러나면서 다시 자본주의적 경제 구조로 돌아가려는 강한 경향이 있을 것이며, 이는 경험으로 증명되었다. 동유럽의 사회주의 국가들은 서방세계를 경제적, 기술적으로 따라 잡을 수 없었으므로 자본주의 체제를 도입했다. 스웨덴은 한 때 이념적으로는 사회주의적이었으나, 실제로는 단 한번도 사회주의적이지 않았다. 오늘날 스웨덴은 여전히 자본주의 복지국가이며, 복지국가적 측면은 점차 줄어들고 있는데, 그것이 경제적 효율성을 방해하기 때문이다.[9] 중국은 명목상으로는 사회주의 체제를 유지하고 있으나, 지금의 중국 정부는 경제 성장을 위해 상당히 많은 사기업들, 즉, 자본주의를 허용하고 있다.[10] 니카라과의 산디니스타Sandinista들은 여전히 사회주의를 흉내내고 있지만, 실제로는 자본주의를 도입하고 있다.[11] 필자는 자본주의를 도입하지 않은 사례를 오직 두 국가, 즉 쿠바와 북한 외에는 모른다. 그들의 경제적 실패로 인해 아무도 쿠바와 북한을 모방하고 싶어하지 않으며, 지금2011 쿠바는 자본주의를 조금씩 받아들이고 있다.[12]

그러므로 우리가 기술 세계에서 사는 이상, 자본주의보다 경제적, 기술적으로 더 효율적인 체제가 등장하기 전에는 자본주의를 결코 제거할 수 없으리라는 것은 분명하다.

내가 여기에서 중앙화와 자본주의에 대해 서술한 주장은 세계화, 관료제, 거대 정부의 간섭, 무차별적 환경파괴 등에도 동일하게 적용된다. 이들을 제거해도 기술 체제는 약간 비효율적인 상태로 계속해서 성장할 것이다. 사회가 기술 체제의 가치로 포화된 상태에 머무르는 이상, 대부분의 사람들은 기술 체제의 기능을 심각하게 해치는 어떠한 조치도 받아들이지 않을 것이다. 사람들이 그러한 조치를 받아들이게 만들기 위해서는, 당신은 우선 현대 기술이 가져다 주는 "이익"들이 실제로는 그 비용을 지불할 가치가 없다고 설득해야 하므로, 당신의 이념적 공격은 반드시 현대 기술 그 자체에 집중되어야 한다. 자본주의, 세계화, 중앙화를 비롯한 부차적 악들을 제거하려는 모든 시도는 기술 체제 전체를 제거할 필요성으로부터 사람들의 주의를 돌리기만 할 것이다.

후주

1. Dorpalen, p. 167. Zimmermann, pp. 8-9. NEB (2003), Vol. 20, "Germany," pp. 106, 111, 113. 우리가 말하는 "통일"은 1871년 독일 제국의 성립만을 뜻하는 게 아니라, 1807년 프랑스인들이 독일에 강제한 개혁(ibid., p. 102)부터 1900년 제국의 통일 민법 선포까지 이르는 93년에 달하는 과정을 포함한 것이다(Zimmermann, p. 9).

2. Zimmermann, p.8, "Löwenthal" 인용 이외의 다른 출처를 찾을 수 없음.

3. 위의 후주 1과 Tipton (전체) 참고. Tipton은 독일의 경제 발전이 "이륙"하기 시작한 구체적인 시점을 특정하려는 역사학자들의 시도는 실수라고 주장한다. (예를 들어, 관세동맹이 등장한 1834년이나 독일 제국이 건국된 1871년.) 양적 데이터에 따르면 그 시기의 독일 경제는 뚜렷한 "이륙" 없이 매끄럽게 지속적으로 발전하고 있었다.

　　그러나 곳곳에서(예를 들어, pp. 222-23에서) Tipton은 관세 동맹의 창설이나 독일 제국 건국은 독일의 경제 발전에 중요하지 않았다고 주장하는 것으로 보인다. 이것이 그가 의미하는 바라면, 그의 주장은 즉각적인 경제성장률의 변화가 따르지 않는 역사적 사건들은 경제적으로 중요하지 않다는 가정에 의존하고 있다. 그리고 그러한 가정에는 전혀 근거가 없다. 무엇보다도 Tipton 스스로가 지적한 바, 관세동맹(Zollverein)과 제국의 경제 정책들은 수십 년에 걸쳐 만들어졌다. 관세동맹은 1857년까지 완전히 창설되지 않았고(Tipton, pp. 201, 209), 제국의 경제 관련 법률들은 점진적으로 제정되었으며, 1897년, 혹은 1900년까지 완성되지 않았다(Zimmermann, p. 9; Tipton, p. 209). 게다가, 경제 정책의 변화가 실질적인 경제적 결과로 이어지기 위해서는 철도와 같은 특정 영역의 발전이 이루어져야 한다(Tipton, pp. 200-01, 205). 그러한 발전은 하룻밤에 이룰 수 있는 것이 아니다.

따라서, 양적으로 뚜렷한 "이륙" 지점이 없다는 것이 경제성장에 있어서 중앙화가 중요하지 않음을 증명하지는 않는다. Tipton 스스로가 "성장에는 자원의 자유로운 이동이 중요하다"고 지적했다.(p. 198) 그리고 "내부 관세, 분리된 화폐 체계, 다양한 상업 규제가 없는 지역에서… 생산 요소들이 더 유동적일 것이다."라고 적었다.(p. 200) 이로부터 중앙화된 경제적 규제가 경제 성장에 있어서 중요하다는 논리적 결과가 나온다.

4. 이 책의 제2장 참고.

5. NEB (2003), Vol. 21, "International Relations," p. 858.

6. Ibid., Vol. 8, "MiG," p. 117. 또한 Air & Space, Oct./Nov. 2013, p. 80 참고.

7. Woodall, p. 4. Mellow, pp. 61, 65.

8. NEB (2003), Vol. 19, "Exploration," pp. 47-48.

9. *The Economist,* June 11, 2011, p. 58.

10. 중국 경제에서 민간 부문이 가장 활발하다. *The Economist,* March 12, 2011, pp. 79-80, and June 25, 2011, p. 14 of Special Report ("the dynamism in China's economy is mostly generated by non-state firms"). 중국 경제의 성장에 정부의 엄청난 개입이 중요한 역할을 했다는 것은 사실이다. 그러나 이는 완전히 산업화된 국가들을 쫓아가는 후진국들의 임시적 특징이다. NEB (2003), Vol. 24, "Modernization and Industrialization," p. 288 참고. 아마 분명히, 중국의 경제가 성장해 "따라잡기" 단계가 끝나면 중국 정부의 경제 개입 효과는 점차 줄어들 것이다.

11. *The Economist*, Aug. 27, 2011, p. 33; Nov. 5, 2011, pp. 47-48.

12. *The Week,* April 29, 2011, p. 8. USA Today, May 10, 2011, p. 6A.

지구공학의 장기적 결과

A

2009년, 익명의 발신인이 나에게 핵무기가 가장 위험한 현대 기술이라고 생각하느냐고 질문했다. 아래는 나의 답변이다.

핵무기를 가장 위험한 현대 기술이라고 보기는 힘들 것이다. 지구온난화를 해결하기 위해 도입될 기술들이 가장 위험한 현대 기술이라는 주장이 더욱 현실적이다.

대규모 핵전쟁은 자살행위나 마찬가지므로 국가에게는 핵무기를 대규모로 사용하지 않을 강한 유인이 있다. 그렇다고 해서 핵전쟁이 결코 일어나지 않으리라는 것은 아니며, 오히려 핵전쟁의 위험성은 대단히 현실적이다. 하지만 가까운 미래에 대규모 핵전쟁이 발생할 가능성은 높아 보이지 않는다.

한편, 국제사회가 이산화탄소 배출량을 충분히 감축하는 데 실패하리라는 것은 거의 확실하므로, 지구온난화는 "지구공학geo-engineering"을 통해 통제될 것이다. 지구공학은 지구 기후를 허용 범위 내에 머물도록 인위적으로 통제하는 기술이다.[1] 수많은 지구공학적 수단들 중에서, 세 가지 사례를 언급하겠다. (i) 대기의 이산화탄소를 흡수하는 해양 플랑크톤의 성장을 자극하기 위해 철 분말을 바다에 뿌리는 방법.[2] (ii) 미생물을 비롯한 유기체들을 유전적으로 조작해 대기 이산화탄소를 흡수하게 만드는 방법.[3] (iii) 이산화탄소를 지하 보관소에 영구적으로 저장하는 방법이다.[4]

모든 지구공학적 시도들은 즉시 재앙을 일으킬 가능성이 있다. "지구공학에 비하면 유도미사일 요격은 쉬운 편에 속한다. 지구공학은 한번에, 정확히 성공해야 한다."[5] 새로운 기술적 해결책은 주로 반복된 시행착오를 거쳐 개선되며, "한번에, 정확히" 성공하는 경우는 거의 없으므로, 지구공학에 대한 대중의 우려는 대단히 합리적이다.[6]

그래도 지구공학이 한번에 정확히 성공한다고 가정해봐도, 그 장기적 결과는 끔찍할 것이라고 예측할 이유가 대단히 많다.

첫째, 환경을 조작하려는 시도는 거의 언제나 예상치 못한, 바람직하지 못한 결과를 가져올 것이다. 바람직하지 못한 결과를 해결하려면 환경에 더 깊이 개입해야 하며, 이러한 개입은 또 다른 의도하지 않은 결과를 가져올 것이다. 상황은 점점 악화될 것이며, 문제를 해결하고자 하는 시도가 더 큰 문제를 일으킬 것이다.

둘째, 지난 수억 년 동안 자연 과정은 지구 기후와 대기 구성을 고등 생명체가 생존하고 진화할 수 있는 범위 내에 머물도록 유지했다. 최근에 기후가 불안정해지면서 수많은 종들이 멸종하기 시작했지만 복잡 유기 생명체들을 전부 절멸시킬 정도로 극심하지는 않다.

인간이 지구 기후를 통제하기 시작하면 자연 과정은 기후 유지 기능을 잃을 것이며 기후는 인간의 통제에 완전히 종속될 것이다. 지구 기후는 전 세계적 현상이므로, 독립된 지역 집단이 통제할 수 없다. 기후 통제는 전 세계적으로 이루어져야 하므로 전 세계적인 고속 장거리 이동, 통신 기술이 필요하게 될 것이고, 지구 기후는 기술 문명에 종속될 것이다. 하지만 역사 속의 모든 문명들은 결국 무너졌으며, 현대 기술 문명 역시 조만간 무너질 것으로 보이며, 그 때 지구공학 체계도 함께 무너질 것이다. 기후를 안정시켜주던 자연 과정이 이미 사라졌기 때문에 지구 기후는 걷잡을 수 없이 날뛸 것이며, 지구는 복잡 생명체가 살기에는 너무 더워지거나, 너무 추워지거나, 대기 중 산소가 희박해지거나, 유독성 기체로 오염되거나 하는 방식으로 대기 참사가 벌어질 것이다.

셋째, 지구 기후가 통제되기 시작하면 기술 체제 없이는 생존이 불가능해질 것이다. 앞서 언급한 바 기술 체제 붕괴는 기후 붕괴로 이어질 것이므로 반기술 혁명은 사실상 자살행위가 될 것이다. 기술 체제는 사실상 모든 도전으로부터 면제될 것이다.

과학자, 엔지니어, 기업가, 관료, 정치인들 같은 엘리트들은 그들을 파괴할 핵전쟁을 두려워 하지만, 지구공학은 엘리트들의 지위와 권력을 무적으로 만들어줄 것이기에 엘리트들은 지구공학을 흔쾌히 실행할 것이다. 엘리트들은 핵전쟁을 피하고자 최선을 다하겠지만, 지구공학 체계는 즐겁게 받아들일 것이다.

B

NASA의 우주생물학자 피터 와드Peter Ward는 자연 과정으로 인해 5억 년 후 우리 행성이 거주불가능해질 것이라고 경고한다.[7] 우리 대부분은 1억 년 정도 거주가능한 행성에 만족하겠지만, 와드는 5억 년에도 만족하지 못하는 것 같다. 그래서 그는 앞으로 수십억 년 간 지구 기후를 살만하도록 유지하기 위해 지구공학 체계를 도입해야한다고 주장한다.[8] 와드는 효과적인 지구공학 체계를 만드는 데 필요한 세계적 협조가 "공상적 유토피아"[9]라는 점을 인정하지만 여전히 이를 지지하는 것을 보면, 공상적 유토피아를 실현하는 게 완전히 불가능하지는 않다고 믿고 있는 게 분명하다. 하지만 정말 충격적인 것은 와드가 전 세계 문명이 의지할 지구공학 체계가 수십억 년 동안 유지되리라고 믿는다는 것이다.

제1장에서 우리는 인간사에 대한 과학자들의 순진함을 다루었다. 와드는 이를 증명하는 지독한 사례이다.[10]

미주

1. *Time*, March 24, 2008, p. 50 참고.
2. Wood, p. 73, col.
3. Leslie, p. 6, col. 4 (microbes). Wood, p. 73, col. 1 (trees).
4. Wood, p. 73, col. 2. Sarewitz & Pielke, p.59, col. 3. 이 계획을 지지하는 사람들이 믿는 만큼 이산화탄소가 지하에 머물러 있을지에 대해서는 의문의 여지가 있다. 설령 "시범 프로젝트"(ibid.)가 CO_2를, 말하자면, 한 10년 정도 가두는 데 성공했다고 쳐도, 그것이 앞으로 백 년 또는 천 년 머물러 있을 것을 보장하지는 않는다. 또한, 모든 시범 프로젝트들은 수준 높은 전문가들이 특별한 주의를 기울이며 진행될 것이다. 하지만 일단 이러한 절차가 일상화되고 대규모로 사용되면, 실행 과정에서 필연적으로 태만함, 무능함, 불성실함이 발생할 것이다. 제 2장의 후주 67에서 인용된 *USA Today*의 기사를 참고할 것.
5. Wood, p. 76, col. 1, 시카고 대학교의 지구물리학자 레이먼드 피에르험버트(Raymond Pierrehumbert) 인용.
6. Ibid. *USA Today*, Feb. 16, 2015, p. 7A 참고.
7. Ward, pp. 141-42.
8. Ibid., pp. 143, 149.
9. Ibid., p. 143.
10. 다른 지독한 사례는 K. Brower, pp. 60, 62 참고.

스탈린 치하 국가 공포 전반에 대한 서스턴의 관점

A

스탈린 치하 공포에 대한 서스턴Thurston의 설명은 독재자의 "절대" 권력조차도 실제로는 전혀 절대적이지 않다는 우리의 주장을 뒷받침하는 중요한 사례이므로, 지금의 목적상 서스턴의 수정주의적 설명이 스탈린을 "당과 국가를 지배할 계획을 꾸민 음모자"로 바라보는 전통적 관점과 심각하게 충돌하지는 않는다는 점을 지적할 필요가 있다.[1]

여기서는 울람Ulam의 스탈린 전기傳記가 전통적 관점을 대표한다고 간주할 것이지만, 먼저 세 가지를 짚어볼 필요가 있다. (i) 스탈린의 동기와 의도에 대해 울람이 말한 대부분은 억측으로 일축할 수 있다. 울람은 반복적으로 아무런 근거도 없이 "독심술"에 탐닉하며, 스탈린의 머리 속에서 무슨 일이 벌어졌는지 독자들에게 말해주려고 한다.[2] 심지어 울람의 책 어떤 부분들은 소설처럼 읽힌다.[3] (ii) 스탈린이 "공포를 계획하지 않았다"는 서스턴의 주장은 스탈린이 실제로 발생한 공포를 계획하지 않았다는 의미로 받아들여야 한다. 서스턴은 스탈린이 모종의 공포를 계획하지 않았음을 어디에서도 증명하지 못했다. (iii) 공포의 영향이 대부분 엘리트 집단 내부에 머물렀다는 서스턴의 발언에서,[4] "엘리트"라는 용어는 손보다는 머리를 써서 일했던 사람들과 상당히 전문적인 교육, 훈련이 필요한 직업에 종사했던 사람들을 일컫는 것으로 받아들여야 한다.[5]

이제 스탈린이 "숙청을 중앙에서 철저하게 통제했다"6는 울람의 주장은 무엇을 의미하는가? 울람은 KGB의 전신 NKVD의 수장 예조프7가 "스탈린의 허가 없이는 중요한 행동을 하지 않았다."고 적었다. "예조프는 반체제 인사 명단을 스탈린에게 보고했다. 1937~1939년, 383개의 명단이 스탈린에게 전해졌다.…"8 그 명단에 평균적으로 이름 10개가 실려 있었을 것이라고 조심스럽게 추측할 경우, 그 시기에 스탈린은 대략 3,800명의 운명을 결정했어야 한다. 스탈린이 3,800명의 운명을 합리적으로 결정할 만큼 그들을 개인적으로 잘 알고 지냈겠는가? 그랬을 것 같지는 않다. 아마 스탈린은 대부분의 경우 명단에 포함된 NKVD의 보고서를 참고했을 것이므로, 실제로 명단의 인물들의 운명을 결정한 것은 스탈린에게 어떤 정보를 보고할지 결정한 NKVD, 혹은 예조프 한 명이었을 것이다. 설령 명단에 평균적으로 500명의 이름이 있었으며, 스탈린이 그들의 운명을 합리적으로 결정할 만큼 500명을 모두 잘 알고 있었으리라는 과감한 추측을 한다 하더라도, 그 수는 19만 명에 불과하다. 그러나 수백만 명이 처형당했다.9 스탈린이 이들을 어떻게 전부 알았겠는가? 스탈린이 전체 처형들 중 극히 일부만을 통제할 수 있었다는 것은 명백하며, 게다가 그 작은 일부에 대서도 울람은 이렇게 적었다. "심지어 스탈린이 보기에도 수많은 실수들이 발생했다… 스탈린이 상황을 전부 알고 있었더라면 살려놓았을 사람들이 처형당했다. 스탈린의 부하들이 모함을 한 경우도 있었다.…"10 스탈린의 지시 없이 처형당하거나 수감된 절대 다수의 사람들 중에는 이러한 "실수"와 모함의 희생자 비율이 훨씬 클 것이다. 문자 그대로 수백만 명이 처형당하는 상황에서 어떻게 그런 일이 벌어지지 않을 수 있었겠는가?

그렇다면 다시 질문해야 한다. 스탈린이 "숙청을 철저하게 통제했다."는 울람의 발언이 의미하는 바는 무엇인가? 스탈린이 명백히 무차별적인 대규모 처형을 의도했다는 의미인가? 울람은 바로 이 말을 하고 싶은 것 같다.[11] 그러나 울람 스스로가 다른 가실을 제안한다. "1936년 스탈린은 반역을 주동할 가능성이 있는 지도자들만 제거하고자 했을 것이다. 그의 옛 동료들과 관련이 있는 수천 명 정도의 당 관료들이다. 그러나 공포의 역학은… 순식간에 자신만의 운동량을 갖추기 시작했다."[12]

설령 스탈린이 무차별적인 대규모 숙청을 의도했더라도, 울람은 스탈린이 그의 부하들에게 조종당했음을 보여주었다. 그의 부하들은 "자신의 열정과 충성을 증명"하기 위해 새로운 음모와 반역을 "발견"했다.[13]

NKVD와 군부 사이에는 모종의 적대감이 있었는데, 그 결과 NKVD는 스탈린으로 하여금 군부를 숙청하도록 만들었다.[14] 울람은 말한다. "스탈린이 그의 부하들의 환상적인 반역과 사보타지 계획의 본질적 진실성을 믿기 시작했다는 것에는 의심의 여지가 없다.…"[15] 울람은 더 나아가 이렇게 적는다. "스탈린의 감정은 소위 통제된 공황이었을 것이다." 그리고 그는 "스탈린은 그의 모순된 공포 사이에서 몸부림 쳤다.…"라고 말한다.[16] 울람은 견고한 근거에 기반해 스탈린의 믿음, 감정, 공포에 대해 추측한 것인가, 아니면 "독심술"에 탐닉한 것인가? 울람이 독심술에 탐닉한 것이라면, 그 독심술은 서스턴의 해석과 대단히 유사하므로 스탈린 치하 공포에 대한 서스턴의 관점과 울람으로 대표되는 전통적 관점 사이에서 큰 모순을 찾기는 힘들다.[17] 둘 사이의 차이점은 주로 표현방식에 있는 것으로 보인다.

울람은 스탈린이 공포를 합리적으로 통제하지 못했다는 추가 증거를 제시했다. 1938~1939년, 스탈린은 공포 정치가 통제를 벗어났다는 결론을 내렸다. 스탈린은 "중요 인물들을 상대로는 극단적 조치를 계속해서 취할 것이지만, 인민이 두려워하는 무차별적 숙청은 과거의 유산이라며… '소시민'들을 안심시키려 했다."[18] 제2차세계대전 중에는 무시무시한 외부의 적과의 투쟁이 모든 러시아인들을 지도자 아래에서 단결하도록 만들었기 때문에 공포가 불필요했다. 그러나 전후 스탈린은 훨씬 작은 규모로 공포 정치를 지속했는데[19] 이는 스탈린이 "1937~1939년의 혼란"을 "반복하고 싶지 않았고, 감당할 수도 없었기 때문"일 것이다.[20] 사실, 울람은 말년의 스탈린이 다시 한번 대규모 공포 정치를 계획했을 수도 있다고 제안한다.[21] 그러나 이는 오직 고령의 스탈린이 권력을 잃을까봐 두려워했기 때문이다.[22]

B

국가 공포 전반에 대한 논의는 이 책의 주제를 벗어나지만, 나는 "이론가들과 학자들이 묘사한 공포 체제는 아마 역사상 단 한번도 존재한 바가 없을 것이다."[23]라는 서스턴의 주장을 간단하게 다루고 싶다. 서스턴은 그가 왜 스탈린의 "공포"가 "공포 체제"에 해당하지 않는다고 생각하는지 명확히 설명하지 않지만, 아마 그는 다음과 같은 자신의 주장을 염두에 두었을 것이다. "1930년대 후반의 소비에트 연방에 광범위한 공포는 존재하지 않았다. 공포 체제 이론의 근거가 되는, 누구나 다음 차례가 될 수 있다는 두려움은 거의 없었다."[24] 서스턴은 전체 인구 전반에 걸친 "광범위한 공포"가 없었음을 의미한 것이 분명하며, 상위 엘리트들, 즉, 스탈린에 의해 절멸당한 고위 관료 계층[25]에 "광범위한 공포"와 "누구나 다음 차례가 될 수 있다는 두려움"이 있었으리라는 것은 부정하지 않는다.

"광범위한 공포"가 전체 인구에 침투하지는 않았다는 점에서 서스턴은 옳을 것이다. 스탈린 치하의 삶에 대한 피셔Fischer의 개인적 경험에 기반한 설명에 따르면 대부분의 노동 계급은 공포와는 무관했다.26 그러나 이것이 스탈린 체제가 공포 체제가 아님을 의미하지는 않으며, 그러한 체제가 반드시 전체 인구에게 영향을 끼칠 필요는 없으며, 일부 계층에 제한적인 영향만 끼쳐도 된다.27 하지만, 1930년대 후반 스탈린 치하 공포는 상위 엘리트 뿐만 아니라, 이 부록의 파트A에서 묘사한 더 넓은 의미의 엘리트 계층까지 퍼졌던 것으로 보인다.28

서스턴은 줄루 제국의 황제 샤카Shaka의 공포 체제에 대한 E.V. 월터Walter의 연구결과를 월터가 인용한 영국인 목격자들이 "그들이 목격한 바를 이해할 만한 위치에 있지 않았을 수도 있음"29을 들어 반박하려고 한다. 그러나 서스턴의 주장에는 근거가 없다. 월터의 결론은 영국인 목격자들 다수의 증언으로 뒷받침되며30 그 중에서 H.F. 핀Fynn은 "줄루족의 언어와 전통에 대한 해박한 지식"을 갖추고 있었다.31 그리고 그들이 묘사한 폭력적 사건들은 설령 목격자들이 모르는 맥락이 있었다 하더라도 그 특성상 착각하기가 힘들다.

아르헨티나의 독재자 후안 파쿤도 키로가Juan Facundo Quiroga와 그 후계자 후안 마누엘 데 로사스Juan Manuel de Rosas 둘 다 명확히 규정된 공포 체제를 만들었다.32 그 외에도, 예를 들면 중국 왕조들, 20세기 라틴 아메리카의 독재자들 같은 분명한 사례들이 있다.33 그래도 "그러한 모델은 나치 독일에는 맞지 않는다."34는 서스턴의 주장은 아마 옳을 것이며, 사르미엔토Sarmiento는 프랑스 혁명 시기의 공포 정치를 일축한다.[35] 하지만 나는 헨리 8세 치하 잉글랜드는 확실히 공포 체제를 겪었다고 주장하고 싶다. 분명히 헨리의 체제는 스탈린, 샤카, 파쿤도 키로가와 로사스의 체제에 비교하면 무질서하고 느슨했으며, 공포의 타겟이 된 신하 계급은 전체 인구에 비하면 대단히 작았으나, 공포 체제의 필수적 요소들을 전부 갖추고 있었다.

• 헨리 8세는 의도적으로 공포를 통치 수단으로 삼았다. "그는 공포를 이용해 복종하도록 만들었다."[36]

• 비합리적이고 예측 불가능한 체포와 처형을 일삼았으며, 완전히 무고한 사람들이 처형당하는 경우가 많았다. 그리고 가끔씩 경쟁자나 원수를 제거하고자 하는 모함이나 밀고로 인해 발생했다.[37]

• 결과적으로 "광범위한 공포"[38], 즉 "누구든 다음 차례가 될 수 있다는 두려움"이 발생했다.[39]

• 무고한 피해자들은 왕의 명령에 따라 처형 당하기 직전 스스로를 낮추고서, 그들을 죽이라고 지시한 폭군을 향해 사랑과 충성을 표했다.[40]

• "정통" 군주로서 헨리 8세는 어느 정도 "개인 숭배"[41]의 대상이 될 여지가 있었으나, 그는 계획적으로 자신에 대한 개인 숭배를 강화했다.[42] 스탈린과 로사스의 우상화처럼, 헨리의 우상화는 부분적으로 초상화를 널리 전시하는 방식으로 이루어졌다.[43]

• 헨리 8세가 저지른 폭정과 불의에도 불구하고 그는 널리 존경받았으며, 심지어 공포 정치에 피해를 당한 계층의 일부어쩌면 대부분?에게서도 칭송 받았다.[44]

미주

1. Thurston, p. 17 참고.
2. Ulam, e.g., p. 311 마지막 문단부터 p. 312 다섯 번째 줄까지; p. 529 끊기지 않은 첫 번째 문단.; pp. 534-35.
3. Ibid., e.g., p. 272 마지막 여섯 줄과 p. 274의 앞 두줄. p. 534의 마지막 여섯 줄부터 p. 535까지.
4. Thurston, pp. 144-150.
5. Ibid., pp. 148 ("교육 수준이 높을수록 체포될 가능성이 높았다."); 149 (엔지니어들은 체포될 가능성이 높았다는 증거). Fischer, e.g., pp. 149-151, 163, 201, 205, 222, 228-29. Fischer, p. 150는 "심지어 공장 노동자"들도 체포될 수 있었다고 언급했다. 이는 Thurston, p. 193의 서술과 일치한다. "가끔씩 노동자들도… 수용소에 끌려가거나 처형당했다."
6. Ulam, p. 445.
7. ibid., pp. 419-420 참고.
8. Ibid., p. 444.
9. 심지어 서스턴의 관점에서도 수백만이 처형당했다. "전통적"인 처형자 숫자는 훨씬 크다. Thurston, pp. Xvii, 139-140 참고.
10. Ulam, p. 444.
11. Ibid., pp. 399, 438.
12. Ibid., p. 408.
13. Ibid., pp. 395-98. 또한 p. 488 (베리야에게 조종당한 스탈린) 참고.
14. Ibid., pp. 451-52.
15. Ibid., p. 412.
16. Ibid., p. 457. 또한 p. 477 ("공포를 촉발시킨 스탈린의 공황") 참고.
17. 지금의 목적상 중요한 모순이 없다는 의미이다. 여기서 목적은 공포 정치의 피해자 수를 추정하는 것이 아니라, 스탈린이 공포를 합리적으로 통제할 수 있었는지의 여부이다.
18. Ulam, pp. 474-76, 487-88; 특히 p. 476.
19. Ibid., pp. 643, 674.
20. Ibid., p. 727.
21. Ibid., pp. 737-38.
22. ibid., pp. 724-739 참고.
23. Thurston, p. 232.

24. Ibid., p. 159. 이 부분은 서스턴 스스로의 주장과 모순된다. "공황이 퍼져나가기 시작했다..." ibid., p. 90.

25. 고위 엘리트들의 절멸에 대해서는, Ulam, e.g., pp. 430-31, 438, 441, 447-48, 489 참고. 서스턴은 고위 엘리트 계층 내부에서 피비린내 나는 사건들이 발생했음을 부정하지 않는다. Thurston, p. 68 참고.

26. Fischer, pp. 151-52, 163-65, 208-09 참고.

27. Walter, pp. 6-7 참고.

28. 위 후주5 참고.

29. Thurston, pp. 232-33.

30. Walter, p. 128.

31. Ibid., p. 130.

32. 참고문헌목록에 있는 사르미엔토와 존 린치(John Lynch)의 저서들을 참고할 것; Ternavasio, pp. 66-73; González Bernaldo, pp. 199-204 또한 참고.

33. Mote, pp. 572-582. Ebrey, pp. 192-93.

34. Thurston, p. 232. 나치가 강제 수용소에서 공포를 사용했다는 점에는 의심의 여지가 없다. 그러나 적어도 1944년 7월 20일 전에는, 독일을 대상으로는 공포를 사용하지 않은 것으로 보인다. 게다가 독일 언론들이 어느 정도의 독립성을 유지했음을 고려하면, 나치 정권을 완전한 전체주의 정권으로 볼 수 있을지도 확실치 않다. Rothfels, p. 49, Skidelsky, p. 254. 그리고 스탈린 치하에서는 즉시 죽음으로 이어졌을 행동들을 나치는 어느 정도 용인해 주었다. 예를 들어, 뮌스터의 주교가 공개적으로 나치 정권의 "악행"을 비난하는 연설을 했지만, 나치는 이를 제지하지 않았다. Rothfels, pp. 58-59. 물론, 이 서술에는 나치의 비범한 악행들을 변호하려는 의도가 없다.

35. Sarmiento, p. 261.

36. Weir, p. 430.

37. E.g., Fraser, pp. 295, 323-24, 336, 342, 392; Weir, pp. 356-57, 368-69, 373, 426-27, 430, 441, 488-89.

38. E.g., Fraser, pp. 272, 389, 393; Weir, pp. 430, 482, 484.

39. Weir, p. 371.

40. E.g., Fraser, pp. 249-253, 255, 257, 353.

41. Weir, pp. 21-22.

42. Ibid., p. 348.

43. Ibid., pp. 349-350, 410, 473.

44. Ibid., pp. 427, 494-95. NEB (2003), Vol. 29, "United Kingdom," p. 51 ("프랑스 대사는 헨리 8세는… 우상 숭배의 대상이라고 알려주었다...").

예수 그리스도의 가르침과 그 사회적 효과

A

간결함을 유지하고자 제3장 파트2 가정2에 대한 논의에서 예수의 실제 가르침이 무엇인지 확실히 아는 사람이 없다는 사실을 생략했지만[1] 지금의 목적상 이는 중요하지 않다. 중요한 것은 예수가 아니라, 어떤 가르침이 그 가르침에 헌신하는 강력한 조직을 설립하는 등 실용적 행동 없이도 대중의 인간 행동에 큰 영향을 줄 수 있는지의 여부이다. 그러므로 지금의 목적에 중요한 것은 초기 기독교인들이 예수의 가르침이라고 믿은 가르침이 무엇이냐는 것이다. 그들이 예수의 가르침이라고 믿은 가르침은 대중의 인간 행동을 지도하는 데 효과적이었는가?

실제 문제는 더 복잡한데, 초기 기독교인들이 믿은 예수의 가르침은 서로 정확히 일치하지 않는다. 원래 20개의 복음서들이 있었으며[2] 마태, 마가, 누가, 요한 네 개의 정전 복음서들조차도 "증거에 따르면 초기 교회는 저마다 자신만의 복음서를 갖고 있었다. 적어도 2세기 말 이전에는 네 개의 복음서들을 모두 접하는 경우가 드물었을 것이다."[3] 그러나 여기서는 큰 문제가 되지 않는다. 네 개의 정전 복음서들은 초기 기독교가 믿은 예수의 가르침의 핵심에 충분히 근접할 것이며, 제3장 파트2에서 언급한 바, 정전 복음서들은 대중의 인간 행동을 바꾸지 못한 것으로 밝혀졌다.

기독교가 결국에는 가톨릭 교회와 동방 정교회라는 강력한 조직을 만드는 데 성공했음에도 불구하고 그러했다. 교회는 기독교 교리를 전파하는데 헌신했으며, 물론 권력을 쌓는데도 헌신했다. 이 부분에서 그들은 성공했으며, 인간 행동을 제한적으로나마 조형하는데도 성공했다. 그러나 여기서 중요한 것은 기독교 강세 지역들의 인구 대다수의 인간 행동을 예수의 기존 가르침혹은 초기 기독교인들이 그의 가르침이라고 믿었던 가르침에 맞게 조형하지 못했다는 것이다.

B

제3장 파트2에서 제시한 근거를 다음의 사례들을 통해 보충할 수 있다.

• 복음서들은 간통과 간음을 금지하고 있으나[4] 217~222년 교황 갈리스토 1세의 칙령은 상류층 로마인 여성이 남성 노예와 성관계를 갖는 것을 허용했다.[5] 갈리스토 1세가 기인이었다는 것은 사실이며 그의 행동은 그 시대 기독교 성직자의 전형과는 거리가 멀었다. 그러나 이미 상당히 많은 기독교인 여성들이 그러한 관계, 즉 간통이나 간음을 저지르고 있지 않았다면 굳이 그러한 칙령을 내리지 않았을 것이다. 유럽사에 대한 피상적인 지식이라도 갖추고 있다면 복음서의 가르침이 극소수의 엄격주의자들과 금욕주의자들을 제외하고는 간통과 간음에 별다른 영향을 주지 못했다는 것을 알 수 있을 것이다.[6]

• 195년~240년, 걸출한 기독교인 저술가 테르툴리아누스는 화려하게 차려 입고서는 그렇게 입지 않으면 초라한 다른 기독교인들처럼 눈에 띄었을 것이라고 변명하는 부유한 귀족 기독교인 여성들을 비난했다.[7]

그 후 여성의 옷차림에 대해서는 굳이 언급할 필요가 없을 것이다.

C

여기서 우리는 기독교를 종교로서 공격하고자 하는 것이 아니다. 필자가 기독교 교리를 정확히 이해했다면, 예수는 현세를 구원하고자 온 것이 아니라, 인류에게 내세에서 구원 받는 길을 알려주고자 온 것이다.

미주

1. Freeman, pp. 19-30.
2. Ibid., pp. 20-21. 그리고 pp. 97-99 참고.
3. Ibid., p. 73.
4. E.g., Matthew 5:27 & 32, 15:19; Mark 7:21; Luke 18:20. I Corinthians 7:2, 그리고 Augustine, II.3.7, p. 28; II.6.14, pp. 33-34; X.30.41, p. 223 참고.
5. Harnack, p. 210. 엄밀히 말해서 갈리스토1세는 교황이 아니라, 로마의 주교였다. 그 당시 로마의 주교는 "교황"이라고 불리지 않았다. Freeman, pp. 315-16 참고.
6. e.g., Elias, pp. 154-55 참고.
7. Harnack, p. 62n3. Freeman, p. 180; Isaiah 3: 16-24 참고.

참고문헌

Acohido, Byron, "Hactivist group seeks 'satisfaction,'" *USA Today*, June 20, 2011.

Acohido, Byron, "LulzSec's gone, but its effect lives on," *USA Today*, June 28, 2011.

Acohido, Byron, "Hackers mine ad strategies for tools," *USA Today,* July 16, 2013.

Acohido, Byron, and Peter Eisler, "How a low-level insider could steal from NSA," *USA Today*, June 12, 2013.

Aditya Batra. See Batra.

Agüero. See Conte Agüero.

Agustín, José, *Tragicomedia Mexicana*, Colección Espejo de México, Editorial Planeta Mexicana, Mexico City; Vol. 1, fifth printing, 1992; Vol. 2, 1993.

Alinsky, Saul D., *Rules for Radicals: A Pragmatic Primer for Realistic Radicals*, Vintage Books, Random House, New York, 1989.

Allan, Nicole, "We're Running Out of Antibiotics," *The Atlantic*, March 2014.

Ashford, Nicholas A., and Ralph P. Hall, *Technology, Globalization, and Sustainable Development: Transforming the Industrial State*, Yale University Press, New Haven, Connecticut, 2011.

Astor, Gerald, *The Greatest War: Americans in Combat 1941-1945*, Presidio Press, Novato, California, 1999.

Augustine (Aurelius Augustinus), Saint, *The Confessions,* trans. by Maria Boulding, First Edition, Vintage Spiritual Classics, Random House, New York, 1998.

Azorín (José Martínez Ruiz), *El Político*, Primera edición, Fondo de Cultura Económica, Mexico City, 1998.

Barbour. See Duncan.

Barja, César, *Libros y Autores Clásicos*, Vermont Printing Company, Brattleboro, Vermont, 1922.

Barrow, Geoffrey W.S., *Robert Bruce & The Community of the Realm of Scotland,* Third Edition, Edinburgh University Press, Edinburgh, 1988, reprinted 1999.

Batra, Aditya, "A revolution gone awry," *Down to Earth*, May 16-31, 2011, pp. 23-25. *Down to Earth* is a magazine published in print by the Society for Environmental Communications, New Delhi, India. It is also available at http://www.downtoearth.org.in

Bazant, Jan, *A Concise History of Mexico: From Hidalgo to Cárdenas, 1805-1940*, Cambridge University Press, Cambridge, U.K., 1977.

Beatty, Thomas J., et al., "An obligately photosynthetic bacterial anaerobe from a deep-sea hydrothermal vent," *Proceedings of the National Academy of Sciences U.S.A.*, Vol. 102, No. 26, June 28, 2005, pp. 9306-9310.

Beehner, Lionel, "History warns of Iraq's fall," *USA Today*, July 10, 2014.

Benton, Michael J., "Instant Expert 9: Mass Extinctions," *New Scientist*, Vol. 209, No. 2802, March 5, 2011, pp. i-viii. Benton's article is a pull-out that appears between pages 32 and 33 of this issue of *New Scientist*.

Bernaldo. See González Bernaldo.

Blau, Melinda, *Killer Bees*, Steck-Vaughn Publishers, Austin, Texas, 1992.

Bolívar. See Soriano.

Boorstin, Daniel J., *The Americans: The Colonial Experience*, Phoenix Press, London, 2000.

Botz. See La Botz.

Bourne, Joel K., Jr., "The End of Plenty," *National Geographic*, June 2009.

Bouwsma, William J., *John Calvin: A Sixteenth Century Portrait,* Paperback Edition, Oxford University Press, New York, 1989.

Bowditch, James L., Anthony F. Buono, and Marcus M. Stewart, *A Primer on Organizational Behavior,* Seventh Edition, John Wiley & Sons, Hoboken, New Jersey, 2008.

Bradsher, Keith, " 'Social Risk' Test Ordered By China for Big Projects," *New York Times International*, Nov. 13, 2012.

Brathwait, Richard, *English Gentleman,* 1630.

Brooking, Emerson T., and P.W. Singer, "War Goes Viral: How Social Media is Being Weaponized," *The Atlantic,* Nov. 2016.

Brower, David, "Foreword," in Wilkinson.

Brower, Kenneth, "The Danger of Cosmic Genius," *The Atlantic,* Dec. 2010.

Browning, William Ernst (ed.), *The Poems of Jonathan Swift,* D.D., Vol. I, G. Bell and Sons, London, 1910.

Buchanan, Scott (ed.), *The Portable Plato,* trans. by Benjamin Jowett, Penguin Books, New York, 1977.

Buckley, F.H., "How Machiavelli made Trump into a virtue," *USA Today,* June 1, 2016.

Buechler, Steven M., *Understanding Social Movements: Theories from the Classical Era to the Present*, Routledge, New York, 2016.

Buhle, Paul, and Edmund B. Sullivan, *Images of American Radicalism,* Second Edition, The Christopher Publishing House, Hanover, Massachusetts, 1999.

Bury, J.B., *The Idea of Progress: An Inquiry into its Origin and Growth*, Dover Publications, New York, 1955.

Caputo, Philip, "The Border of Madness," *The Atlantic,* Dec. 2009.

Carr, Nicholas, "The Great Forgetting," *The Atlantic*, Nov. 2013.

Carrillo, Santiago, *Eurocomunismo y Estado,* Editorial Crítica, Grupo Editorial Grijalbo, Barcelona, 1977.

Carroll, Chris, "Small Town Nukes," *National Geographic*, March 2010.

Cebrián, José Luis, et al., *La Segunda Guerra Mundial: 50 años después*, No. 67, "Operación Walkiria. Objetivo: matar al Führer," Prensa Española, Madrid, 1989.

Chernow, Ron, *Alexander Hamilton,* Penguin Books, New York, 2004.

Christian, Brian, "Mind vs. Machine," *The Atlantic*, March 2011.

Christman, Henry M. (ed.), *Essential Works of Lenin*, Bantam Books, New York, 1966.

Churchill, Winston, *A History of the English-Speaking Peoples*, Vol. Four, The Great Democracies, Bantam Books, New York, 1963.

Conte Agüero, Luis, *Cartas del Presidio,* Editorial Lex, Havana, 1959.

Coon, Carleton S., *The Hunting Peoples*, Little, Brown and Company, Boston, 1971.

Currey, Cecil B., *Road to Revolution: Benjamin Franklin in England, 1765-1775*, Anchor Books, Doubleday, Garden City, New York, 1968.

Davidson, Adam, "Making it in America," *The Atlantic*, Jan./Feb. 2012.

Davies, Nigel, <u>The Aztecs: A History</u>, University of Oklahoma Press, Norman, Oklahoma, 1980, fourth printing, 1989.

De Gaulle. See Gaulle.

De Tocqueville. See Tocqueville.

Dennett, Daniel C., *Darwin's Dangerous Idea*, Simon & Schuster, New York, 1995.

Diamond, Jared, *Collapse: How Societies Choose to Fail or Succeed*, Penguin Books,
Dimitrov, Georgi, The United Front, International Publishers, New York, 1938.

Di Tella. See Tella.

Dorpalen, Andreas, *German History in Marxist Perspective: The East German Approach*, Wayne State University Press, Detroit, 1988.

Drehle, David von, "The Little State That Could," *Time*, Dec. 5, 2011.

Dulles, Foster Rhea, *Labor in America: A History,* Third Edition, AHM Publishing Corporation, Northbrook, Illinois, 1966.

Duncan, A.A.M. (ed.), *John Barbour's The Bruce*, Canongate Books, Edinburgh, 1997.

Dunnigan, James F., and Albert A. Nofi, *The Pacific War Encyclopedia*, Checkmark Books, an imprint of Facts on File, Inc., 1998.

Duxbury, Alyn C. and Alison B., *An Introduction to the World's Oceans*, Third Edition, Wm. C. Brown Publishers, Dubuque, Iowa, 1991.

East, W. Gordon, *The Geography Behind History*, W.W. Norton & Company, New York, 1999.

Ebrey, Patricia Buckley, *The Cambridge Illustrated History of China,* First Paperback Edition, Cambridge University Press, Cambridge, U.K., 1999, ninth printing, 2007.

Ejaz, Sohail, et al., "Endocrine Disrupting Pesticides: A Leading Cause of Cancer Among Rural People in Pakistan," *Experimental Oncology*, June 2004, Vol. 26, No. 2, pp. 98-105.

Elias, Norbert, *The Civilizing Process*, trans. by Edmund Jephcott, Revised Edition, Blackwell Publishing, Malden, Massachusetts, 2000.

Emerson, Ralph Waldo, *Self-Reliance and Other Essays*, Dover Publications, New York, 1993.

Engels, Friedrich, *Letter to Joseph Bloch*, Sept. 21-22, 1890, in *Der sozialistische Akademiker*, 1. Jahrgang, Nummer 19, Oct. 1, 1895. As we have it, the letter was downloaded from *Das Elektronische Archiv*,
http://www.dearchiv.de/php/dok.php?archiv=mew&brett=MEW037&f···

Feeney, John, "Agriculture: Ending the World as We Know It," *The Zephyr,* Aug. Sept. 2010.

Feibus, Mike, "Are we ready to play God?," *USA Today*, July 24, 2017.

Fischer, Markoosha, *My Lives in Russia*, First Edition, Harper & Brothers Publishers, New York, 1944.

Fluharty, V.L., *Dance of the Millions: Military Rule and the Social Revolution in Colombia (1930-1956)*, University of Pittsburgh Press, 1957.

Foer, Franklin, "Mexico's Revenge," *The Atlantic*, May 2017.

Folger, Tim, "The Secret Ingredients of Everything," *National Geographic*, June 2011.

Foroohar, Rana, "What Happened to Upward Mobility?," *Time*, Nov. 14, 2011.

Foroohar, Rana, "Companies Are the New Countries," *Time*, Feb. 13, 2012.

Fountain, Henry, "A Dream Machine," *New York Times,* "Science Times" section, Late Edition (East Coast), March 28, 2017.

Fraser, Antonia, *The Wives of Henry VIII*, Vintage Books, Random House, New York, 1994.

Freeman, Charles, *A New History of Early Christianity,* Paperback Edition, Yale University Press, New Haven, Connecticut, 2011.

French, Howard W., "E.O. Wilson's Theory of Everything," *The Atlantic*, Nov. 2011.

Fukuyama, Francis, "The End of History?," *The National Interest*, No. 16, Summer 1989, pp. 3-18.

Gallagher, Matt, "No Longer a Soldier," *The Week*, Feb. 11, 2011.

García, Antonio, *Gaitán y el problema de la Revolución Colombiana*, Cooperativa de Artes Gráficas, Bogotá, 1955.

Gardner, Gary, Tom Prugh, and Michael Renner (project directors), *State of the World 2015: Confronting Hidden Threats to Sustainability, Worldwatch Institute*, Island Press, Washington, D.C., 2015.

Gastrow, Peter, *Termites at Work: Transnational Organized Crime and State Erosion in Kenya,* International Peace Institute, New York, Sept. 2011.

Gastrow, Peter, *Termites at Work: A Report on Transnational Organized Crime and State Erosion in Kenya-Comprehensive Research Findings*, International Peace Institute, New York, Dec. 2011.

Gaulle, Charles de, *The Complete War Memoirs of Charles de Gaulle*, trans. by Jonathan Griffin and Richard Howard, Carroll & Graf Publishers, New York, 1998.

Gilbert, Martin, The European Powers, 1900-1945, *Phoenix Press,* London, 2002.

Gilbert, Martin, *The Second World War: A Complete History*, Revised Edition, Henry Holt and Company, New York, 2004.

Glendinning, Chellis, "Notes Toward a Neo-Luddite Manifesto," *Utne Reader*, March/April 1990. Glendinning's article is reprinted in Skrbina, pp. 275-78. The citation to the original source of the article was provided by Dr. Skrbina (letter to this writer, June 28, 2010). I have not seen Glendinning's article as it originally appeared in *Utne Reader*, but only as reprinted in Skrbina.

Goldberg, Jeffrey, "Monarch in the Middle," *The Atlantic*, April 2013.

González Bernaldo, Pilar, "Sociabilidad, espacio urbano y politización en la ciudad de Buenos Aires (1820-1852)," in Sabato & Lettieri, pp. 191-204.

Graham, Hugh Davis, and Ted Robert Gurr (eds.), *Violence in America: Historical and Comparative Perspectives*, Bantam Books, New York, 1970.

Grossman, Lev, "Singularity," *Time*, Feb. 21, 2011.

Guevara, Ernesto "Che," *Diario de Bolivia*, Ediciones B, Barcelona, 1996.

Guillermoprieto, Alma, *Al pie de un volcán te escribo: Crónicas latinoamericanas,* trans. from English by Alma Guillermoprieto and Hernando Valencia Goelkel, Grupo Editorial Norma, Santafé de Bogotá, Colombia, 1995.

Guillette, Elizabeth A., et al., "An Anthropological Approach to the Evaluation of Preschool Children Exposed to Pesticides in Mexico," *Environmental Health Perspectives,* Vol. 106, No. 6, June 1998, pp. 347-353.

Hamilton, Anita, "The Bug That's Eating America," *Time*, July 4, 2011.

Hammer, Joshua, "Getting Past the Troubles," *Smithsonian magazine*, March 2009.

Haraszti, Zoltán, *John Adams & The Prophets of Progress*, The Universal Library, Grosset & Dunlap, New York, 1964.

Harford, Tim, "What Nuclear Reactor Can Teach Us About the Economy," *Financial Times*, Jan. 15, 2011.

Harnack, Adolf (von), *Die Mission und Ausbreitung des Christentums in den ersten drei Jahrhunderten*, zweite neu durchgearbeitete Auflage, II. Band, *Die Verbreitung*, J.C. Hinrichs'sche Buchhandlung, Leipzig, 1906. The copy referenced here is a facsimile put out by the University of Michigan Library, 2016.

Hassig, Ross, *Aztec Warfare: Imperial Expansion and Political Control*, University of Oklahoma Press, Norman, Oklahoma, 1995.

Hayes, Christal, "Immigrants' home life makes trip worth the risk," *USA Today*, June 26, 2018.

Heilbroner, Robert, and Aaron Singer, *The Economic Transformation of America Since 1865*, Harcourt Brace College Publishers, Fort Worth, Texas, 1994.

Hernandez, Rebecca R., et al., "Solar energy development impacts on land cover change and protected areas," *Proceedings of the National Academy of Sciences U.S.A.*, Vol. 112, No. 44, Nov. 3, 2015, pp. 13579-13584. See the correction in the same journal , Vol. 113, No. 12, March 22, 2016, p. E1768.

Hitler, Adolph [sic], *Mein Kampf*, Houghton Mifflin, Boston, 1943.

Hoffer, Eric, *The True Believer*, Harper Perennial, Harper Collins, New York, 1989.

Horowitz, Irving Louis, *El Comunismo Cubano: 1959-1979,* trans. from English by Noevia Lugones and Rubén Miranda, Biblioteca Cubana Contemporánea, Editorial Playor, Madrid, 1978/79.

Hoyle, Fred, *Of Men and Galaxies*, University of Washington Press, Seattle, 1964.

Huenefeld, John, *The Community Activist's Handbook,* Beacon Press, Boston, 1970.

Illich, Ivan, *Tools for Conviviality*, Harper & Row, New York, 1973.

Isaacson, Walter, *Kissinger: A Biography*, Simon & Schuster Paperbacks, New York, 2005.

Ivey, Bill, *Handmaking America: A Back-to-Basics Pathway to a Revitalized American Democracy*, Counterpoint, Berkeley, California, 2012.

Jacobson, Douglas W., "The Founding of Zegota," *Polish American Journal*, Sept. 2011.

Jenkins, Roy, *Churchill: A Biography*, Plume, a member of Penguin Putnam, Inc., New York, 2002.

Johnson, George, "The Nuclear Tourist," *National Geographic*, Oct. 2014.

Johnson, Keith, and Russell Gold, "U.S. Oil Notches Record Growth," Wall Street Journal, June 13, 2013.

Jones, Charisse, "What's made from oil goes way beyond the gas pump," *USA Today*, Jan. 19, 2016.

Jones, Dan, *The Plantagenets: The Warrior Kings and Queens Who Made England,* Revised Edition, Viking, Penguin Group (USA), New York, 2013.

Joy, Bill, "Why the Future Doesn't Need Us," *Wired*, April 2000.

Kaczynski, Theodore John, *Technological Slavery*, Second Edition, Feral House, Port Townsend, Washington, 2010; Third Edition, Vol. 1, Fitch & Madison Publishers, Scottsdale, Arizona, 2019. Passages cited in the present work appear in both editions of *Technological Slavery*, except where otherwise noted.

Kaufmann, Walter (ed.), *The Portable Nietzsche*, Penguin Books, New York, 1976.

Kee, Robert, *The Green Flag: A History of Irish Nationalism*, Penguin Books, London,

2000.

Keefe, Patrick Radden, "Cat-and-Mouse Games," *New York Review*, May 26, 2005.

Keegan, John, *The Second World War*, Penguin Books, New York, 1990.

Keiper, Adam, "The Nanotechnology Revolution," *The New Atlantis: A Journal of Technology and Society*, Number 2, Summer 2003.

Kelly, Kevin, *What Technology Wants*, Penguin Books, New York, 2011.

Kendrick, *Thomas Downing, A History of the Vikings,* Dover Publications, Mineola, New York, 2004.

Kerr, Richard A., "Life Goes to Extremes in the Deep Earth-and Elsewhere?," *Science*, Vol. 276, No. 5313, May 2, 1997, pp. 703-04.

Kiviat, Barbara, "Below the Line," Time, Nov. 28, 2011.

Klein, Naomi, "Capitalism vs. the Climate," *The Nation*, Nov. 28, 2011.

Klemm, Friedrich, *A History of Western Technology,* trans. by Dorothea Waley Singer, M.I.T. Press, Cambridge, Massachusetts, 1964, sixth printing, 1978.

Knab, Sophie Hodorowicz, "Polish Farm Family Paid the Ultimate Price for Hiding Jews," *Polish American Journal*, Nov. 2012.

Koch, Wendy, "Nuclear industry sees new generation of reactors," *USA Today*, Nov. 27, 2012.

Kosthorst, Erich, *Die deutsche Opposition gegen Hitler zwischen Polen- und Frankreichfeldzug*, 3. bearbeitete Auflage, Schriftenreihe der Bundeszentrale für Heimatdienst, Heft 8, Bonn, 1957.

Krauss, Clifford, "South African Company to Build U.S. Plant to Convert Gas to Liquid Fuels," *New York Times Business,* Dec. 4, 2012.

Krishnamurthy, Nagaiyar, and Chiranjib Kumar Gupta, *Extractive Metallurgy of Rare Earths*, Second Edition, CRC Press, Taylor & Francis Group, Boca Raton, Florida, 2016.

Kunzig, Robert, "World Without Ice," *National Geographic*, Oct. 2011.

Kurzweil, Ray, *The Singularity is Near,* Penguin Books, New York, 2006.

La Botz, Dan, *Democracy in Mexico: Peasant Rebellion and Political Reform*, South End Press, Boston, 1995.

LeBlanc, Steven A., *Constant Battles: The Myth of the Peaceful, Noble Savage*, St. Martin's Press, New York, 2003.

Lee, Martha F., *Earth First!: Environmental Apocalypse,* Syracuse University Press, Syracuse, New York, 1995.

Leger, Donna Leinwand and Anna Arutunyan, "Meet the architects of data theft," USA Today, March 6, 2014.

Lenin, Vladimir Ilich, *Lenin on Organization*, Lenin Library, Daily Worker Publishing Company, Chicago, 1926.

Lenin, Vladimir Ilich, *Collected Works*, International Publishers, New York. We cite two different editions, that of 1929 and that of 1942.

Leslie, John, "Return of the killer nanobots," *Times Literary Supplement*, Aug. 1, 2003.

Leuchtenburg, William E., *Franklin D. Roosevelt and the New Deal, 1932-1940*, Harper & Row, New York, 1963.

Levin, Simon A. (ed.), *Princeton Guide to Ecology*, Princeton University Press, Princeton, New Jersey, 2009.

Lidtke, Vernon L., *The Outlawed Party: Social Democracy in Germany, 1878-1890*,

Princeton University Press, Princeton, New Jersey, 1966.

Lieberman, Bruce, "Meanwhile, on a Planet Nearby⋯," *Air & Space*, June/July 2013.

Lindstrom, Martin, *Brandwashed: Tricks Companies Use to Manipulate Our Minds and Persuade Us to Buy*, First Edition, Crown Publishing Group, a division of Random House, New York, 2011.

Lipsher, Steve, "Guilty pleas unveil the tale of eco-arson on Vail summit," *The Denver Post*, Dec. 15, 2006.

Lockwood, Lee, *Castro's Cuba, Cuba's Fidel*, Macmillan, New York, 1967.

Lohr, Steve, "More Jobs Predicted for Machines, Not People," *New York Times*, Late Edition (East Coast), Oct. 24, 2011.

Lomborg, Bjorn, "Trump exposes climate deal," *USA Today*, March 30, 2017.

Lorenz, Edward N., *The Essence of Chaos*, University of Washington Press, Seattle, 1993.

Lovich, Jeffrey E., and Joshua R. Ennen, "Wildlife Conservation and Solar Energy Development in the Desert Southwest, United States," *Bioscience*, Vol. 61, No. 12, Dec. 2011, pp. 982-992.

Lukowski, Jerzy, and Hubert Zawadzki, *A Concise History of Poland*, Second Edition, Cambridge University Press, Cambridge, U.K., 2006, fifth printing, 2011.

Lynch, John, *Argentine Caudillo: Juan Manuel de Rosas*, SR Books, an imprint of Rowman & Littlefield Publishers, Lanham, Maryland, 2006.

MacFadyen, Dugald, *Alfred the West Saxon, King of the English*, J.M. Dent & Co., London, 1901.

MacLeod, Calum, "China sees unfulfilled potential in wind," *USA Today*, Sept. 28, 2009.

Malpass, Michael A., *Daily Life in the Inca Empire*, Greenwood Press, Westport, Connecticut, 1996.

Manchester, William, *The Arms of Krupp, 1587-1968*, Bantam Books, Toronto, 1970.

Manjoo, Farhad, *True Enough: Learning to Live in a Post-Fact Society*, John Wiley & Sons, Hoboken, New Jersey, 2008.

Mann, Charles C., "What if We Never Run Out of Oil?," *The Atlantic*, May 2013.

Mao Zedong (Tsetung), *Selected Readings from the Works of Mao Tsetung*, Foreign Languages Press, Peking (Beijing), 1971.

Margonelli, Lisa, "Down and Dirty," *The Atlantic*, May 2009.

Markoff, John, "Ay Robot! Scientists Worry Machines May Outsmart Man," *New York Times*, July 26, 2009.

Markoff, John, "Skilled Work, Without the Worker," *New York Times*, Aug. 19, 2012, Late Edition (East Coast).

Markoff, John, "Pentagon Offers a Robotics Prize," *New York Times*, Oct. 29, 2012, New York Edition.

Martin, Joseph Plumb, *Memoir of a Revolutionary Soldier*, Dover Publications, Mineola, New York, 2006.

Martínez Ruiz. See Azorín.

Marx, Karl, and Friedrich Engels, *The Communist Manifesto*, trans. by Samuel Moore, Simon & Schuster, New York, 1964.

Matheny, Keith, "Solar plans pit green vs. green: Renewable energy projects could threaten species, habitat," *USA Today*, June 2, 2011.

Matthews, Herbert L., *Fidel Castro*, Simon & Schuster, New York, 1969.

McCaffrey, Carmel, and Leo Eaton, I*n Search of Ancient Ireland: The Origins of the Irish from Neolithic Times to the Coming of the English*, New Amsterdam Books, Ivan R. Dee, Publisher, Chicago, 2002.

McCullough, David, *John Adams*, Simon & Schuster, New York, 2002.

McKibben, Bill, *Enough: Staying Human in an Engineered Age*, Times Books, New York, 2003.

McKinney, Michael L., and Julie L. Lockwood, "Biotic homogenization: a few winners replacing many losers in the next mass extinction," Trends in *Ecology and Evolution,* Vol. 14, Issue 11, Nov. 1999, pp. 450-53.

Mellow, Craig, "Jet Race: In 1956, the Soviets held first place-briefly," *Air & Space,* Oct./Nov. 2013.

Milstein, Michael, "Pilot not included," *Air & Space*, June/July 2011.

Mote, Frederick W., *Imperial China, 900-1800,* Harvard University Press, Cambridge, Massachusetts, 2003.

Murphy, Audie, *To Hell and Back, Owl Books,* Henry Holt and Company, New York, 2002.

Naess, Arne, Ecology, *Community and Lifestyle: Outline of an Ecosophy,* trans. by David Rothenberg, Cambridge University Press, Cambridge, U.K., 1989.

Naruo Uehara, "Green Revolution" (editorial), *Japan Medical Association Journal*, Vol. 49, No. 7&8, July/Aug. 2006, p. 235.

Neusner, Jacob, and Bruce Chilton (eds.), *Altruism in World Religions*, Georgetown University Press, Washington, D.C., 2005.

Nevins, Allan, Study in Power: John D. Rockefeller, *Industrialist and Philanthropist* (2 Vols.), Charles Scribner's Sons, New York, 1953.

Nissani, Moti, *Lives in the Balance: The Cold War and American Politics, 1945-1991,* Hollowbrook Publishing/ Dowser Publishing Group, Wakefield, New Hampshire/ Carson City, Nevada, 1992.

Norris, Frank, *The Octopus: A Story of California,* Doubleday, Garden City, New York, 1947.

Noyes, J.H., *History of American Socialisms*, J.B. Lippincott & Co., Philadelphia, 1870.

Okada. See Yukinori.

Okrent, Daniel, *Last Call: The Rise and Fall of Prohibition,* Scribner, a division of Simon & Schuster, New York, 2010.

O'Regan, Davin, "Narco-states: Africa's next menace," *International Herald Tribune*, March 13, 2012.

Orr, H. Allen, "The God Project," *The New Yorker*, April 3, 2006.

Packer, George, "Knowing the Enemy," *The New Yorker,* Dec. 18, 2006.

Padgett, Tim, and Ioan Grillo, "Mexico's Meth Warriors," *Time*, June 28, 2010.

Pandita, Rahul, Hello, *Bastar: The Untold Story of India's Maoist Movement,* Tranquebar Press, Chennai, 2011.

Parker, Geoffrey (ed.), *The Cambridge History of Warfare*, Cambridge University Press, Cambridge, U.K., 2008.

Patterson, James T., *America in the Twentieth Century: A History*, Fifth Edition, Harcourt College Publishers, Fort Worth, Texas, 2000.

Payne, Stanley G., El Franquismo, *Segunda Parte, 1950-1959.* Apertura exterior y planes de estabilización, Arlanza Ediciones, Madrid, 2005.

Paz, Fernando, *Europa bajo los escombros: Los bombardeos aéreos en la Segunda Guerra Mundial,* Áltera, Barcelona, 2008.

Peck, Don, "They're Watching You at Work," *The Atlantic,* Dec. 2013.

Perrow, Charles, *Normal Accidents: Living with High-Risk Technologies,* Basic Books, New York, 1984.

Perrow, Charles, *The Next Catastrophe: Reducing our vulnerabilities to natural, industrial, and terrorist disasters,* Princeton University Press, Princeton, New Jersey, 2007.

Peterson, Christopher L., "Fannie Mae, Freddie Mac, and the Home Mortgage Foreclosure Crisis," Loyola University *New Orleans Journal of Public Interest Law,* Vol. 10, 2009, pp. 149-170.

Pipes, Richard (ed.), *The Unknown Lenin: From the Secret Archive,* Yale University Press, New Haven, Connecticut, 1998.

Pirenne, Henri, *Mohammed and Charlemagne,* Meridian Books, The World Publishing Company, Cleveland, Ohio, 1957.

Plato. See Buchanan.

Quammen, David, "How Animals and Humans Exchange Disease," *National Geographic,* Oct. 2007.

Radzinsky, Edvard, T*he Last Tsar: The Life and Death of Nicholas II,* trans. by Marian Schwartz, Doubleday, New York, 1992.

Randall, Willard Sterne, *Thomas Jefferson: A Life,* Harper Collins, New York, 1994.

Read, Anthony, and David Fisher, *The Fall of Berlin,* Da Capo Press, New York, 1995.

Read, Piers Paul, *The Templars,* Da Capo Press, New York, 2001.

Reed, Stanley, "Shell Bets on a Colossal Floating Liquefied Natural Gas Factory Off Australia," *New York Times Business,* Nov. 13, 2012.

Reid, P.R., *The Colditz Story,* J.B. Lippincott Company, Philadelphia, 1953.

Reid, Stuart A., " ' Let's Go Take Back Our Country.' " *The Atlantic,* March 2016.

Remnick, David, "The Talk of the Town," *The New Yorker,* Aug. 25, 2008.

Ribas, Ignasi, "The Sun and stars as the primary energy input in planetary atmospheres," published by the International Astronomical Union as *Solar and Stellar Variability: Impact on Earth and Planets, Proceedings IAU Symposium, No. 264, 2009.*

Rifkin, Jeremy, *The Third Industrial Revolution: How Lateral Power is Transforming Energy, the Economy, and the World,* Palgrave Macmillan, a division of St. Martin's Press, New York, 2011.

Ripley, Amanda, "To Catch a Drone," *The Atlantic,* Nov. 2015.

Rosenthal, Elizabeth, "U.S. Is Forecast to be No. 1 Oil Producer," *New York Times Business,* Nov. 13, 2012.

Rossi, A., *The Rise of Italian Fascism, 1918-1922,* trans. by Peter and Dorothy Wait, Methuen, London, 1938.

Rossiter, Clinton, *The American Presidency,* Time, Inc. Book Division, New York, 1960.

Rothfels, Hans, *Deutsche Opposition gegen Hitler: Eine Würdigung,* Neue, erweiterte Ausgabe, Fischer Taschenbuch Verlag, Frankfurt am Main, 1986.

Rothkopf, David, "Command and Control," *Time,* Jan. 30, 2012.

Rotman, David, "How Technology is Destroying Jobs," *MIT Technology Review,* Vol. 116, No. 4, July/Aug. 2013, pp. 28-35.

Ruiz. See Azorín.

Runciman, Steven, *A History of the Crusades,* Vol. III, T*he Kingdom of Acre and the Later Crusades*, The Folio Society, London, fifth printing, 1996.

Russell, Diana E.H., Rebellion, Revolution, and Armed Force: A Comparative Study of Fifteen Countries with Special Emphasis on Cuba and South Africa, Academic Press, New York, 1974.

Sabato, Hilda, and Alberto Lettieri (eds.), *La vida política en la Argentina del siglo* XIX: Armas, votos y voces, Primera edición, Fondo de Cultura Económica de Argentina, Buenos Aires, 2003.

Sallust (Gaius Sallustius Crispus), *The Jugurthine War*; The Conspiracy of Catiline, trans. by S.A. Handford, Penguin Books, Baltimore, 1967.

Sampson, Anthony, *Mandela: The Authorized Biography,* Alfred A. Knopf, New York, 1999.

Saney, Isaac, *Cuba: A Revolution in Motion*, Fernwood Publishing, London, 2004.

Saporito, Bill, "Hack Attack," *Time*, July 4, 2011.

Sarewitz, Daniel, and Roger Pielke, Jr., "Learning to Live With Fossil Fuels," *The Atlantic*, May 2013.

Sarmiento, Domingo Faustino, Facundo. *Civilización y Barbarie*, edited by Roberto Yahni, Séptima edición, Ediciones Cátedra (Grupo Anaya, S.A.), Madrid, 2005.

Schebesta, Paul, *Die Bambuti-Pygmäen vom Ituri,* II. Band, I. Teil, Institut Royal Colonial Belge, Brussels, 1941.

Searcy, Dionne, "Trying to 'Salvage' Nation, Nigeria's President Faces a Crisis in Every Direction," *New York Times International*, July 18, 2016.

Seligman, Martin E.P., *Helplessness: On Depression, Development, and Death*, W.H. Freeman and Company, New York, 1992.

Selznick, Philip, *The Organizational Weapon: A Study of Bolshevik Strategy and Tactics*, The Free Press of Glencoe, Illinois, 1960.

Shapiro, Fred R. (ed.), *The Yale Book of Quotations*, Yale University Press, New Haven, Connecticut, 2006.

Sharer, Robert J., *The Ancient Maya*, Fifth Edition, Stanford University Press, Stanford, California, 1994.

Sharkey, Patrick, "The Eviction Curse," *The Atlantic*, June 2016.

Shattuck, Roger, "In the Thick of Things," *The New York Review*, May 26, 2005.

Shukman, Henry, "After the apocalypse," *The Week*, April 1, 2011.

Silverman, Kenneth (ed.), *Benjamin Franklin: The Autobiography and Other Writings*, Penguin Books, New York, 1986.

Skidelsky, Robert, John Maynard Keynes, Vol. Three, *Fighting for Freedom, 1937-1946,* Viking Penguin, New York, 2001.

Skrbina, David (ed.), *Confronting Technology,* Creative Fire Press, Detroit, 2010.

Smelser, Neil J., *Theory of Collective Behavior*, Macmillan, New York, 1971.

Smith, Alice Kimball, and Charles Weiner (eds.), *Robert Oppenheimer: Letters and Recollections*, Stanford University Press, Stanford, California, 1995.

Sodhi, Navjot S., Barry W. Brook, and Corey J.A. Bradshaw, "Causes and Consequences of Species Extinctions," in *Levin*, pp. 514-520.

Sohail Ejaz. See Ejaz.

Somers, James, "The Man Who Would Teach Machines to Think," *The Atlantic*, Nov.

2013.

Soriano, Graciela (ed.), *Simón Bolívar: Escritos políticos,* Alianza Editorial, Madrid, 1975.

Stafford, David, *Secret Agent: The True Story of the Covert War Against Hitler,* The Overlook Press, New York, 2001.

Stalin, J., *Foundations of Leninism,* International Publishers, New York, 1932.

Stalin, J., *History of the Communist Party of the Soviet Union (Bolsheviks): Short Course,* Prism Key Press, New York, 2013. Though the authorship was attributed to Stalin, this book was mostly written by a commission of the Central Committee of the Communist Party of the Soviet Union. Selznick, p. 42n23. Ulam, p. 638. The copy referenced here was manufactured in Lexington, Kentucky on July 29, 2014, presumably through some sort of print-on-demand system.

Starr, Chester G., *The Origins of Greek Civilization, 1100-650 B.C.,* W.W. Norton & Company, New York, 1991.

Steele, David Ramsay, *From Marx to Mises: Post-Capitalist Society and the Challenge of Economic Calculation,* Open Court, La Salle, Illinois, 1992.

Stigler, George J., *The Theory of Price,* Fourth Edition, Macmillan, New York, 1987.

Suárez, Luis, *Franco: Crónica de un tiempo. Victoria frente al bloqueo. Desde 1945 hasta 1953,* Editorial Actas, Madrid, 2001.

Sueiro, Daniel, and Bernardo Díaz Nosty, *Historia del Franquismo,* Vol. I, Sociedad Anónima de Revistas, Periódicos y Ediciones, Madrid, 1986.

Surowiecki, James, "Fuel for thought," *The New Yorker,* July 23, 2007.

Swift, Jonathan. See Browning.

Taagepera, Rein, "Size and Duration of Empires: Systematics of Size," *Social Science Research,* Vol. 7, 1978, pp. 108-127.

Tacitus, Publius (or Gaius) Cornelius, *The Annals,* trans. by Alfred John Church and William Jackson Brodribb, Dover Publications, Mineola, New York, 2006.

Tannenbaum, Frank, *Peace by Revolution: Mexico After 1910,* Columbia University Press, New York, 1966.

Taylor, Neill, et al., "Resolving safety issues for a demonstration fusion power plant," *Fusion Engineering and Design,* Vol. 124, Nov. 2017, pp. 1177-1180. Apparently this journal as a whole is not available to the public, but some articles, including the one cited here, are available on the Internet at https://www.sciencedirect.com/science/article/pii/S0920379617301011. The selfsame copy used by this writer should be available in the University of Michigan's Special Collections Library at Ann Arbor.

Tella, Torcuato S. di, Gino Germani, Jorge Graciarena y colaboradores, *Argentina, Sociedad de Masas,* Tercera edición, Editorial Universitaria de Buenos Aires, 1971.

Ternavasio, Marcela, "La visibilidad del consenso. Representaciones en torno al sufragio en la primera mitad del siglo XIX," in Sabato & Lettieri, pp. 57-73.

Thurston, Robert W., *Life and Terror in Stalin's Russia, 1934-1941,* Yale University Press, New Haven, Connecticut, 1996.

Tipton, Frank B., "The National Consensus in German Economic History," *Central European History,* Vol. 7, No. 3 (Sept. 1974), pp. 195-224.

Tocqueville, Alexis de, *Democracy in America* (2 Vols.), Vintage Books, Random House, New York, 1945.

Trees, Andrew, "Founders would dump Trump," *USA Today*, March 31, 2016.

Trotsky, Leon, *History of the Russian Revolution*, trans. by Max Eastman, Pathfinder, New York, 1980.

Turnbull, Colin M., *The Forest People*, Simon and Schuster, New York, 1962.

Turnbull, Colin M., *Wayward Servants: The Two Worlds of the African Pygmies*, Natural History Press, Garden City, New York, 1965.

Turnbull, Colin M., *The Mbuti Pygmies: Change and Adaptation*, Harcourt Brace College Publishers, Fort Worth, Texas, 1983.

Uehara. See Naruo.

Ulam, Adam B., *Stalin: The Man and His Era*, Beacon Press, Boston, 1987.

Utt, Ronald D., "The Subprime Mortgage Market Collapse: A Primer on the Causes and Possible Solutions," *Backgrounder* No. 2127, April 22, 2008 (published by The Heritage Foundation).

Vance, Ashlee, "Merely Human? So Yesterday," *New York Times Sunday Business*, June 13, 2010.

Vara, Vauhini, "How Frackers Beat OPEC," *The Atlantic*, Jan./Feb. 2017.

Vassilyev, A.T., *The Ochrana*, J.B. Lippincott Company, Philadelphia, 1930.

Vergano, Dan, "Mobster myths revisited," *USA Today*, June 20, 2013.

Vick, Karl, "The Ultra-Holy City," *Time*, Aug. 13, 2012.

Von Harnack. See Harnack.

Wald, Matthew L., "Nuclear Industry Seeks Interim Site to Receive Waste," *New York Times*, Aug. 27, 1993.

Wald, Matthew L., "What Now for Nuclear Waste?," *Scientific American*, Vol. 301, No. 2, Aug. 2009, pp. 46-53.

Walsh, Bryan, "The Gas Dilemma," *Time*, April 11, 2011.

Walsh, Bryan, "Power Surge: The U.S. is undergoing an energy revolution," *Time*, Oct. 7, 2013.

Walston, Leroy J., Jr., et al., "A preliminary assessment of avian mortality at utilityscale solar energy facilities in the United States," *Renewable Energy*, Vol. 92, July 2016, pp. 405-414.

Walter, Eugene Victor, *Terror and Resistance: A Study of Political Violence*, Paperback Edition, Oxford University Press, New York, 1972.

Ward, Peter, *The Medea Hypothesis*, Princeton University Press, Princeton, New Jersey, 2009.

Watson, Traci, "Gold Rush days leave toxic legacy," *USA Today*, Oct. 29, 2013.

Watts, Meriel, *Pesticides: Sowing Poison, Growing Hunger, Reaping Sorrow*, Second Edition, Pesticide Action Network Asia and the Pacific, 2010.

Weber, Max, *Die protestantische Ethik und der Geist des Kapitalismus*, Verlag von J.C.B. Mohr (Paul Siebeck), Tübingen, 1934. This is an offprint of pages 1-206 of Weber's *Gesammelte Aufsätze zur Religionssoziologie*, I. Band, Dritte photomechanisch gedruckte Auflage, 1922, of the same publisher.

Weir, Alison, *Henry VIII: The King and His Court*, Ballantine Books, New York, 2008.

Weise, Elizabeth, "DIY 'biopunks' want science in hands of people," *USA Today*, June 1, 2011.

Weise, Elizabeth, "Invasive species blighting the landscape," *USA Today*, Nov. 28, 2011.

Welch, William M., "Bird deaths soar at wind farms," *USA Today*, Sept. 22, 2009.

Whittle, Richard, "The Drone Started Here," *Air & Space,* April/May 2013.

Wilkinson, Todd, *Science Under Siege: The Politicians' War on Nature and Truth,* Johnson Books, Boulder, Colorado, 1998.

Wissler, Clark, *Indians of the United States,* Revised Edition, Anchor Books, Random House, New York, 1989.

Wolk, Martin, "Combat Missions of American Airmen to Poland in World War II: A Story of Charles Keutman," *Polish American Journal*, June 2012.

Woo, Elaine, "Pole saved 2,500 Jewish kids in WWII," *The Denver Post*, May 13, 2008.

Wood, Graeme, "Moving Heaven and Earth," *The Atlantic*, July/Aug. 2009.

Woodall, Curt, Letter to editor, *Air & Space*, Feb. 2011.

Wu, Tim, *The Attention Merchants: The Epic Scramble to Get Inside Our Heads*, First Vintage Books Edition, Penguin Random House, New York, 2017

Yukinori Okada and Susumu Wakai, "The Longitudinal Effects of the 'Green Revolution' on the Infant Mortality Rate in Thailand," *Japan Medical Association Journal,* Vol. 49, No. 7 & 8, July/Aug. 2006, pp. 236-242.

Zakaria, Fareed, "Don't Make Hollow Threats," *Newsweek*, Aug. 22, 2005.

Zakaria, Rafiq, *The Struggle Within Islam*, Penguin Books, London, 1989.

Zierenberg, Robert A., Michael W.W. Adams, and Alissa J. Arp, "Life in extreme environments: Hydrothermal vents," *Proceedings of the National Academy of Sciences U.S.A.*, Vol. 97, No. 24, Nov. 21, 2000, pp. 12961-62.

Zimmermann, G.A., *Das Neunzehnte Jahrhundert: Geschichtlicher und Kulturhistorischer Rückblick*, Zweite Hälfte, Zweiter Theil, Druck und Verlag von Geo. Brumder, Milwaukee, 1902

작자 미상의 저술

Air & Space magazine

Anarchy: A Journal of Desire Armed

Atlantic, The

Bible, The Holy: King James Version; New English Bible; Revised English Bible; New International Version

Constitution of the United States

Denver Post, The

Economist, The

Encyclopedia of American Studies, published under the auspices of the American Studies Association by Grolier Educational, a division of Scholastic Incorporated, New York, 2001.

Evolutionary and Revolutionary Technologies for Mining, National Academy Press, Washington, D.C., 2002.

Federal Reporter

GMO Quarterly Letter, published by GMO Corporation

Green Anarchy newspaper

Historical Materialism (*Marx, Engels, Lenin*), Progress Publishers, 1972.

ISAIF = *Industrial Society and Its Future, in Kaczynski.*

Los Angeles Times, The

McGraw-Hill Encyclopedia of Science & Technology, Eleventh Edition, McGraw-Hill, New York, 2012.

National Geographic magazine

NEB = *The New Encyclopaedia Britannica*, Fifteenth Edition. The Fifteenth Edition has been modified every few years. We put a date in parentheses after NEB —e.g., NEB (2003)—to indicate the particular version of NEB that we cite.

New York Times, The

Newsweek

Polish American Journal

Popular Science

Science News

Scientific American

Select Committee to Study Governmental Operations With Respect to Intelligence Activities, Final Report, S. Rep. No. 755, Book II (Intelligence Activities and the Rights of Americans), and Book III (Supplementary Detailed Staff Reports on Intelligence Activities and the Rights of Americans), 94th Congress, Second Session (1976).

Time magazine

USA Today

US News & World Report

Vegetarian Times

Wall Street Journal, The

Warrior Wind No. 2, available in the Labadie Collection at the University of Michigan's Special Collections Library in Ann Arbor.

Week, The

Wired magazine

World Book Encyclopedia, The, editions of 2011 and 2015.